제 4 판

신국제금융론

—이론과 사례—

김 세 영

탑북스

제4차 개정판을 내며

지식은 각자 개인이 소유하고 있는 중요한 생산수단이고 무덤까지 가지고 갈 수 있는 재산이다. 그리고 그것은 한 평생 따라 다니며 개인의 경쟁력을 결정해 준다. 미래사회에서의 지식의 중요성은 더욱 높아질 것이다.

오늘날 금융전쟁시대라고 할 만큼 금융은 중요하고 특히 국가 간의 금융문제를 다루는 국제금융은 더욱 중요하다. 우리는 왜 지금 유럽도, 일본도, 그리고 중국도 양적완화정책을 펴지 않으면 안 되는 상황인지 그리고 미국은 왜 지금 금리인상시기를 저울질하고 있는지를 이해하지 않으면 안 되는 시대에 살고 있다. 이 시대에 사는 우리는 특히 왜 각 나라 정부는 자국의 수출과 국민소득 증대를 위하여 다른 나라와 환율전쟁을 하지 않으면 안 되는지를 이해할 필요가 있다. 금융에 대한 지식, 나아가 국제금융에 대한 지식은 더욱 중요한 시대가 되고 있다. 이번 4차 개정판은 이런 시대적 상황을 이해하는데 더 많은 도움을 주고자 출판되었다.

개정판 출판을 위해 격려와 협조를 아끼지 않으신 탑북스 김광식 사장님과 편집진 여러분의 노고에 감사드립니다.

2016년 8월

단국대 죽전캠퍼스에서 **김 세 영**

제3차 개정판을 내며

개인이나 나라를 막론하고 금융문제는 중요하다. 특히 오늘날 세계 많은 나라들이 금융문제로 어려움을 겪고 있다.

2008년부터 시작된 미국의 양적완화정책, 유럽의 금융완화정책, 그리고 일본의 아베노믹스 등은 모두가 선진국간의 자국통화가치를 하락시켜 자국수출제품의 국제경쟁력을 제고하려는 환율전쟁이다.

이 책은 왜 선진국들이 금융위기를 낳게 되고 이를 해결하기 위해서 그들은 환율전쟁까지 벌이지 않으면 안되는지를 이해하는데 도움을 주고자 한다.

본 개정판에서는 다음 부분을 수정 보완하였다.

제1장 1절 2. 미국의 금융정책과 세계 각국에 대한 영향을 새로 구성하였다. 특히 자넷 엘런 FRB의장 취임 이후 정책변동의 내용과 각국에 대한 영향을 수록하였다.

제1장 2절에 남유럽 재정위기와 아베노믹스 부분을 2차 개정판 이후의 상황 전개내용을 일부 수정하였다.

본 개정판을 내면서 건국대 제정조 교수님의 많은 도움을 받았다.

그리고 개정판의 출판을 위해 격려와 협조를 아끼지 않으신 탑북스 김광식 사장님, 이신정 주간님, 그리고 편집진 여러분의 노고에 감사드린다.

2015년 1월

단국대 죽전캠퍼스에서 **김 세 영**

제2차 개정판을 내며

개인이나 나라를 막론하고 금융문제는 중요하다. 특히 오늘날 세계 많은 나라들이 금융문제로 어려움을 겪고 있다.

2008년부터 시작된 미국의 양적완화정책, 유럽의 금융완화정책, 그리고 일본의 아베노믹스 등은 모두가 선진국간의 자국통화가치를 하락시켜 자국수출제품의 국제경쟁력을 제고하려는 환율전쟁이다.

이 책은 왜 선진국들이 금융위기를 낮게 되고 이를 해결하기 위해서 그들은 환율전쟁까지 벌이지 않으면 안되는지를 이해하는데 도움을 주고자 한다.

본 개정판에서는 다음 부분을 수정 보완하였다.

제 1장 2절에 남유럽 재정위기진단과 아베노믹스의 전망부분을 새롭게 추가하였다.

제 1장 2절을 3절로 바꾸고, 제 1장 3절을 자본의 탈미국현상과 세계금융패권의 이동을 제 2장 3절로 변경하여 옮겼다.

제 4장 3절에 환율관련 용어를 수록하였다.

제 5장 환율결정에 관한 이론 부분을 제 1절 전통적 환율결정이론, 제 2절 현대적 환율결정이론, 그리고 제 3절 환율결정의 새로운 접근 등으로 나누어 설명하였다.

본 개정판을 내면서 건국대 지정조 교수님의 많은 도움을 받았다.

그리고 개정판의 출판을 위해 격려와 협조를 아끼지 않으신 탑북스 김광식 사장님, 이신정 주간님, 그리고 편집진 여러분의 노고에 감사드린다.

2013년 6월

단국대 죽전캠퍼스에서 **김 세 영**

제1차 개정판을 내며

"금융을 이해하는 자가 세계를 지배한다."라는 니얼 퍼거슨[1)]의 말이 있듯이 우리는 금융이 그 어느 것 보다 중요시되는 시대를 맞고 있다. 특히, 우리 미래의 삶이 얼마나 윤택해질 것인가는 우리가 금융을 어떻게 잘 활용하느냐에 달려 있다고 해도 과언이 아닐 것이다. 개인, 기업 및 국가 등 모든 경제주체에게 금융의 중요성이 한층 높아가고 있다. 우리는 변화하는 국제금융환경에 제대로 부응하기 위하여 정부와 업계에 맞는 금융제도 개선과 금융인재의 육성에 힘을 보태야 할 것이다.

1400년대 말 콜럼버스가 목숨을 걸고 신대륙을 찾아 항해에 나섰던 목적도 그 당시 돈인 금을 구하기 위해서 였다고 한다. 그리고 "금과 은에 사로잡힌 유럽인들의 지칠 줄 모르는 탐욕을 이해할 수 없었다."고 화폐를 사용하지 않았던 잉카의 황제인 망코 카팍은 푸념을 했다는 것이다. 돈은 국가나 기업이나 개인을 막론하고 경제주체들에게는 대단히 고귀하고 중요한 존재이다.

특히 대학생이나 대학원생들에게 국제금융을 이해하는데 길잡이가 될 본서 '신국제금융론'의 개정판을 출판하게 되어 기쁘다. 본 개정판에서는 다음 부분을 수정・보완하였다.

제5장 '환율결정에 관한 이론'의 국제수지접근 부분에 자본거래를 중요시하는 먼델-플레밍 이론을 추가하였다. 제7장 '금융시장과 이자율'의 이자율의 중요성 부분에 유동성함정과 양적완화정책(Quantitative Easing) 및 채권과 채권금리에 관한 설명을 추가하였다. 제8장 '개방경제하에서의 소득결정'

1) Niall Ferguson(2010), The Ascent of Money: A Financial History of the World, The Wylie Agency(UK), Ltd.

의 그림과 숫자의 오류부분을 수정하였다. 제14장 '국제금융시장의 이해'를 제14장 '국제금융시장의 이해'와 제15장 '파생금융상품시장'으로 나눴으며 특히 제15장 '파생금융상품시장'을 새롭게 수정 · 보완하였다.

개정판이 출판되기까지 원고 교정과 조언을 아끼지 않은 한국조세연구원 성주석 기획팀장과 단국대학교 이서영 박사한테 깊은 감사의 뜻을 전하고 싶다. 또한 개정판의 출판을 위해 격려와 협조를 아끼지 않으신 탑북스 김광식 사장님, 이신정 주간님, 그리고 편집진 여러분의 노고에 감사드린다.

2011년 6월

단국대 죽전캠퍼스에서 김 세 영

서 론

경제부문에 있어서의 글로벌화 현상이 심화되고 있다. 그 중에서도 특히 심한 곳이 금융시장이다. 자본의 흐름에 국경의 장벽이 없어지고 각 지역의 금융시장이 통합되는 등 세계금융시장이 단일화 되어 가고 있다. 글로벌 직접금융시장인 주식시장의 예를 보면 잘 알 수 있다. 뉴욕증권거래소와 유로 엑스트가 합병을 하고 미국의 나스닥이 영국의 런던거래소를 인수하였으며 또다시 뉴욕 증권거래소와 프랑크푸르트 증권거래소가 합병협상을 추진하는 등 세계금융시장이 몇 개의 초대형 시장으로 통합되고 궁극적으로는 단일화를 향하여 나아가고 있다.

18세기 국제무역이 막 활발해지기 시작할 때의 국가간 자본의 이동은 상품거래의 반대급부로 일어나는 것이 대부분이었으나 오늘날의 국가간의 자본이동은 상품거래에 대한 대금지급뿐만 아니라 환율 등 다른 요소들을 통해 훨씬 빈번하게 일어나고 있으며 그 양도 많아졌다. 또한 국가간의 자본이동에 영향을 주는 요소들도 다양화되고 있다. 이자율, 주가, 물가 및 환율 등에 의해서 국제금융시장은 상호 영향을 주고받고 있다. 1997년 동아시아 외환위기 및 2007년 미국발 서브프라임 모기지 사태로 야기된 금융위기가 전 세계 금융시장에 연쇄적인 파급효과를 미치고 있는 현상이 좋은 예이다.

돈, 국가간 돈의 이동, 그리고 국제금융… 이런 것들에 대해 막연히 알기보다는 이들에 대한 전문적인 지식이 필요한 때가 오늘날이다. 단순한 매개수단이나 가치저장수단으로서의 돈이 아니라 투자수단이나 재산증식 수단으로서 그 가치를 더 해가고 있다.

더 나아가 국내시장에서만이 아닌 국제시장에서 돈의 역할이 한층 중요해지고 있다. 그런데 돈을 벌기 위해서는 먼저 국제금융에 대한 지식이 필요하다. 세계화 시대에 국제금융에 관한 지식 없이는 돈을 벌기 쉽지 않다는 것은 자명한 사실이다. 이것이 농경사회나 산업혁명사회에 비해 오늘날 더 많이 국제금융에 대해 공부해야 하는 이유이다.

본서의 목적은 우리에게 도래하고 있는 국제금융시대를 대비해 우리 대학생들이나 대학원생들이 국제금융론을 더욱 알차게 이해하는데 도움을 주고자 하는 것이다.

본서는 크게 V편 14장으로 구성되어 있다. 제 I 편에서는 국제금융의 기초를 다루고 있으며, 제II편에서는 환율과 통화제도에 관해 서술하고 있다. 그리고 제III편에서는 이자율과 자본이동, 제IV편에서는 환율제도와 정책의 효과, 끝으로 제V편에서는 국제금융시장에 관하여 다루게 된다.

본서를 완성하기까지 많은 분들의 도움이 있었다. 우선 지난 몇 년 사이 세상을 떠나신 저자의 아버님과 어머님께 깊이 감사를 드린다. 아버님과 어머님의 격려와 조언이 이 책을 완성하는데 큰 도움이 되었다. 바쁘다는 핑계로 자식으로서의 효도를 다 하지 못한 점에 죄송스런 마음을 금할 길이 없다.

또한 2005년 9월부터 2006년 3월까지 Utah대학교의 방문교수로 미국 체류시 연구실도 제공해 주고 여러 가지로 저자의 연구를 위해 협조를 아끼지 않으신 저자의 박사논문 지도교수이신 Garth L. Mangum 교수님께도 깊이 감사드린다. 그리고 이 책이 완성되기까지 교정과 의견을 제시해준 성균관대학교 최명식 박사와 한국조세연구원 성주석 팀장, 그리고 단국대학교 이서영 박사에게 고마운 마음과 미안한 마음을 함께 가진다. 이들에게 큰 빚을 졌다. 또한 교정에 많은 도움을 준 단국대학교 박현희 박사와 한성대학교 조성제 박사에게도 감사의 마음을 전하고 싶다. 끝으로 이 책을 완성하는데 조언과 협조를 아끼지 않으신 단국대학교 무역학과 동료교수님들과 한국연구재단 인문사회연구본부 단장님들께 심심한 감사의 말씀을 드리고 싶다. 그리고 많은 조언을 해준 한국산업은행의 정봉렬 박사, KOTRA의 연영철 박사, 금융감독원 윤만순 박사, 배재대 안병민 겸임교수, GASTEC KOREA의 양경희 사장, 신한은행 김태헌 행원 등에도 사의를 표한다.

이 책을 출간하는 데 많은 격려와 비판을 아끼지 않으신 다음의 고마운 분들께도 지면을 통해 사의를 표하고자 한다(가나다 순).

강정모 교수(경희대), 강홍중 교수(건국대), 곽근재 교수(경상대), 김기홍 교수(경기대), 김성순 교수(단국대), 김원배 총장(목원대), 김윤영 교수(단국대), 김진삼 교수(영남대), 김창남 교수(동아대), 김창봉 교수(중앙대), 김학민 교수(경희대), 남풍우 교수(강남대), 마재신 교수(이화여대), 문정구 교수(건국대), 박명섭 교수(성균관대), 박영기 교수(경운대), 박종수 교수(순천향대), 박형래 교수(강릉대), 박희종 총장(관동대), 서청석 교수(경희대), 송희영 교수(건국대), 신범철 교수(경기대), 신현철 박사(단암산업), 신한동 교수(한남대), 신황호 교수(인하대), 여택동 교수(영남대), 오병석 교수(협성대), 오웅탁 교수(한양대), 오원석 교수(성균관대), 윤상철 교수(단국대), 윤용만 교수(인천대), 은웅 교수(한남대), 이남구 교수(건국대), 이덕만 교수(건국대), 이병락 교수(고려대), 이봉수 교수(단국대), 이승영 교수(동국대), 이은섭 교수(부산대), 이종원 교수(성균관대), 이종원 교수(수원대), 정대철 박사(경남발전연구원), 정문현 교수(서원대), 정행득 교수(광운대), 최해범 교수(창원대), 한재필 교수(숭실대), 현혜정 교수(단국대).

이 책의 출판을 기꺼이 허락하신 탑북스 김광식 사장님, 여러모로 애써주신 이신정 주간님, 그리고 편집진 여러분께도 감사드린다.

2010년 5월

단국대 죽전캠퍼스

김 세 영

차 례

제 I 편 국제금융의 기초

제1장
세계 금융시장의 과거와 현재

제2장
자본주의의 역사

제3장
국제수지의 이해

제Ⅱ편 환율과 통화제도

제4장 외환시장과 환율의 결정

제5장 환율결정에 관한 이론

제6장
국제통화제도의 변천

제Ⅲ편 이자율과 자본이동

제7장
금융시장과 이자율

제8장 개방경제하에서의 소득결정

제9장 국가간의 자본이동

제10장 개방경제모형과 자본이동

제Ⅳ편 환율제도와 정책의 효과

제11장
고정환율제도하의 재정·통화정책의 효과

제12장
변동환율제도하에서의 재정·통화정책의 효과

제V편 국제금융시장

제13장 금리재정거래와 선물환율결정

제14장 국제금융시장의 이해

제15장
파생금융상품시장

제 I 편

국제금융의 기초

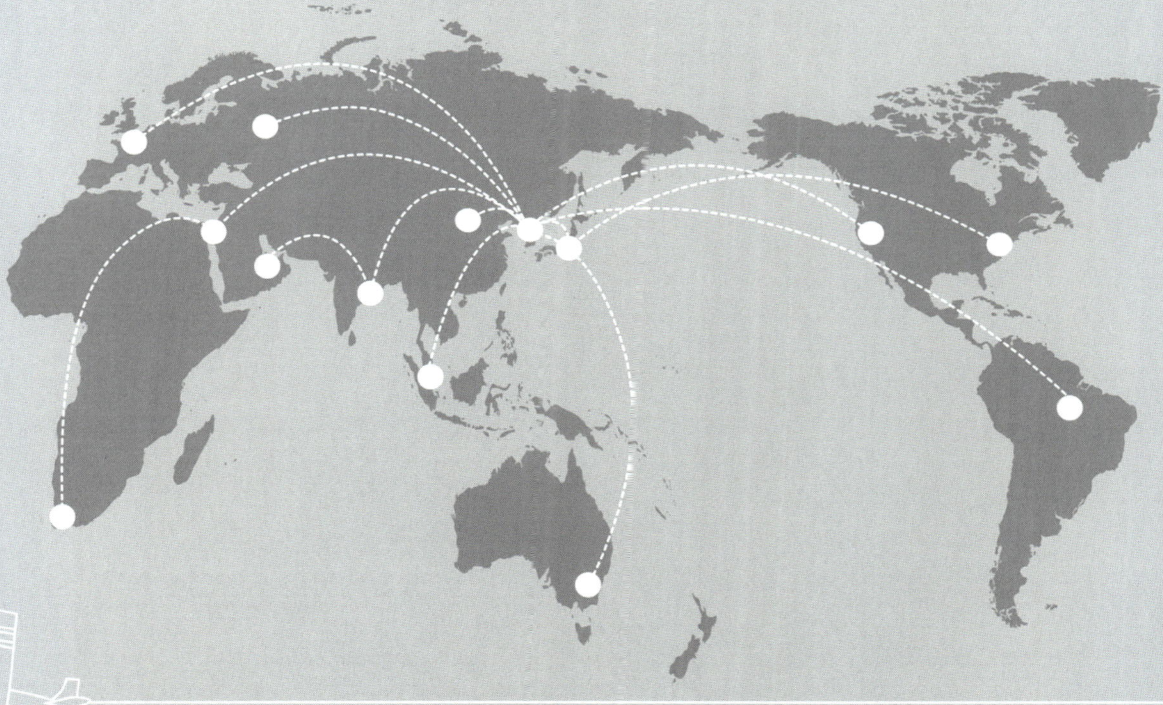

제 1 장
세계 금융시장의 과거와 현재

지금까지 우리나라는 제조업이나 반도체 등 IT산업으로 수출을 많이 하여 먹고 살았다. 그러나 이제 우리나라도 금융 같은 서비스산업도 국제경쟁력이 있고 부가가치가 높은 전략산업으로 만들어야 할 것이다. 미국 같은 나라는 금융산업을 발전시켜, 속된 말로 돈 장사를 해서 얼마나 잘 살고 있는가. 우리도 이제 이런 데서 교훈을 얻어야 한다.

우리나라에는 삼성전자, 현대자동차, 포스코, 현대중공업 등 제조업에 세계적인 기업들이 있다. 우리는 이 산업들의 지속적인 발전에 등한시해서는 안 될 것이다. 하지만 이와 병행하여 금융산업의 성장 및 국제경쟁력 제고에 적극적인 노력을 경주해야 할 것이다. 우리나라 금융산업은 미국 등 선진국들의 금융산업에 비해 허약하다. 그리고 우리나라 제조업에 비해서도 우리 금융산업은 아직 왜소한 실정이다. 이제 금융산업에 대한 우리의 발상을 전환해야 할 때라고 생각한다.

무엇보다도 금융이 단순히 제조업의 보조산업이라는 인식을 바꿔야 할 필요가 있다. 금융산업은 이익보다 공공성이 더 중요하다는 생각을 바꿔야 한다. 우리의 금융산업도 효율적이어야 하고 경쟁적이어야 한다. 국제시장에서 경쟁력을 확보해서 금융산업을 우리가 먹고 사는데 큰 역할을 할 수 있는 산업으로 더욱 발전시켜나가야 할 것이다.

제1절 글로벌 경제 불균형과 국제금융시장 상호의존성

1. 글로벌 경제의 불균형 심화

국제무역 관점에서 글로벌 불균형(Global Imbalance)이란 미국 등 경상수지 적자국은 대규모 적자를 지속하는 반면, 중국 등 경상수지 흑자국은 대규모 흑자를 지속하는 것을 의미한다. 2000년대 이후 특히 미국과 중국의 무역불균형은 세계경제의 지속가능한 균형성장을 저해하는 주요 불안요인으로 지목되고 있다. 미국 등 선진산업국가들은 저축보다는 소비와 투자에 집중된 경제성장의 결과 경상수지 적자와 재정적자 상태가 지속된 반면, 중국 등 아시아 신흥국가들은 수출 주도 경제성장정책과 외국인직접투자의 지속적인 유입 등을 통하여 외환보유고를 축적하는 등 국가 간·지역 간 글로벌 불균형이 심화되었다.

글로벌 불균형의 발생 배경은 글로벌 경상수지의 불균형, 혹은 대외 불균형 문제로, 이미 1971년 미국의 금태환 중지로 비롯된 Bretton Woods 체제의 종식과 관련하여 국제경제의 핵심적 이슈가 되었다. 당시 고정환율제도 하에서 일본과 독일 등의 경상수지 흑자와 이에 상응하는 미국의 경상수지 적자가 꾸준히 확대되어 1974년에 세계 총 대외 불균형 규모가 GDP 대비 4.5%에 이르렀다.

미국의 경상수지 적자는 2000년도에 GDP 대비 약 4%를 초과한 이후, 2006년도에 GDP대비 약 6%로 최고 수준에 도달한 이후, 최근의 경제위기와 경기회복을 위한 국제공조 및 미국 등의 양적완화정책 등으로 다소 완화되기는 하였으나, 2008년에도 GDP대비 약 5%에 이르는 높은 수준의 경상수지 적자를 기록하고 있다. 이로써 미국은 1980년초 세계 최대 채권국에서 현재의 세계 최대 채무국으로 전환되었다. 반면, 한국, 홍콩, 대만, 싱가포르 등 동아시아 국가는 2004년도에 GDP 대비 6.7%의 경상수지 흑자를 기록한 이후 최근까지 높은 수준의 경상수지 흑자를 실현하고 있다. 특히, 중국과 일본은 2000년대 들어 경상수지 흑자규모가 꾸준히 증가하여, 2007년도에 중국과 일본은 각각 GDP대비 11% 및 4.8%에 이르는 높은 수준의 경상수지 흑자를 실현하고 있다.

2000년 이후 미국의 지속적인 쌍둥이 적자는 낮은 수준의 민간저축과 높은 수준의 소비에 기인하며, 미국이 GDP대비 7% 이상의 경상수지 적자를 지속할 경우 미국의 대외부채는 미국 달러화의 기축통화 지위 상실 및 세계 금리의 급등과 글로벌 경기침체를 겪게 될 것이며, 동아시아 국가들의 투자대비 높은 저축률과 지속적인 국제수지 흑자 등 글로벌 불균형은 미국 달러화의 붕괴 및 미국의 경기침체 가중으로 글로벌 불균형의 재조정이 불가피한 실정이다.

미국과 중국이 대립하고 있는 문제를 중심으로 요약하면 다음과 같다. 2008년 미국발 글로벌 금융위기 이후, 세계 각국은 내수증대와 수출확대를 통하여 경기회복에 주력하고 있다. 각국은 자국 통화가치의 약세를 통한 수출경쟁력의 확보로 수출증대를 실현해 왔다. 자국 통화가치의 약세를 통한 근린궁핍화 정책은 무역보복을 초래하였다.

미국은 2008년 서브프라임 모기지 사태 이후 자국의 확장적 재정정책 및 팽창적 통화정책의 결과 일시적인 경기회복과 경기침체의 더블딥(경기재침체) 현상을 보이고 있다. 미국은 수출확대 정책으로 구조적인 무역수지 적자 해소를 시도하고 있으나, 중국의 위안화 환율의 의도적인 고정화로 막대한 대미 무역 불균형은 지속되고 있다. 미국이 중국을 압박하는 데는 미국의 무역적자 폭의 증가와, 경상수지 적자 비중이 가장 높은 나라가 중국이기 때문이다.

중국이 높은 경제성장률에도 불구하고 위안화를 평가절상 하지 않는 이유는 수출경쟁력의 유지이다. 중국이 위안화를 40%정도 절상하게 된다면 중국 공장은 문을 닫을 수밖에 없게 된다. 위안화 평가절상은 수출 감소와 국내경기 침체 및 실업을 초래할 것이다. 중국이 위안화 환율의 의도적인 조정으로 과도한 무역흑자를 유지하는 한 다른 나라의 경제 침체와 일자리 상실을 초래하게 된다. 국제적인 무역수지 불균형은 과도한 무역수지 흑자국들이 위험자산의 리스크를 저평가하여 과도한 투자와 대출사태를 초래했다.

중국이 위안화 가치를 대폭 절상하면 중국의 많은 기업이 도산하고 수출주도형 경제성장 전략에 막대한 차질이 예상된다. 따라서 위안화 절상은 자율적 및 점진적으로 추진하겠다는 입장이다

중국이 평가절상의 결과 가장 우려하는 것은 국내 실업률이었다. 위안화를 2% 절상하면 240만개의 실업이 발생한다는 중국의 주장이다. 미국의 압력에도 불구하고 버티고 있는 중국을 보며 미국은 같은 효과를 내기 위해 달러 공급을 늘리는 양적완화 정책을 추진하였다.

중국은 2004년에 변동환율제도로 전환을 시도하였고, 이는 중국이 미국 등 서방국과의 통상마찰을 완화하는 최소한의 조치로 받아들여졌다. 하지만 위안화의 소폭 절상으로는 효과가 미흡하고, 추가 절상에 대한 기대를 부추겨 자본유입을 가속화할 우려가 있다. 또한 위안화의 대폭 절상은 수출 감소 등으로 국유기업의 경영부실을 야기하고 이는 다시 실업증가로 이어질 우려가 적지 않다. 이러한 상황에서 중국은 점진적으로 외환 및 자본거래의 자유화를 실시한 후, 변동환율제도로 이행한다는 입장을 보이고 있으며 외환시장을 육성하여 환율결정 메커니즘을 개선하고 외환거래 상품 및 외환거래 방식의 다양화에 대해서도 적극적이며, 환율제도 변경 시 예상되는 불안정성을 최소화하기 위해 금융체제 개혁에 주력하고 있다.

2. 미국의 금융정책과 세계 각국에 대한 영향

세계 기축통화인 달러 공급을 조절하는 FRB의 최근 통화정책 기조는 '양적완화 축소', 즉 'tapering'이다. 본래 '양적완화'란 초저금리 상태에서 경기부양을 위해 중앙은행이 시중에 돈을 푸는 정책으로, 정부의 국채나 기타 금융자산의 매입을 통해 시장에 유동성을 공급하는 것이다. 이는 중앙은행이 기준금리의 조절을 통한 간접적 유동성 조절방식과 달리, 국채나 기타 자산의 매입을 통한 직접적 유동성 공급방법이다.

미국은 2008년 서브프라임 모기지 사태로 촉발된 글로벌 금융위기와 미국내 위축된 경제상황을 타개하기 위해서 시중에 돈을 푸는 '양적완화정책'을 실시하여 인위적으로 침체된 경기를 활성화하고자 하였다. 따라서 미국정부는 '1차 양적완화정책'(2009.3~2010.3)을 통한 1.7조달러 공급, '2차 양적완화정책'(2010.11~2011.6)의 결과 0.6조달러 공급 및 2012년 9월부터 매달 400억 달러 규모의 주택저당증권(MBS) 매입과 제로금리 수준의 기준금리를 유지하는 '3차 양적완화정책'을 시행하였으며. 2012년 12월에는 3차 양적완화를 확대하여 MBS 매입 외에 매달 450억 달러 규모의 국채를 추가 매입하고 실업률이 6.5% 이하로 떨어지거나 인플레이션이 2.5% 이상 오를 때까지 제로금리 정책을 무기한 시행하기로 하였다.

그러나 2009년 10월 실업률 7%대 감소, 제조업 지표 개선 등 경제지표들이 개선됨에 따라 미국경제의 회복국면 진입 판단에 따라 FRB의 정책방향은 '테이퍼링'으로 전환하게 되었다. '테이퍼링'이란, 양적완화 정책의 규모를 점진적으로 축소해나가는 것으로, 출구전략의 일종이다. '테이퍼링'은 2013년 5월 벤 버냉키 전 미국 중앙은행(FRB) 의장이 언급하면서 등장한 개념으로, 금리인상을 의미하는 '타이트닝'(tightening)과 달리 양적완화 정책 속에 자산매입 규모를 줄여나가는 방식이다.

이러한 FRB의 정책기조의 변화 속에서 2014년 2월 3일 미국 연방준비제도 사상 첫 여성의장으로 자넷 옐런 의장이 취임했다. 옐런 의장은 시장에 투입되는 돈을 줄여나가는 '테이퍼링'의 과제를 수행 중이다. '테이퍼링'은 FRB가 상정해 놓은 금리인상 등 본격적인 긴축과 출구전략 측면에서 중요성이 있다.

그러나 '테이퍼링' 확대 우려로 신흥시장에서는 2013년 5월부터 대규모의 자금이 이탈하고 있으며 특히 터키, 아르헨티나, 남아프리카공화국 등 주요 신흥국의 통화가치는 자금이탈과 함께 폭락하여 신흥국의 금융불안 우려가 커지고 있다.

1) 최근 FRB의 통화정책이 주요국에 끼친 영향

옐런 FRB 의장이 취임한 후 첫 번째로 열린 2014년 3월 연방공개시장위원회(FOMC)에서 가계의 소비지출과 기업투자의 호조가 노동시장의 개선으로 이어지고 있다고 판단하여 자산매입규모를 650억 달러에서 550억 달러로 줄이는 양적완화 규모의 추가 축소를 결정하였다. FRB는 2014년 4월부터 주택담보대출채권(Mortgage-backed securities)과 국채매입(Longer-term Treasury securities) 규모를 각각 300억, 350억 달러에서 각각 250억 달러, 300억 달러로 축소 매입을 발표했다.

FOMC가 양적완화를 추가적으로 축소한 것은 2014년 3월부터 경제활동이 호조를 보이는 한편 노동시장도 완만한 속도로 개선되고 있다고 진단했기 때문으로 분석된다. 물론 최대한의 고용과 물가안정을 위하여 금리가 0~0.25%의 저금리정책은 지속하기로 했다. FOMC는 신중하게 향후 계획을 세운다는 차원에서 제로금리의 인상방안을 논의했으나, 통화정책에 대한 정상화를 바로 시행할 단계는 아니라는 입장이며, 긴축통화정책과 금리인상에 대하여 보수적인 입장을 견지하고 있다.

(1) 중국에 대한 영향

중국은 대외적으로 미국의 '테이퍼링' 가속화와 중국의 금융, 재정 및 세무, 자본시장, 대외협력 등 분야의 종합심화개혁의 시도인 8가지 중점과제에 대해 발표했다. 미국의 양적완화 '테이퍼링'에 대한 대책이 포함되어 있다. 미국의 '테이퍼링'은 중국경제에 직접적인 영향보다는 중국의 주변 국가들에 영향을 미쳐 간접적인 영향을 받을 것으로 분석했다. 특히 중국의 교역국가들에서 자본이탈이 가속화될 경우 환율상승과 물가상승이 발생하면 중국은 수출감소 등 대외무역부문의 타격이 예상된다.

FOMC 발표 이후 2014년 3월 이후 중국의 경기둔화는 중국 정부의 경기부양 기대를 확산시키며 위안/달러 환율의 추가 상승(위안화의 추가 절하)을 제한하고 있는 양상을 보이고 있다. 중국의 무역수지, 산업생산, 고정투자, 소매판매 등이 시장의 예상을 하회하면서 위안/달러 환율도 열흘 동안 6.127 위안에서 6.226 위안까지 급등하였다.

중국의 경기부양 기대는 원/달러 환율에도 하락(원화 강세) 요인으로 작용하여 중국의 경기부양 기대는 외국인의 한국 주식 순매수와 원/달러 환율의 하락을 견인하고 있다. 중국의 경기부양책이 발표될 경우 위안화 및 원화에 대한 차익실현 자금이동이 예상된다.

하지만 2014년 3월 이후 HSBC 제조업 PMI가 하락하였다. 항목별로는 생산지수 47.3, 신규주문지수 46.9, 고용지수, 재고지수 등도 위축되고 있다. 제조업 과잉설비에 따른 산업생산 부진 등 실물경기 둔화로 교육, 의료 등의 주거여건이 미흡한 도시를 중심으로 주택수요가 위축되었기 때문으로 보인다.

(2) EU에 대한 영향

미국의 '테이퍼링' 이후 달러화 강세에 대한 우려가 금융시장에 상존하고 있다. 하지만 달러화의 '테이퍼링' 중 달러화의 강세 움직임은 아직까지 나타나고 있지 않다. 이는, FRB는 '테이퍼링'을 시작했지만 여전히 자산매입을 진행 중이고 ECB는 LTRO로 시중에 공급했던 유동성을 회수하는 등 비전통적 통화정책을 통한 통화완화를 시행하지 않는 정책적 상이성에서 기인한 것으로, 이로 인해 '테이퍼링'에도 불구하고 통화완화 강도는 유로존 보다는 미국이 강한 상황이다.

또한 '테이퍼링'은 1년여에 걸쳐 완만히 이뤄지고 있으며, ECB 역시 추가적인 양적완화를 펼 가능성이 낮은 것 역시 달러화 강세가 나타나지 않는 이유로서 설명할 수 있다. 하지만 ECB 역시 추가적인 양적 완화를 단행할 가능성은 점점 증가되고 있다. ECB는 비전통적 수단의 사용을 합의하였으며, 시장은 ECB의 채권매입 등 양적완화정책을 예상하고 있다.

유럽연합이 양적완화 수단을 펼치게 된 가장 큰 이유는 지역별로 기초체력의 차이가 크고, 이러한 격차로 디플레이션 위험이 쉽게 해소되지 않고 있고 있기 때문이다. 미국이 양적완화 축소를 발표한 이후 유럽은 경기회복에 대한 기대감으로 상승세를 이어갔고, 유로화 역시 유로존 경기회복에 대한 기대감을 반영했다.

미국이 양적완화 축소를 계속하더라도 유럽의 낮은 인플레이션율을 고려할 때 ECB는 유동성 공급을 확대할 가능성이 있기 때문에 미국의 양적완화 규모 축소가 유럽경제에 미치는 직접적인 영향은 크지 않은 것으로 보인다.

실제 ECB는 2년째 지속되는 유로화 강세 현상이 성장률 둔화 및 물가하락을 초래해 디플레이션 우려를 더욱 심화시킬 수 있다고 판단하여 경기부양정책 실시 가능성을 언급했다. 인플레이션이 크게 악화되지 않는 한 대규모의 양적완화 정책보다는 기준금리 인하, 마이너스 예금금리 도입 등이 우선 시행될 것으로 예상된다.

(3) 일본에 대한 영향

2013년부터 아베노믹스로 시행해 온 일본은 2014년 소비세 인상으로 경제성장률이 예상 보다 더 둔화될 위험이 있다. 하지만 기본적으로 2014년 이후 일본의 경제성장에 대해서 낙관하고 있다.

첫째, 일본정부 역할강화 때문이다. 시장은 1997년 동아시아외환위기 극복과정의 학습효과를 통하여 일본이 분명이 경기침체 리스크에 대해 충분히 대비할 것으로 예상하고 있다. 1997년 경기침체의 재현방지와 2013년 10월의 소비세 인상 결정과 더불어 기업들의 법인세 감면정책 등 여러 경제대책들의 발표와 같이 충분한 경기부양대책을 실시할 것이다.

둘째, 일본 중앙은행의 역할이다. "Don't fight the Central Bank"라는 증시 격언과 같이, 만약 소비세 인상으로 일본경제가 침체에 진입하면 일본은행(현재 일본 중앙은행은 정부 정책에 협조적)은 추가적인 대책이 발표하여 소비세 인상의 부작용을 완화시켜줄 것이다.

셋째, 현재의 대외여건이 1997년과 비교 시 상대적으로 양호하다. 1997년 동아시아외환위기로 인해서 인도네시아, 태국, 한국 등 일본과 밀접하게 교류하던 아시아 국가들이 경기침체에 빠져 있었다.(당시 일본의 대 아시아 수출은 40%를 넘었음) 최근 미국 FRB의 양적완화 축소로 인도, 인도네시아, 브라질 등 여타 신흥국들이 리스크에 직면해있다는 점에서는 1997년과 유사하다. 하지만 2013년 위기가 부각되는 국가들의 경제성장률은 모두 플러스다.

넷째, 기업들의 임금인상이다. 일본은행의 적극적인 통화정책으로 일본 엔화가 달러대비 약세 유지로 수출기업들의 가격경쟁력 회복으로 기업들의 이익이 크게 증가했다. 일본은 엔화절하 수혜기업들이 근로자들의 임금을 올려야 한다고 주장했다. 근로자들의 임금인상으로 소비세 인상으로 인한 소비감소 효과의 완화가 예상된다.

다섯째, 아베노믹스 이후 일본경제의 분위기 변화이다. 수출과 수입증가율을 보면 아베노믹스 이후 10% 이상 증가하며 수출 증가 → 산업활동 증가 → 경기활력으로 이어지는 선순환과정에 진입한 것으로 보이며, 단칸지수도 아베노믹스가 시행된 이후 상승하고 있고 이는 일본경제의 활력이 증가하는 신호로 평가받고 있다.

소비세 인상에도 불구하고 일본의 경기부양적 정책, BOJ의 추가 양적완화 가능성, 노동자들의 임금인상, 기타 긍정적인 환경들로 인해 소비세 인상이 일본경제에 미치는 부정적인 영향은 일시적이다. 소비세 인상이 일본경제에 미치는 영향이 제한적이라면 일본 엔화의 동향은 일본경제와 금융시장에서 있어 장기적으로 중요한 요소다.

2014년 3월 FOMC에서 자넷 옐런 의장이 양적완화를 종료한 후 일정기간 뒤(6개월)에 기준금리를 인상할 것이라 언급한 반면, 일본은행의 구로다 총재는 여전히 양적완화가 필요하다고 주장하고 있다. 양 국가 간의 통화정책의 차이로 인해서 일본 엔화는 달러화 대비 약세 지속이 예상된다.

(4) 한국에 대한 영향

FRB 의장 옐런은 양적완화 조치를 2014년 가을에 전면 중단 예정임을 시사하여 미국의 경제회복세에 큰 변등이 발성하지 않는 한 '테이퍼링'이 예정대로 진행될 예정이다. OECD는 2014년 4월 발간된 경제전망 보고서에서 미국의 '테이퍼링'이 신흥국 금융시장 변동성과 자금이탈을 유발하여 글로벌 경기회복을 가로막을 수 있으며 이는 선진경제의 회복에도 부담이 될 것으로 경고했으나, 전문가들은 한국경제에 대한 영향은 제한적일 것으로 진단했다.

따라서 향후 경상수지 흑자 지속, 외환보유고 증가, 국가신용등급 향상 등 원화의 강세요인이 지속될 것으로 예상된다. 원/달러 환율의 하락은 구매력의 상승으로 소비, 투자 등 내수의 회복 요인으로 작용하겠지만 순수출 감소 효과가 더 크게 나타나 성장률이 낮아질 수 있다.

우리나라의 외환보유고는 세계 7위로 지속적으로 증가 중이고 경상수지도 흑자를 유지하고 있으며, 단기외채 비율이 하락추세를 보이고 있다. 국내 기준금리 수준이 주요 선진국에 비해 높아 해외자본의 이탈유인이 크지 않아 미국의 '테이퍼링' 충격은 제한적일 것이다.

그러나 양적완화의 축소는 신흥국들의 경제불안 및 선진권의 경제회복 둔화에 따른 수출 감소 및 실물분야 수요 감소로 이어질 수 있다. 또한 엔화 약세의 심화는 우리나라 수출경쟁력을 하락시키고 금융시장 변동성의 확대 요소가 되므로 부정적 영향에 대비해야 한다.

첫째, 출구전략의 시발점인 양적완화정책 축소는 신흥국을 위주로 한 금융 시장에서 달러 유출로 이어져 이들 국가의 시장변동성 급증 및 경제 불확실성 증대로 이어질 가능성이 있다. 또한 미국 국채금리 상승과 더불어 우리나라 시장금리도 동반상승할 가능성이 높아, 가계부채에 대한 이자부담 증가 및 소비감소는 물론 기업들의 회사채 시장도 위축될 수 있다.

둘째, 출구전략은 미국경제의 회복을 전제로 하기 때문에, 세계경제의 회복 및 대미수출과 세계수출 증가에 긍정적인 효과가 있을 것으로 기대된다.

셋째, 소규모 개방경제로 대외의존도가 높은 우리나라는 출구전략으로 인한 자본유출 가능성에 적극적으로 대비해야 한다. 미국의 '테이퍼링' 종료에 따른 차기 출구전략 및 글로벌 자금이동의 잠재적 위험을 감안한다면 여전히 외환시장의 안정성 등은 중요한 변수가 될 것으로 보인다. 이러한 관점에서 경상수지 흑자를 기록하고 대외부채 부담이 적은 한편 충분한 외환보유고를 가지고 있는 나라들이 신흥국내에서도 안정성을 보유한 국가로 분류될 것이다.

중장기적 관점에서 한국경제의 잠재적 위험도 노출되고 있다. 글로벌 경쟁의 심화로 해외로 생산기지를 이전하고 있으며, 고령화에 대한 부담도 점차 현실화되고 있다. 생산성 향상에 실패하며 장기부진에서 헤어 나오지 못하고 있는 일본의 경험이 점차 우리나라에도 다가오고 있는 것이다. 그러므로 한국경제의 성장성 약화를 극복하는 방법 중 하나로서 서비스 산업을 육성하여 고부가가치를 생산할 수 있도록 지속적인 R&D 투자를 하여 우리 경제의 성장동력을 마련할 필요가 있다.

미국의 양적완화 정책 현황

	시기	내용
1차	2008·11~2010·3	국채 3000억달러, 모기지담보증권(MBS) 1조2500억달러 매입 등으로 1조7500억달러 공급
2차	2010·11~2011·6	국채 6000억달러 매입
*오퍼레이션 트위스트	2011·9~2012·12	3년 미만 국채 매도, 6년 이상 국채 매입
3차	2012·9~현재	매달 국채 450억달러, MBS 400억달러 매입

*는 단기채를 팔고 장기채를 사들이는 조치

주요국 가처분소득 대비 가계부채 비율

단위:%, 자료:금융위원회, 2011년 기준

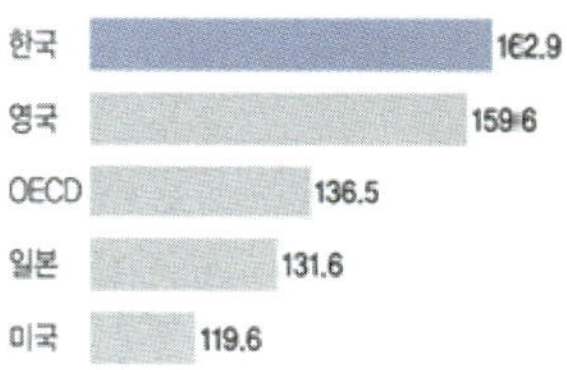

한국의 가처분소득 대비 가계부채 비율

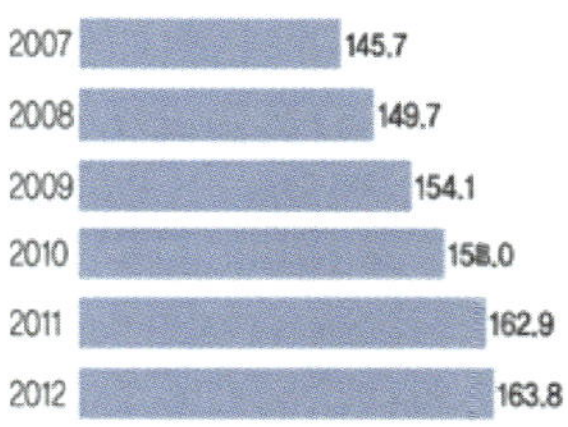

※한국은행 자금순환표상 가계 및 비영리단체의 금융부채 잔액 기준. 단위:%, 자료:한국은행

미국의 기준금리 조정 추이

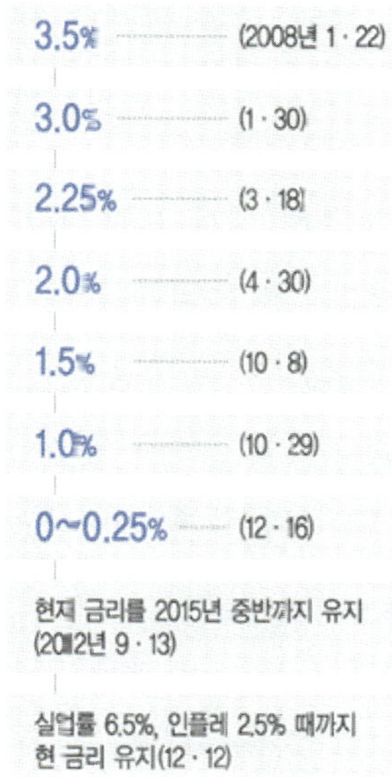

3. 국제금융시장의 상호의존성

최근 세계금융시장이 거의 하나로 통합되어 가면서 각 나라와 지역간에 상호 의존적이며 많은 부분이 서로 연계되어 있다. 따라서 2006년부터 2008년까지 세계금융시장을 강타하고 있던 미국 서브프라임 모기지 사태를 봐도 각 국가의 금융시장들이 얼마나 서로 깊이 얽혀있는 지를 잘 알 수 있었던 계기가 되었다. 미국에서 발생한 서브프라임 모기지 사태는 유럽을 거쳐 일

본, 대만, 한국 등 아시아 주요 국가들에까지도 그 정도의 차이는 있었지만 영향을 크게 미쳤던 것이다.

2008년 초 몇몇 국제경제학자들은[1] 서브프라임 모기지 사태 등으로 미국경제는 나빠지더라도 아시아 등 국가들은 큰 어려움이 없이 성장을 지속할 것이라고 전망하였다. 즉, 미국경제와 다른 지역의 경제의 디커플링(decoupling: 탈동조화)현상이 강화될 것으로 전망했던 것이다. 2008년 6월 〈Financial Times〉에서도 "미국의 경기후퇴가 다른 나라 경제의 성장을 다소 느리게 할지는 모르지만 급격한 하강을 초래하지는 않을 것"이라며 디커플링(decoupling: 탈동조화)에 힘을 실어주었다. 그러나 2007년 4/4 분기를 접어들면서 미국경제와 세계경제가 동조화 현상을 보이고 있는 것이 분명해 지고 있으며, 시간이 경과할수록 미국의 경기침체는 EU, 일본 및 한국 등의 경제에 영향을 미치는 동조화현상이 심화되고 있음을 알 수 있다.

금융시장의 글로벌 상호의존성은 글로벌 금융위기 이후 금융시장이 글로벌 충격에 더욱 민감하게 반응하는 것으로 관찰되고 있는 상황이다. 1997~1998년 동아시아외환위기 이후 자본시장 개방의 확대 및 국제금융시장의 통합 진전으로 글로벌 금융시장과 국내금융시장의 연계성이 증가해왔다. 동아시아 외환위기까지 동조화의 특징이 크지 않았던 국내 주식시장은 동아시아 외환위기 이후 글로벌 증시와의 상호의존성이 추세적으로 높아진 것으로 나타나고 있다.

국내외 금리간의 동조성도 과거에 비해 높아진 모습이다. 3년 만기 국채수익률과 미국의 10년 만기 국채수익률간의 상관관계를 보면, 글로벌 위기 이전 기간에는 상관계수가 0.049였으나, 위기 중에는 0.224로 높아진 것으로 나타난다. 위기 이후 양자간의 상관관계가 0.129로 다소 낮아지기는 했으나 여전히 위기 이전에 비해서는 높은 수준이다.

금리의 동조성 강화도 주가에서와 마찬가지로 국내경제의 대외의존도 심화

1) chosun.com, 선진국 재채기에 신흥시장은 감기? 이젠 옛말, 2008. 1. 4.

로 설명될 수 있다. 해외금리가 하락할 경우, 국내에서도 경기둔화를 예상하면서 금리가 하락하는 현상이 빚어지는 것이다. 즉, 실물경기의 동조화가 채권시장의 동조화로 나타날 수 있다. 또한 금융위기 대처과정에서 통화정책의 글로벌 공조가 일어났던 점도 금리 동조화에 일부 기여하였을 것으로 추정된다.

〈표 1-1〉 주요국 금리와의 동조성도 확대

	기간	미국	독일	영국	일본	중국
국고채 3년	전체	0.067	0.018	0.019	0.026	0.058
	외환위기 이전*	-0.011	0.029	0.022	0.066	NA
	외환위기*	0.044	0.054	0.090	0.060	NA
	외환위기 이후	0.049	0.006	0.003	0.005	0.023
	금융위기	0.224	0.072	0.079	0.069	0.114
	금융위기 이후	0.129	0.072	0.086	0.261	0.064

* 이 기간중 회사채 금리와 상관관계임.
자료 : Bloomberg, LG경제연구원.

4. 캐리 트레이드 거래와 캐리 트레이드 거래의 청산

1) 캐리 트레이드(Carry Trade)

캐리 트레이드란 금리가 낮은 통화로 자금을 조달하여 금리가 높은 나라의 금융상품 등에 투자함으로써 수익을 내는 거래를 의미한다. 통상적으로는 금리차 거래의 직접적인 대상이 되는 채권이나 대출자산 등에 대한 투자에 국한되지만, 보다 넓은 의미로는 주식이나 원자재, 부동산 등 수익을 낼 수 있는 다양한 종류의 자산에 대한 투자들을 두루 포괄한다.

조달통화를 기반으로 달러를 조달해서 투자할 경우는 달러 캐리 트레이드, 유로일 경우는 유로 캐리 트레이드, 엔화일 경우 엔 캐리 트레이드라고 부른다. 지난 수년 동안 글로벌 캐리 트레이드에서 조달통화는 일본의 엔화나

주요국 금리 (단위 : 원)		2013년 중국
미국	FFR	0.11
	LIBOR(3개월)	0.27
	10년 국채수익률	2.34
일본	콜금리	0.089
	FB(3개월)	0.08
	10년 국채수익률	0.71
유로	콜금리	0.07
	EURIBORE(3개월)	0.22
	10년 국채수익률	1.63
영국	콜금리	0.46
	LIBOR(3개월)	0.51
	10년 국채수익률	2.34

캐리 트레이드 활성화 요건
차입통화의 단기 조달 메리트 확보
투자대상국 자산의 투자요인 증가
통화의 환율 변동성 감소
글로벌 금융시장의 안정

스위스 프랑이었다. 낮은 금리로 조달된 자금의 주된 투자처는 호주나 뉴질랜드 같은 금리 수준이 높은 나라, 또는 브라질, 남아프리카 공화국 등 신흥시장국가의 자산이었다.

캐리 트레이드의 수익은 국가 간 금리 또는 수익률 차에 의해 발생하는 부분과 환율변동으로 인해 발생하는 환차익으로 나누어진다. 캐리 트레이드가 통상적인 금리차 거래와 구분되는 점은 금리차에 의한 수익과 환율변동에 의해 발생하는 수익을 동시에 추구한다는 데 있다. 국가 간 금리차익 거래에서 환율변동으로 인한 수익변화 부분을 제거함으로써 전체 수익을 안정적으로 확보하기 위해서는 환 헤지가 필요하며, 이때 금리차가 시장환율의 기대치 또는 선물환율과 일치한다는 금리평형이론(Interest Parity Theory)가 전제될 경우에는 수익 자체가 없어져버리는 이론적 결과에 봉착하게 되며, 실제상황에 있어서도 수익의 크기가 원래의 금리차보다 줄어들 가능성이 크다.

이에 반해 캐리 트레이드는 국가 간의 금리차에 더해 조달통화에 대한 금리 상승과 이로 인한 평가절상이 이루어지지 않을 것이라는 기대가 형성된 상황에서 환 헤지 포지션 없이 투자가 이루어진다. 즉, 저금리의 자금조달과 고수익 투자처 외에 환율 변동성의 축소 또는 조달통화에 대한 절하 기대가 형성될 수 있을 때 글로벌 금융시장에서 캐리 트레이드가 발생할 수 있게 된다.

일반적으로 캐리 트레이드의 투자수익은 양 통화 간 금리차와 환율변동에 따라 결정된다. 예를 들면, 한국의 금리가 3%이고 미국의 금리가 1%인 경우

투자자는 양국 간 금리차인 2% 포인트의 수익을 기대할 것이다. 그런데 투자를 결정할 때는 원 달러 환율이 1,000원이었는데 투자를 회수할 때 1,100원으로 상승한다면 원화가치가 10% 하락하기 때문에 금리수익에도 불구하고 달러화를 기준으로는 오히려 손해를 보게 된다. 즉, 고금리통화의 가치가 절상될 경우 금리차익 이외에 환차익을 얻게 되며, 반대로 절하될 경우에는 금리차익에도 불구하고 손실이 발생할 수도 있다.

2) 캐리 트레이드의 동향

(1) 엔 캐리 트레이드

일본정부는 2014년까지 본원통화를 2배로 증가시켜 연 2%의 인플레이션 목표치를 설정한 상황에서 최근 엔화의 약세흐름은 진행 중이며 이에 따라 저금리 메리트를 지닌 조달통화(Funding Currency)로써 엔화의 역할이 커지고 있다. 엔 캐리 트레이드가 늘어나면 엔화를 달러 등 해외통화로 바꾸려는 수요가 늘어남으로써 이는 엔화를 약세로 이끄는 요인으로 작용한다. 해외투자를 위한 외화수요로 인해 과거 일본경제가 막대한 무역수지 흑자를 지속해 왔음에도 불구하고 엔 캐리 트레이드가 진행되는 동안에는 엔화가 약세를 보였고 청산시점에서는 강세로 전환되는 패턴을 보여 왔던 것이다.

투자대상국의 목표통화(Target Currency) 측면에서 볼 때, 최근 호주 및 뉴질랜드 달러 같은 선진국 고금리 통화와 신흥국 통화의 상승폭은 이전보다 많이 둔화될 것으로 예측하고 있지만 차입통화와 목표통화 간의 금리차이는 두드러질 경우 언제든지 엔 캐리 트레이드의 대상이 된다.

국제유동성 관점에서 엔화자금에 의한 해외 투자의 확대는 달러 유동성의 공백을 메우는 순기능 측면도 존재한다. 최근 글로벌 금리가 상승기조를 보이면서 시장은 펀딩통화 차원에서 보다 낮은 금리에 조달할 수 있는 엔화를 선택할 가능성이 있고, 양적완화를 유지하고 있는 일본과 달리 미국발 금리 상승압력이 전 세계로 확산되고 있는 상황에서 엔 캐리 트레이드의 효용 가치가 있다고 볼 수 있다. 하지만 역사적으로 볼 때 캐리 포지션의 청산이 이루어지는 시점에서 단기간에 자산가격의 급격한 하락이 나타나고, 외환시장의 변동성이 확대된다는 점에 대해 유념할 필요가 있다.

아베내각 출범 이후 일본은행의 무제한 양적완화정책의 현실화로 엔 유동성이 급증하고, 엔화가치가 하락하면서 엔 캐리 트레이드 확대 가능성이 대두되고 있다. 추정 가능한 엔 캐리 트레이드는 일본 내 외환순매도 포지션, 일본 투자자들의 대외증권투자액, 일본 개인투자자들의 외화표시 예금액, 단기대출금을 포함한 해외 엔화대출의 4개 형태이다. 과거 엔 캐리 트레이드가 활발하게 진행되었던 2005~2007년 수준에는 미치지 못하지만, 일본투자자들의 해외증권 순투자를 제외하면 최근 엔 캐리 트레이드는 증가세가 이어지고 있다.

〈엔 캐리 트레이드 재개 과정〉

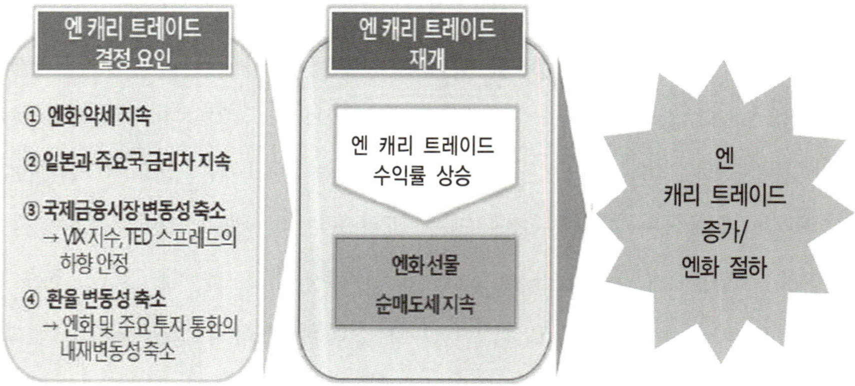

(2) 달러 캐리 트레이드

미국 달러화의 강세 가능성이 높아지면서 달러화를 이용한 캐리 트레이드에 주의를 기울일 필요성이 제기되고 있다. 이미 2014년에도 달러화 캐리 트레이드는 좋은 성적을 거두지 못했다. 중국의 경제둔화로 위안화 절하가 이어진 데다 러시아, 우크라이나발 지정학적 리스크가 높아지면서 안전자산인 달러화로 투자자금이 몰렸기 때문이다.

〈미국의 기준금리 추이〉

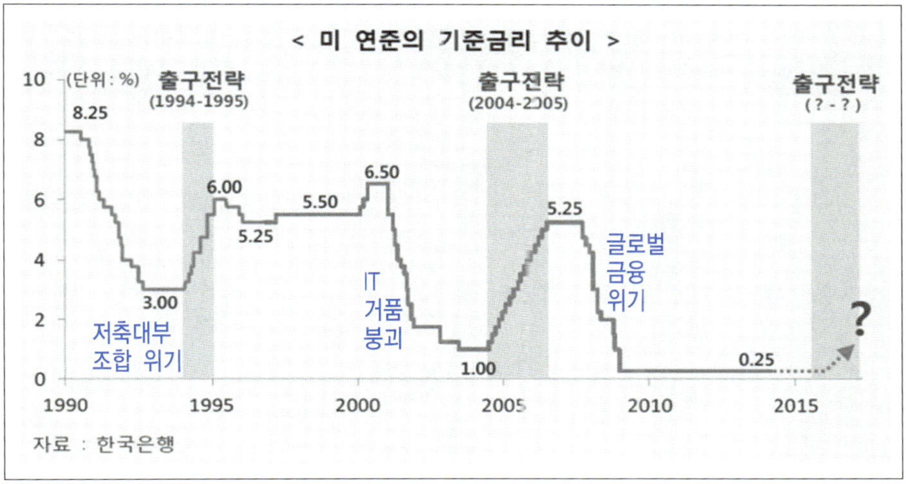

ECB는 2014년에 "비전통적인 수단을 사용할 수 있다는 ECB위원들의 만장일치 의견이 나왔다"며 부양책 실시 가능성을 강하게 시사하였으며, 유로화는 곧바로 달러화 대비 약세로 흐름을 전환했다. 다만 유로화 약세 수준이 캐리 트레이드 수익을 높일 만큼 크지 않을 것이라는 지적도 있어 유로화의 캐리 트레이드에 대한 영향은 제한적일 것으로 보인다.

이러한 세계 주요통화에 대해 예상 밖의 약세를 보이는 달러화의 향방에 대한 전망이 크게 엇갈리고 있다.

자닛 옐런 연준 의장이 여전히 회복세가 취약한 미국경제 부양을 위해 '달러 베어 마켓'을 유지할 것이라는 분석도 만만찮다. 옐런 의장도 장기간의 초저금리 지속 등 통화완화 정책을 유지하겠다는 뜻을 분명히 하고 있다. 그는 "미국 경제가 겨울 혹한의 영향에서 벗어나 2014년 2/4분기부터 성장궤도에 들어섰다"면서도 "주택시장 둔화가 새로운 위협으로 등장했고 노동시장도 여전히 만족하기에는 크게 부족한 상태"라고 강조했다.

〈최근 달러 캐리 트레이드와 과거 엔 캐리 트레이드 비교〉

	최근 달러 캐리 트레이드 (2009년 중반 이후~최근)	과거 엔 캐리 트레이드 (2005~2007년)
규모	광범위하게 진행 (달러 〈 엔)	
유동성	-매우 풍부 : 기축통화, 다양한 거래 상품, 선진화된 시스템	-풍부 : 국제통화, 일본의 자본축적
자산 운용 기간	-단기 : 미국의 금리인상 가능성 점증	중장기 : 엔 리보 10년 이상 1% 하회→5년 이상 장기물 채권에 투자
금융 · 규제	-금융회사 · 헤지펀드 감독 · 규제 강화 -금융기관의 업무영역 및 규모 제한 -브라질, 대만 등 자본거래 규제	-금융 감독 및 규제의 최소화 -자본자유화
국제사회의 금리인상 양상	-미국이 후발주자 -호주, 이스라엘 등이 이미 금리인상 -중국의 기준을 인상	-미국이 선발주자

달러 캐리 트레이드가 지속될 것이라는 의견도 많다. 맥쿼리는 "2014년 초 3.0% 수준에서 최근 2.6%대로 떨어진 미국 10년물 국채 수익률이 급등하지는 않을 것"이라며 "호주 달러화, 터키 리라화, 그리스 자산 등이 여전히 유망하다"고 말했다. 또 시장변동성도 7년 만에 최저치로 떨어지면서 투자자들이 당분간 마음 놓고 캐리 트레이드에 나설 수 있는 환경이 이어지고 있다.

나아가 ECB가 추가 양적완화 조치를 내놓더라도 달러화가 유로화 대비 강세를 보일지 의문이라는 지적도 있다. BNY멜런의 전략가는 "FRB와 ECB가 환율전쟁의 한복판에 서 있다"며 "당분간은 옐런이 내놓는 비둘기파 신호가 드라기를 압도할 것"이라고 내다봤다.

글로벌 금융시장에서 이처럼 캐리 트레이드가 재개되는 가운데 달러화가 전통적 조달통화인 엔화를 상당 부분 대체하는 현상이 발생하고 있는 것으로 보인다. 달러화는 엔화와 달리 세계 제1의 기축통화로서 역할을 수행하고 있는데다 달러화 실질금리가 마이너스를 보이고 있어 기초자산 캐리 트레이드가 국제금융시장에서 폭넓게 이루어지고 있는 것으로 추정된다. 또한 파생 캐리 트레이드도 달러화의 글로벌 약세와 맞물려 빠른 속도로 증가하고 있다. 이와 같은 달러 캐리 트레이드는 미국 FFB의 초저금리정책에 따른 달러화 과잉유동성이 고금리 · 고성장 국가의 위험자산 시장으로 이동하고 있음을 나타내는 것으로 볼 수 있다. 이와 같은 자금흐름이 글로벌 경기회복과 맞물릴 경우 신흥시장국 위험 프리미엄의 축소(re-pricing of risk premium)로 이어져 외화자금 사정이 개선되는 등 이들 경제에 긍정적으로 작용할 전망이다.

[그림 1.1] 엔 캐리 트레이드 자금 청산의 파급효과

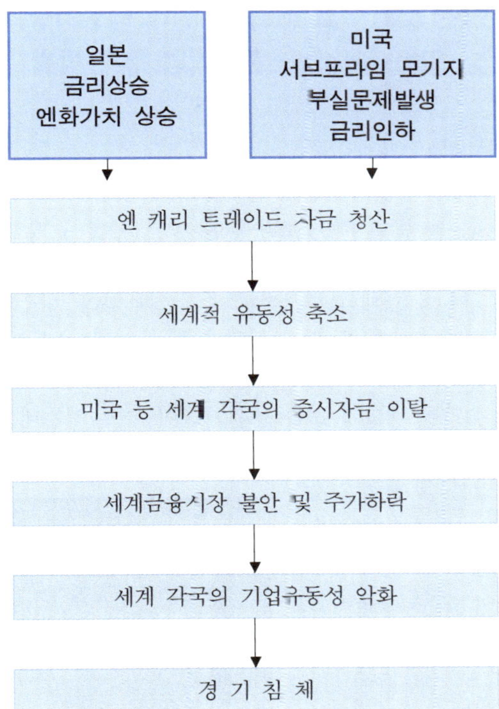

자료: 동아일보, "엔 캐리 트레이드 청산의 파급영향", 2007.08.15., p. 17.

한편 달러 캐리 트레이드는 외국인 투자자금의 신흥시장국으로의 과도한 유입에 따른 환율절상 및 통화증발 등 부작용을 초래할 수도 있으며, 중장기적으로 볼 때 달러 캐리 트레이드는 글로벌 금융시장의 불안요인으로 작용할 가능성이 있다. 그러나 최근 잇따른 미국의 출구전략으로 달러 캐리 트레이드의 청산우려가 제기되고 있고, 이에 따라 달러 캐리 트레이드가 급격히 청산될 경우 환율급변, 급격한 자금유출입 등의 영향으로 신흥시장국 금융시장이 불안해질 것으로 보인다.

경제기사야 놀~자

'캐리 트레이드(carry trade)'가 뭔데 금융시장 뒤흔들죠? - Chosunbiz - 프리미엄 경제 파워

◆ 캐리 트레이드의 개념

일반적으로 사람들은 금융시장에서 가급적 낮은 금리로 자금을 조달하기를 원하는 한편, 돈을 굴릴 때는 보다 높은 수익을 낼 수 있는 대상에 투자하고자 합니다.

그런데 최근 금융의 세계화가 급속히 진전됨에 따라 자금을 조달하고 투자하는 행위가 국내 금융시장 내에서 뿐만 아니라, 국경을 넘어 국가 간에도 나타나고 있습니다. 특히 나라별로 금리수준이 다르기 때문에 국가별 금리차를 이용해 수익을 내고자 하는 투자가들이 늘고 있는데, 이와 같은 형태의 투자행위를 '캐리 트레이드'라고 합니다.

즉, 금리가 낮은 국가에서 자금을 차입하여 이를 환전한 후 상대적으로 금리가 높은 국가의 자산에 투자하여 수익을 올리고자 하는 거래를 캐리 트레이드라고 합니다. 이때 저금리국가의 통화를 '조달통화', 고금리국가의 통화를 '투자통화'라고 부릅니다.

캐리 트레이드를 통한 수익은

기본적으로 두 나라 사이의 금리차이에서 만들어지지만, 투자가 해외에서 이뤄지다 보니 환율변화에 의해서도 수익이 크게 좌우됩니다. 예를 들어 투자통화의 가치가 절상되면 금리차익 이외에 환차익을 추가적으로 얻게 되지만, 투자통화의 가치가 절하되면 반대로 환차손이 발생하여 금리차이에서 수익을 얻더라도 손실이 발생할 수도 있습니다.

캐리 트레이드의 거래방식으로는 저금리국가에 거주하고 있지 않은 투자자가 저금리국가에서 자금을 차입하여 고금리국가의 자산에 투자하거나, 또는 저금리국가의 거주자들이 보유하고 있는 자국통화를 외화로 교환하여 고금리 외화예금이나 해외유가증권에 투자하는 방식이 사용되기도 합니다. 저금리국가의 자금을 빌려서 투자하는 방식은 글로벌 헤지펀드 등 기관투자자들이 주로 사용하는 반면, 보유하고 있는 자금을 해외에 투자하는 방식은 개인투자자들이 주로 사용합니다.

캐리 트레이드의 투자대상에는 수익을 낼 수 있는 모든 자산이 포함됩니다. 고금리국가의 예금, 채권 등 기초자산에 투자하는 단순한 방식도 활용되지만, 선물환, 통화선물 등 파생상품에 투자하는 복잡한 방식도 활용됩니다.

◆ 엔 캐리 트레이드란

캐리 트레이드의 가장 대표적인 사례로 엔화 차입을 통한 '엔 캐리 트레이드'를 들 수 있습니다. 1990년대 초 버블 붕괴 이후 경기침체에 빠진 일본은 이후 장기간에 걸쳐 저금리 기조를 유지했습니다. 특히 지난 2001년 IT버블 붕괴로 전 세계 경기침체가 심화되자 일본은 정책금리를 0%까지 낮추었고, 2006년에야 비로소 정책금리를 인상했습니다.

반면, 다른 선진국이나 신흥시장국들은 2004년 이후 상대적으로 경제가 빠른 속도로 회복되면서 정책금리를 인상하기 시작했습니다. 일본과 다른 나라 간의 금리차이가 확대된 것이죠.

이에 글로벌 헤지펀드들은 일본 엔화를 차입하여 고금리국가에 투자하기 시작하였습니다. 참고로 2006년 영국·호주·브라질의 정책금리수준은 5.0%, 6.25%, 13.0%로서 일본의 0.5%보다 현저히 높은 수준이었습니다. 이 밖에 일본이 초저금리 정책으로 일본 엔화가 약세를 지속하면서 해외투자에 따른 환차익까지 기대할 수 있었다는 점도 엔 캐리 트레이드를 활성화시킨 원인으로 작용하였습니다.

이 같은 상황에서 기관투자자뿐만 아니라 일본의 개인투자자(와타나베 부인)들도 외화예금이나 해외증권 투자에 나서기 시작하였습니다. 특히 일본의 경우, 평균수명이 세계에서 가장 긴 나라의 하나로서 노후에 대비한 자금축적의 필요성은 어느 나라보다 큽니다. 하지만 금리가 낮아 일본 국내에서만 투자해서는 자산을 축적하기가 어려운 상황이었습니다. 이에 따라 금리가 높은 국가의 예금이나 증권에 투자하는 일본의 개인투자자 수가 늘기 시작했습니다.

◆ 글로벌 금융위기 이후 나타난 달러 캐리 트레이드

글로벌 금융위기 이후 세계 각국은 경기침체 방지를 위해 정책금리를 급속히 인하했습니다. 미국의 경우 정책금리가 0.25%까지 하락하였습니다.

다행히 각국의 적극적인 대응에 힘입어 2009년 3월 이후 국제금융시장이 빠르게 안정을 되찾았고 세계경제도 회복국면으로 접어들었습니다. 특히 신흥시장국들의 경제가 미국 · 일본 등 선진국보다 상대적으로 빠른 회복세를 보이면서 이들 국가의 정책금리가 선진국보다 높은 수준을 유지하고 있습니다.

예를 들어 브라질 · 인도네시아 · 러시아 등 신흥시장국의 정책금리는 선진국에 비해 5%포인트 이상 높은 수준을 보이고 있습니다. 이에 따라 최근에 다시 금리가 낮은 선진국에서 자금을 빌려 금리가 높은 신흥시장국에 투자하는 현상이 나타나기 시작했습니다. 특히 미국 달러화를 빌려 신흥국에 투자하는 이른바 '달러 캐리 트레이드'가 활발해지고 있습니다.

◆ 캐리 트레이드가 신흥시장국에 미치는 영향

국제금융시장에 상대적으로 금리가 낮은 통화가 존재하고, 이를 이용해 높은 수익을 올릴 수 있는 기회가 남아 있는 한 캐리 트레이드는 언제든 나타날 수 있습니다.

그렇다면 이러한 캐리 트레이드는 특히 우리나라와 같은 신흥시장국에 어떤 영향을 미칠까요?

캐리 자금은 기본적으로 고수익을 좇아 이동하는 핫머니 성격을 띠고 있습니다. 즉 투자대상의 본질적인 가치보다는 일시적 가격변화에 더 민감하게 반응하는 속성을 가지고 있기 때문에 투자유인이 사라지면 언제든지 투자하던 국가를 떠나려고 합니다. 일반적으로 투자자금은 오랫동안 점진적으로 유입되는 반면 청산은 일시에 급속히 이루어집니다. 만일 외국인 투자자금이 대규모로 일시에 급격히 유출되면 투자국가는 환율 폭등, 외환사정 악화, 주가 폭락 등 금융시장에 엄청난 충격을 받게 됩니다.

따라서 신흥시장국들은 이러한 불안요인이 잠재되어 있다는 점을 감안하는 것은 물론, 국제금융시장의 여건변화와 캐리자금의 동향을 항상 면밀히 모니터링하면서 만반의 대비책을 세워둬야 하는 것입니다.

〈김정한(한국금융연구원 연구위원) ChosunBiz.com. 2010.9.17. 21 : 47〉

경제기사야 놀~자

FOMC 회의… 양적완화 종료 결정 의미는

◆ 금리인상 2015년 상반기로 앞당길 듯

미국 중앙은행이 사상 유례없는 양적완화의 시대를 마감하고 정상적 통화정책으로 선회했다. 뉴욕 월가에서는 금리인상이 애초보다 1~2개월 앞당겨져 내년 상반기 중 단행될 것이라는 관측이 나오고 있다.

자료 : 뉴욕타임스

미 연방준비제도(Fed · 연준)는 28일(현지시간)부터 이틀 동안 통화정책 결정기구인 연방공개시장위원회(FOMC) 회의를 열어 채권을 매입하는 방식으로 시중에 돈을 푸는 양적완화 프로그램을 이달 말까지 종료하기로 결정했다. 연준은 그러나 종전과 마찬가지로 기준금리를 연 0~0.25%로 유지하는 초저금리정책을 상당 기간 유지하기로 했다고 밝혔다.

연준은 다음달부터 더 이상 국채 또는 주택담보부 채권을 매입하지 않는 대신 만기가 도래하는 채권을 교체하는 방식으로 보유채권액수를 4조5000억 달러선으로 유지하기로 했다. 연준은 2008년 말 금융위기 이후 약 6년 동안 지속해온 통화완화정책으로 미국경제가 확실한 회복세로 돌아섰다고 판단했다. 연준은 이날 회의가 끝난 뒤 발표한 성명에서 미국 경제가 더 이상 통화정책의 도움을 필요로 하지 않는다고 밝혔다. 연준은 특히 "현재의 자산매입 프로그램을 시행한 이후 노동시장 전망이 현저하게 나아졌다"고 평가했다. 연준은 또 "가격안정 속에서 고용을 최대한 끌어올리는 방향으로 갈 수 있도록 미국경제가 전반적으로 개선되고 있다"고 진단했다.

연준은 금리정책과 관련해 "여러 요인을 평가할 때 현 추세가 이어진다면 채권 매입 프로그램을 끝내고서도 상당 기간 초저금리 기조를 이어가는 게 적절한 것으로 보인다"고 밝혔다. 연준은 그러나 "지표가 연준이 현재 예상하는 고용 및 인플레이션 목표에 더 빨리 접근한다면 금리인상이 예측보다 빨라질 수 있다"고 밝혔다.

〈기사입력 2014-10-30 19:07 | 최종수정 2014-10-30 22:58〉

제2절 남유럽 재정위기와 아베노믹스

1. 남유럽의 재정위기[2)]

EU 회원국은 27국이며 유로존 국가는 17개국이다. 이들 국가들 간에는 경제력차이가 존재하는 것이 분명하다. 이러한 경제력의 차이에도 불구하고 유로존 국가들 간에는 Euro라는 단일 통화를 사용하고 공동 통화정책을 운용해 온 것이 사실이다. 이러한 각국의 경제사정을 고려하지 않은 통합적인 통화정책의 운용이 유로존 국가들 나아가서는 EU 회원국간의 경제적 불균형이 확산되어 남유럽 재정위기가 유발되었다고 볼 수 있다. 특히 EU의 통화정책은 유럽중앙은행(ECB: European Central Bank)이 주도적으로 시행하고 있고, 유럽중앙은행이 EU 경제권의 핵심국가인 독일과 프랑스의 영향력이 지대하므로 EU 경제권의 중소국가들이 각국의 적합한 통화정책을 추진하는 데에는 한계가 있을 수밖에 없다.

예를 들어 EU 경제권의 경제 강대국이 인플레이션 방지를 위하여 EURO화 금리를 인상하는 한편, 경제침체국은 경제활성화를 위하여 각 국별로 확장적 재정정책을 편다면 서로 상반되는 정책의 시행으로 정책효과가 반감될 것이다.

남유럽 재정위기 발생의 원인은 방만한 재정운용에서 찾을 수 있다. 남유럽 대부분의 나라들이 선심성 경제정책을 남발하는 등 재정을 그 나라의 형편에 비해 방만하게 운용한 것이 재정위기 발생의 주요한 요인으로 꼽힌다.

또 다른 원인 중 하나는 유로존에 가입한 남유럽 국가들이 통화정책과 환

---

2) 윤상하 · 배민근, "남유럽 재정위기와 서브프라임 위기 비교", LG Business Insight, 2010.5.19. 조양현, "남유럽 재정위기와 현황, 발생요인 및 시사점", 수은해외경제, 2011.9.

율정책을 자국수준에 맞게 조정할 수 없는 실정이었다. 독일 등 국가의 경제수준에 맞게 고평가된 환율에 의해 남유럽 국가들의 수출 경쟁력이 악화되어 경상수지 악화를 초래하였다.

남유럽의 재정위기를 극복하는 과정에서 자체적으로 조성한 자금이 부족하였을 뿐만 아니라 EU 내 경제 강대국인 독일 등의 국가들의 지원의지가 약했다고 볼 수 있다. 지원 능력과 의지가 약했기 때문에 사태는 더 커졌다고 볼 수 있다.

남유럽 재정위기도 리먼 사태에서 야기된 미국의 서브프라임 모기지 사태의 연장선상에서 발생되었다고 볼 수 있으며, 민간부문의 부채가 공공부문으로 확산된 것으로 이해할 수 있다.

미국의 서브프라임 모기지 사태 해결의 본질은 유동성의 과감한 확대에 의한 수요창출이었던 반면, 남유럽 재정위기에 대한 바람직한 해법은 선심성 방만 재정지출을 지양하고 지출통제와 세수증대에 초점을 맞춰 나가는 것이다.

2. 아베노믹스[3]

일본의 아베노믹스란 금융의 양적완화정책을 통하여 자국통화인 엔화의 약세를 유도하고 확장적 재정정책을 통하여 디플레이션을 탈출하려는 일본 아베정부의 경제정책을 말한다. 특히 일본의 소비자와 기업이 디플레이션 마인드에 빠져있는 상황에서 2%의 물가상승 목표를 설정하여 소비자의 임금 및 자산가격 상승과 기업의 수익증가를 통하여 소비를 진작시킴으로써 경제를 회생시키겠다는 전략이다.

2008년부터 이어지는 미국의 양적완화, EU의 재정지원 그리고 일본의 아

---

3) 한일재단 일본지식정보센터 일본지식 리포트, "아베노믹스의 정책적 특징과 과제", 한재준(인하대학교 글로벌금융학부교수), "아베노믹스와 환율전쟁, 한국경제에 대한 시사점", 하나금융경영연구소.

베노믹스 등의 경제정책의 핵심은 양적완화, 즉 시중에 유동성을 확대하는 것이다. 이들이 유동성 확대에 역점을 두는 이유는 경제침체의 근본적인 원인이 시중에 유통되는 유동성의 부족에서 오는 것으로 보기 때문이다. 따라서 경제회복을 위해서 취할 수 있는 방법은 정부가 유동성을 확대하는 것이다. 다른 이유는 유동성을 확대하면 자국통화의 공급량이 많아져서 자국의 통화가치는 하락하게 되고 이는 환율의 상승으로 이어져서 수출상품의 가격 경쟁력이 제고될 것이다. 즉, 양적완화의 목적은 첫째는 경제회복이고 둘째는 수출경쟁력 제고라는 두 마리 토끼를 잡기 위함이다.

현재 아베노믹스의 과제는 금융완화정책 등 단기적 긴급처방에 치중하였으므로, 향후 중장기적으로 규제완화 및 제도개선 등 환경정비에 역점을 두어 일본경제의 근본적인 체질을 개선해 나가야 한다. 아베노믹스가 일반적인 금융완화정책 외에 인플레를 목표로 하고 있기 때문에 실질금리 하락과 물가상승의 변화를 국민들이 느낄 수 있도록 하여 경제주체들이 소비와 투자를 누릴 수 있도록 하는 방안이 필요하다.

미국, 유럽연합, 일본 간에 일어나고 있는 경쟁적인 양적완화정책의 본질은 자국통화의 가치하락에 있다. 즉, 환율전쟁으로 귀결된다고 볼 수 있다. 자국통화의 가치를 낮추고 수출경쟁력을 개선하여 자국의 생산물시장의 확장을 통한 경제회복을 도모하겠다는 의지의 표명이다. 다시 말하면 자국의 이익을 위하여 근린궁핍화 정책을 유지하겠다는 의미이다.

이러한 환율전쟁에서 일본의 성패가 바로 아베노믹스의 성패라고 해도 과언이 아닐 것이다. 아베노믹스의 성패여부는 일본국민들이 물가상승과 장기 실질금리 하락에 대한 기대에 소비와 투자의 증대가 얼마나 민감하게 반응하느냐에 달려있다.

아베노믹스의 성패는 우리나라 경제에도 큰 영향을 미친다. 일본 수출산업의 경쟁력이 개선되면, 국제시장에서 경쟁관계에 있는 우리나라 수출기업에는 악영향을 미친다고 볼 수 있다. 설령 실패한다 해도 일본의 수요가 감소함으로써 우리나라에도 부정적인 영향이 발생할 수밖에 없을 것이다. 양적 완화를 통한 환율전쟁은 세계경제의 회복세가 가시화되고 안정되면 점차 완화될 것으로 보인다.

한상춘의 '국제경제 읽기'

아베식 엔低 도박 정책의 '5大 함정'

아베노믹스 효과 불안요인 많아… 실패땐 조기 하야 가능성도

차기 일본은행 총재로 대표적인 성장론자로 알려진 구로다 하루히코 아시아개발은행(ADB) 총재가 내정됐다. 이로써 '엔저(低)'로 대표되는 '아베노믹스'가 추진될 수 있는 여건이 모두 마련됐다. 엔・달러 환율이 100엔을 훌쩍 넘길 것이란 예상이 벌써 나오고 있다. 이대로 간다면 한국이 가장 불리하다. 하지만 아베노믹스에는 몇 가지 함정이 도사리고 있다.

첫째, 로빈슨 크루소 비유가 들어가는 '국수주의 함정'(Robinson's ultranationalism trap)이다. 아베노믹스 추진 이후 인위적인 엔저에 대해서는 두 가지 입장으로 갈린다. 하나는 일본 경제가 오랫동안 당면한 디플레이션 타개책으로 엔저를 묵인하는 시각이다. 미국과 국제통화기금(IMF) 등이 여기에 속한다.

다른 하나는 근린궁핍화 차원으로 인식해 적극 반발하면서 글로벌 환율전쟁에 가담하는 입장이다. 엔저에 따른 유로화 강세 피해가 심한 유럽 국가와 대부분 신흥국들이 이 부류에 속한다. 한국도 마찬가지다. 지금까지 묵인해온 국가들도 엔저가 더 심해지면 이런 입장에 속속 가담하면서 글로벌 환율전쟁이 점입가경(漸入佳境)에 치달을 것으로 예상된다.

둘째, 'J-커브 함정'(J-curve trap)이다. 아베 정부의 의도대로 엔저가 무역수지 개선과 이를 통한 경기부양이 가능해지려면 '마셜-러너 조건'(Marshall-Lerner condition)을 충족해야 한다. 국제무역이론에서 하나의 고전으로 다뤄지는 이 조건은 수출입 공급에서 문제가 없을 경우 외화표시 수출 수요의 가격탄력성과 자국통화표시 수입 수요의 가격탄력성을 합한 값이 '1'을 넘어야 엔저가 무역수지를 개선시킬 수 있음을 뜻한다.

이 조건을 충족하지 못할 때는 무역수지가 더 악화되고, 경기부양도 외수기여도가 떨어진다. 특히 엔저에 따른 수출입 가격 변화에도 물량 변화가 쉽지 않은 초기에는 무역수지가 심하게 악화된다. 엔저가 지속되는 상황 속에서도 오히려 적자 폭이 커진 1월 일본의 무역통계가 'J-커브 함정'에 빠질지 모른다는 우려를 뒷받침해 준다.

셋째, '부메랑 함정'(boomerang trap)이다. 갈수록 나라 안팎에서 반대가 심해짐에도 불구, 아베 정부가 엔저를 무리하게 유도하는 궁극적인 목표는 디플레이션 타개다. 엔저가 되면 수출이 늘어남과 동시에 물가를 끌어올리는 효과가 기대된다. 수출업종 중심으로 일본 기업의 주가가 강하게 반등하는 것은 이런 기대 때문이다.

하지만 일본 경제가 살아나기 위해서는 수출 증대보다 내수 확대가 더 중요하다. 인구 고령화 등으로 일본의 내수시장은 앞으로도 쉽게 회복할 수 있는 여건이 아니니다. 이 상황에서 무리한 엔저로 남아 있는 내수 기반마저 무너질 경우 일본의 경기침체가 더 장기화되는 자충수로 작용할 수 있다. 한때 국제 외환시장에서 '미스터 엔'으로 통했던 사카키바라 에이스케 아오야마대 교수가 아베식 엔저 정책을 강하게 비판하고 있는 것은 이 때문이다.

넷째, 일본 내 '자금이탈 함정'(exodus trap)이다. 아베노믹스 초기에는 일본 내 자금이 더 풍부해진다. 엔저를 유도하기 위해 자산매입 과정에서 풀리는 유동성에다 '체리 피킹'(cherry picking) 차원에서 주가 상승을 겨냥한 외국 자금이 들어오기 때문이다. 체리 피킹이란 주가가 적정 수준에서 떨어질수록 체리가 무르익어 따 먹으면(주식 매입) 맛있게 먹을 수 있다(투자 수익)는 데서 비롯된 일종의 저가 매수전략을 말한다.

중요한 것은 그 이후의 상황이다. 'S자형 투자원칙'이나 '하이먼-민스크의 리스크 이론'대로 초기 단계를 지나 일본 경제 회복과 같은 추가적인 투자 유인을 제공하지 못할 경우 어느 날 갑자기 자금이 이탈할 수 있다. 통화 가치를 감안한 피셔의 국제간 자금 이동 이론상 '제로(0) 금리'에다 엔저까지 가세하면 엔 캐리 자금은 언제든지 이탈할 수 있는 여건이 충족돼 있기 때문이다. 이런 상황이 전개된다면 '역(逆) 자산 효과'까지 겹쳐 경기는 부메랑 함정에 더 빠져들고, 일본 내에서는 자금 공동화 현상이 발생한다.

다섯째, '좀비 함정'(zombie trap)이다. 아베 정부의 엔저 정책처럼 특정국 경제에서 최후의 보루로 여겨졌던 기대가 무너질 경우 정책 당국이 어떤 신호를 보내더라도 국민들은 더 이상 반응하지 않는 좀비 현상이 가장 먼저 나타날 수 있다. 좀비는 시체와 같다는 의미다.

좀비 현상이 더 심해지면 비이성적인 행동이 나타난다. 경제 분야에서 비이성적인 행동은 자신의 행위에 대해 책임을 지지 않으면서 '내가 하면 옳고 남이 하면 잘못됐다'고 보는 이분법적 사고(dichotomy)를 말한다. 이분법 경제는 일본처럼 장기간 침체 국면이 지속되는 국가에서 가장 경계해야 할 적(敵)이다.

결국 아베 정부가 5대 함정에 빠지지 않기 위해 앞으로 택할 수 있는 길은 크게 보면 두 가지다. 지금보다 엔저를 더 진행하려 무리수를 두거나 아니면 지금까지 유도했던 엔저의 긍정적인 효과를 거두기 위해 경쟁국과의 공존을 모색하고 다른 정책을 보완하는 길이다. 무리하게 전자의 길을 택한다면 아베 총리는 머지않은 장래에 하야할 운명에 처할 수 있다.

〈한상춘 객원논설위원 schan@hankyung.com〉

아베노믹스 진단과 향후 방안

미국 FRB의 출구전략이 시작되면서 엔화가치가 강세로 돌아서고 주가도 급락하고 있다. 벌써부터 아베정부 정책당국자를 중심으로 '출구전략의 악몽'이 재연되면서 아베노믹스가 저주에 걸리는 게 아닌가 하는 우려가 확산되고 있다. 미국보다 앞서 일본은 성급한 출구전략으로 '잃어버린 20년'에 접어들었던 뼈아픈 경험이 있기 때문이다.

아베노믹스는 출범 초부터 많은 결점을 갖고 있었다. 그 중 하나가 1990년대와는 또 다른 형태의 함정에 빠질지 모른다는 우려다. 가장 우려해왔던 'J-커브 무력화 함정'(J-curve ineffectiveness trap)이 현실화하고 있다. 엔저가 진행된 지 1년 이상 경과됐지만 무역적자는 갈수록 늘어나는 추세다.

무역수지의 흑자전환 시점에 대한 전문가 전망 (단위:명)

수년 내 흑자 전환 가능		수년 내 흑자전환 안됨	합계
2015년 7~9월 예상	2015년 10~12월 이후 예상		
1	17	22	40

※통관기준무역수지 기준　　자료:일본경제연구센터

엔저가 무역수지 개선과 이를 통해 경기를 부양시키기 위해선 무역구조의 전제인 '마셜-러너 조건'(외화표시 수출수요의 가격탄력성+자국통화표시 수입수요의 가격탄력성〉1)을 충족시켜야 한다. 엔저에 따라 수출단가가 떨어지면 수출물량이 더 증가해야 수출금액이 늘어날 수 있는데 그것이 안 된다는 의미다.

일본경제가 살아나기 위해서는 수출증대보다 내수확대가 더 중요하다. 일본경제는 인구 고령화 등으로 내수가 쉽게 회복될 수 있는 여건이 아니다. 이 상황에서 엔저를 무리하게 추진함에 따라 내수기반이 붕괴될 조짐이다. 경기를 살리겠다고 추진했던 엔저가 오히려 경기에 부담이 되는 '부메랑 함정'(boomerang trap)에 빠져들고 있는 셈이다.

더 우려되는 것이 '자금의 이탈 함정'(exodos trap)이다. 이른 시일 내에 일본경기가 가시적인 성과를 내지 않으면 '하이먼-민스크의 리스크 이론'에 따라 외국자금이 어느 날 갑자기 이탈될 가능성이 높다. 피셔의 국제 간 자금이동 이론상 제로(0) 금리에다 엔저까지 가세함에 따라 포지티브 엔 캐리 트레이드 여건도 다시 성숙되고 있다.

아베노믹스 효과가 나타나지 않음에 따라 가장 속이 타는 곳은 아베정부다. 아베노믹스가 성과를 내지 못해 최후의 브루로 여겼던 기대마저 무너지기 시작하면 그때부터 정책당국이 어떤 신호를 보낸다 하더라도 국민은 더 이상 반응하지 않는 '좀비 함정'(zombie trap)에 다시 빠질 위험이 높기 때문이다.

일본 국채금리가 급등하는 것도 문제다. 아베노믹스가 새로운 함정을 극복하고 성공하기 위해서는 국채금리가 안정돼야 한다. 이미 국가채무가 국내총생산(GDP) 대비 250%로 세계 최고수준인 상황에서 국채금리가 조금만 올라도 이자와 국가채무 간 악순환 고리가 형성된다. 경기면에서도 '구축효과'가 발생해 디플레이션 타개가 더 어렵게 된다.

더 주목되는 것은 일본이 아베노믹스 추진 이후 엔저를 묵인해 왔던 미국을 비롯한 일부 국가의 태도가 변하고 있는 점이다. 야스쿠니신사 참배 등 경제 외적인 문제까지 겹치면서 일본에 대한 부정적 시각이 빠르게 확산되고 있다. 우려했던 '국수주의 함정'(ultra-nationalism trap) 피해가 가시화하는 조짐이다.

새로운 형태의 함정이 가시화하는 상황에서 tapering 추진 이후 엔화 약세가 강세로 돌아서자 아베노믹스가 추진됐던 배경이자 최종 목표인 '안전통화 저주'(curse under safe haven)에 대한 우려가 재연되고 있다. 안전통화 저주란 tapering 추진 이후 안전통화로 재부각되는 엔화가 강세가 돼 아베노믹스를 무력화시키는 것을 말한다.

이 때문에 일본경제가 '새로운 함정'과 '안전통화 저주'를 해결하기 위해서는 아베노믹스보다 '제2의 역플라자 합의'(anti-Plaza agreement)가 나와야 한다는 시각이 급부상하고 있다. 역플라자 합의란 1995년 4월 엔·달러 환율 80엔선이 무너지자 일본경제를 살리기 위해 선진 7개국 간에 맺었던 '달러 강세-엔 약세'를 도모하기 위한 협약을 말한다.

미국의 태도가 관건이다. 불행히도 tapering 추진 이후 미국이 자국통화인 달러화에 대한 명확한 입장을 취하기가 쉽지 않은 상황이다. 미국이 자체적으로 금리인상을 통해 저축률을 제고시키는 정책수단을 가져가지 못한다면 최대 현안이 될 경상수지 적자를 줄이기 위해서는 달러 약세를 유도하거나 최소한 방치해야 하기 때문이다.

아베노믹스를 살릴 수 있는 최후의 보루는 '역바세나르 협약'(anti-Wassenaar arrangement)이다. 일본 수출기업이 엔저에 따른 반사이익을 임금인상을 통해 근로자에게 환원시킬 수 있느냐 하는 점이다. 노・사・정 간 합의가 있어야 한다. 하지만 강요하는 아베정부에 수출기업이 팽팽히 맞서고 있어 일본경제 앞날은 밝아 보이지 않는다.

아베노믹스에 대한 기대보다 우려와 비판이 확산되면서 '잃어버린 30년 가능성'이 고개를 드는 것도 이 때문이다.

〈한상춘, 아베노믹스의 저주…일본 경제 '잃어버린 30년', 2014.02〉

3. 미국, EU, 일본의 양적완화정책4)

각국 정부나 중앙은행이 경기회복을 위하여 실시하는 경제정책 중 대표적인 것이 확장적 재정정책 및 팽창적 통화정책, 그리고 유동성 증가 방법인 양적완화정책이 있다.

확장적 재정정책은 뉴딜정책 등과 같이 정부가 정부지출을 증대시켜 생산물시장을 직접적으로 자극하여 경기회복을 시도하는 정책이다. 팽창적 금융정책은 금리 인하 등 방법으로 시중자금사정을 원활하게 유도하는 정책이다.

그러나 확장적 재정정책은 정부지출이 증가되어 재정적자의 심화되어 재정건전성 문제에 직면하게 된다. 또한 대부분의 선진국들이 경쟁적인 팽창적 금융정책을 통한 금리인하 결과로 거의 제로금리에 도달하게 되어 더 이상 금리를 낮추기도 어려운 실정이며 유동성함정에 빠진 실정이다.

이러한 문제점들을 보완하기 위해 양적완화정책을 추진하고 있다. 양적완화정책은 각국의 중앙은행이 회사채나 국채 등의 매입을 통하여 시중에 유동성을 공급하여 경기를 활성화시키는 금융완화정책을 말한다. 양적완화정책은 2001년 일본에서 디플레이션 해소와 경기회복을 위한 조치로 실시되었다.

---

4) 현석, "美・유럽・日의 양적완화는 각각 어떻게 다른가요?" 조선일보, 2013.7.19.

미국은 2008년 당시 서브프라임 모기지 부실 문제로 큰 어려움을 겪고 있던 상황에서 1차 양적완화정책을 시행하였고 2차를 거쳐 2012년부터 시작된 3차는 종료시점을 정하지 않은 채 계속 이어지고 있다. 그러나 최근 자넷 옐런 FRB 의장의 의회 증언 등을 감안할 대 양적완화의 축소와 중단이 예상된다.

EU 의 양적완화정책은 2012년까지 2000억 유로 규모의 증권을 매입하였고 2011년 이후 약 1조 유로 규모로 3년 만기 대출프로그램을 운용중이다. 그러나 드라기 IMF총재의 최근 발표에 따르면 유로존까지도 경기회복이 가시화 될 때까지 양적완화정책을 중단시킬 생각이 없음을 분명히 하고 있다.

아베노믹스는 2012부터 일본 아베 신조 총리가 시행한 과감한 금융완화와 재정지출 확대를 포함하고 있는 양적완화정책의 일환이라고 할 수 있다. 2013년 1월부터 매월 13조엔 규모의 국채매입을 실시하고 물가상승 목표를 2%로 상향 조정하는 등 경기부양을 적극적으로 도모하려는 양적완화정책이다.

경제기사야 놀~자

美 · 유럽 · 日의 양적완화는 각각 어떻게 다른가요?

◆ 美와 거꾸로… 유럽 "계속 돈 풀어 경기 부양"

마리오 드라기 유럽중앙은행 총재가 글로벌 금융시장의 구원투수로 등장했다. 4일 미국이 돈줄을 죄더라도 유럽은 돈 풀기를 지속하겠다고 공언을 했기 때문이다.(중략) 미국이 지난달 양적완화(채권을 사들여 돈을 푸는 것)를 축소하겠다는 선언을 해서 글로벌 시장에서 돈줄이 말라갈 것이란 예상이 급속하게 퍼졌지만 이번에 유럽의 '돈 풀기' 선언으로 이런 우려는 다소 완화될 것으로 보인다. 세계 3대 기축통화 중 달러는 강세, 유로 · 엔은 약세를 보일 가능성도 커졌다.

◆ 다시 풀어 읽는 경제기사

글로벌 금융위기 이후 침체된 경기회복을 위해 미국, 유럽, 일본 등 주요국 중앙은행들은 국채나 회사채 매입 등을 통해 시장에 직접 돈을 푸는 양적완화정책을 실시해 왔습니다. 하지만 최근 미국 경기가 회복세를 보이면서 미 연준(연방준비제도) 버냉키 의장이 양적 완화 축소를 시사한 바 있습니다. 반면 유럽중앙은행(ECB)의 드라기 총재는 포르투갈, 그리스 등 유로존 재정위기의 부상에 대응해서 앞으로 계속해서 '돈 풀기'에 나서겠다고 밝혔습니다. 그리고 일본은행도 아베노믹스의 첫째 화살인 무제한 양적완화를 추진하고 있습니다. 오늘은 이런 주요국 중앙은행의 양적완화정책의 특징을 비교하고 양적완화의 부작용은 없는지 알아보도록 하겠습니다.

◆ 양적완화는 무엇이고 이를 실시하게 된 배경은 무엇인가요?

2008년 발생한 글로벌 금융위기에 대응해 각국은 경기부양책을 쓰게 됐습니다. 일반적으로 경기를 부양하는 경제정책으로는 공공사업 등을 통해 정부지출을 늘려서 시중에 돈을 푸는 재정확장정책과, 금리인하 등의 방법으로 시중자금 유통이 활발해지도록 하는 금융완화정책이 있습니다. 그런데 경기를 살리기 위해 선진국 중앙은행들이 금리를 낮추다 보니 거의 제로 금리에 도달하게 됐습니다. 또 정부지출을 늘리다 보니 재정 적자가 악화돼 재정긴축이 요구됐습니다. 재정 확장은 한계에 부딪혔는데 더 이상 금리도 낮추기 어려운 상황에 처하자 선진국 중앙은행들은 경기를 부양하기 위해 이전과 다른 차원의 통화정책을 실시했는데, 그것이 양적완화정책입니다.

양적완화란 중앙은행이 국채나 회사채 매입 등을 통해 직접 자금을 공급하는 이례적 금융완화정책입니다. 사실 양적완화는 2001년부터 디플레이션(물가 하락과 경기침체의 악순환)에 빠진 일본 경제를 살리기 위해 일본은행이 선구적으로 시행했습니다. 당시 점진적으로 추진됐던 양적완화는 큰 효과를 보지 못했지만, 2008년 글로벌 금융위기 이후 미 연준은 일본의 실패를 거울삼아 과감한 양적 완화라는 승부수를 띄운 것입니다.

◆ 미국, 유럽, 일본의 양적완화정책은 어떻게 다른가요?

미국은 이제까지 크게 세 차례 양적완화정책을 취했습니다. 우선 2008년 11월부터 2010년 3월까지 1조7250억달러에 이르는 1차 양적완화를 시행했고, 2010년 8월부터 2011년 6월까지는 6000억달러를 더 찍어내 2차 양적완화를 시행했습니다. 그리고 3차 양적완화는 2012년 9월부터 주택저당증권(MBS)을 매월 400억달러 매입하는 것으로 시작했습니다. 3차 양적완화는 매입 종료시점을 한정하지 않았다는 점에서 매입 규모와 시점을 정했던 이전 대책들과 차이가 있습니다. 또 장기 금리를 낮추기 위해 단기채권을 판 돈으로 장기채권을 사들이는 '오퍼레이션 트위스트'(operation twist)라는 정책을 일시적으로 취하기도 했습니다. 3차 양적완화정책은 올해 1월부터 국채를 월 450억달러 더 매입하기로 해 월 850억달러로 규모가 확대됐습니다.

ECB는 글로벌 금융위기 이후 증권매입프로그램(SMP)을 통해 2012년 8월까지 증권 2088억유로를 매입하는 양적완화정책을 시행했습니다. 이후 재정긴축 이행을 조건으로 한도가 없는 무제한 국채매입(OMT)을 도입했습니다. 이 밖에도 2011년 12월 이후 회원국 은행에 대해 약 1조유로 규모로 3년 만기 장기 대출 프로그램(LTRO)을 운용 중입니다. 그런데도 유로존(유로화 사용 17개국)의 경기회복 기미가 보이지 않자 드라기 총재가 '돈 풀기'를 지속하겠다고 선언한 것입니다.

글로벌 금융위기 이후 일본의 양적완화정책은 2010년 10월부터 기업어음, 장단기 국채, 은행 적격 담보대출 등을 매입하는 70조엔 규모 자산매입프로그램(APP)으로 시작했습니다. 2012년 12월에는 자산매입기금 한도를 101조엔으로 확대했습니다. 2013년 4월 구로다 총재가 취임하면서 내년까지 본원통화량(현금에 일본은행 당좌예금을 더한 것) 규모를 2배로 확대하기 위해서 국채매입 규모도 2배로 증액하는 등 본격적 무제한 양적완화를 추진하고 있습니다.

심각한 재정 적자에 시달리고 있는 미국, 유럽, 일본 등 선진국 중앙은행들이 국채, 회사채 등의 자산매입을 통해 양적완화를 실시한 것은 유사하지만 앞에서 살펴본 것처럼 양적완화의 규모, 속도, 시기 면에서는 차이가 있습니다.

특히 일본은행은 2001년 선구적으로 양적완화를 시행했지만 소규모로 시작해서 점진적으로 규모를 확대해 나가는 전략을 취했다가 효과를 보지 못했습니다. 그러자 글로벌 금융위기 이후 미 연준은 먼저 규모를 정하고 일정 시간에 걸쳐 과감하게 실시하는 방식을 추진했습니다. 이 방식이 효과가 있다고 판단한 일본은 이번엔 대규모로 과감한 양적완화를 추진하게 된 것입니다.

미국과 유럽은 양적완화에 따른 인플레이션을 우려하고 있지만 일본은 오히려 고질적 디플레이션에서 탈출하기 위해 인위적으로 인플레이션을 일으키려고 노력하고 있습니다. 일본은행은 2년 안에 물가 상승률 2%를 달성하겠다는 목표입니다.

◆ **양적완화정책에 부작용은 없나요?**

선진국의 대규모 양적완화로 풀린 풍부한 자금이 부동산, 주식, 채권 등에 투자돼 자산가격이 안정을 유지하는 데 기여했고, 이 덕분에 실물경제도 조금씩 회복 기세를 보이고 있습니다.

그러나 한편으로는 이렇게 풀린 자금이 선진국에서 신흥국으로 대규모로 유입되면서 선진국 통화가치는 떨어뜨리고 신흥국 통화가치는 올리는 압력으로 작용해 소위 '통화전쟁'(통화가치를 경쟁적으로 낮추는 것) 논란이 불거졌습니다.

게다가 최근엔 버냉키 의장이 양적완화 중단을 시사하면서 국제 금융시장이 불안정해졌고, 신흥국에서 일시에 대규모 자금이 빠져나가 신흥국 금융시장에 엄청난 충격을 줄 우려가 커지고 있습니다. 미국의 양적완화 종료에 따른 부작용을 최소화하기 위해서는 신흥국 간의 공조, 더 나아가서는 선진국과 신흥국간에 국제적 협조가 필요할 것으로 예상됩니다.

〈조선일보 2013년 7월 6일자 A12면〉

제3절 미국달러의 전성시대와 그 가치의 하락

1. 미국 달러의 전성시대

미국 달러가 기축통화가 되는 국제통화제도의 탄생은 브레튼우즈체제가 계기가 되었다. 제2차 세계대전이 끝날 무렵인 1944년 미국 뉴햄프셔 주 브레튼우즈(Bretton woods)에서 44개국의 대표들이 모여 창설한 국제통화기금(International Monetary Fund: IMF)과 함께 출범한 새로운 국제간 통화제도를 브레튼우즈체제라고 한다. 이 체제는 미국 달러를 일정량의 금에 고정(금 1온스 당 35달러)시키는 제도로 미국 달러와 금과의 교환이 가능한 금・달러 본위제도를 의미한다. 또한 각국 통화의 환율을 달러에 고정시키는 고정환율제도를 말한다. 즉, 브레튼우즈협정은 미국 달러에 대하여 절대적 권위를 인정한 것이었다. 그 이후 미국 달러는 몇 차례 고비를 경험했지만 기축통화로서의 위상을 지켜나갔다.

그러나 1971년 8월 15일 닉슨대통령이 미국 달러화의 금 태환을 정지시킴으로써 브레튼우즈체제는 마침내 붕괴되고 말았고 국제통화제도는 고정환율제도에서 변동환율제도로 이행되기 시작하였으나, 미국 달러는 여전히 유동성이 가장 높은 기축통화의 지위를 유지하고 있었다. 하지만 1985년 플라자합의에 따라 일본 엔화의 가치가 미국 달러화 대비 절반으로 하락함에 따라 일본경기의 거품이 무너지기 시작하였다. 이후 1990년에 들어와서 일본경제는 10여 년 침체기를 겪고 2003년브터 회복세로 돌아서기 시작하다가 2011년의 동일본 지역의 대지진은 일본경제에 치명적인 타격이 되었다. 또한, 유럽 공동체의 공동통화인 유로화가 1999년부터 주요한 통화로 자리를 잡았고 2007년에는 미국 달러의 약세에 따라 유로화의 위상이 상당히 높아지는 듯하였으나 남유럽국가들의 금융위기로 유로화의 지위를 낮추고 있다. 세계금융시장에서 유통되고 있는 주요통화로는 미국 달러, 유럽연합 유로, 영국 파운드, 일본 엔, 중국 위안, 스위스 프랑, 그리고 캐나다 달러 등이 있다. 그리고 기축통화로서의 미국 달러화의 위치에 중국 위안화가 도전하고 있지만 미국의 달러가 기축통화의 자리를 물려주기에는 최소한 20년의 시간은 필요할 것으로 보는 견해가 지배적이다.

2. 미국 달러의 가치하락과 기축통화 지위 하락

미국 달러는 1980년 말 이후에 그 가치가 대체로 상승하는 추세로 이어져 왔다. 하지만 2006년과 2007년에 걸쳐 이어진 달러가치의 하락에 대한 원인을 검토해 보는 것도 큰 의의가 있다고 생각된다. 미국 FRB가 2001년부터 공격적으로 금리를 내리면서 유동성이 급격히 늘어나는 저금리 현상에 의해서 부동산 가격과 주식가격이 급등하게 되었다. 저금리로 인한 풍부한 유동성에 힘입어 한국과 중국 등 아시아 국가들을 비롯한 투자자들이 대거 비우량자산이 혼합된 신종자산들을 사들였다. 이러한 해외자금의 유입은 미국의 주택가격과 주식가격의 상승으로 이어졌다. 자산가치의 상승은 해외자금의 유입을 유발시켰고 자산에 대한 추가상승으로 이어졌던 것이다.

그러나 경제는 항상 사이클(순환주기)을 그리며 변화하기 마련이다. 미국의 주택가격이 2006년 8월 이후부터 주춤거리다가 2007년부터 본격적으로 하락하기 시작하였다. 이 현상이 서브프라임 모기지 부실사태를 야기시켰다. 금융경색 현상이 심각해지니 미국 FRB는 다시 금리를 인하하기 시작했다. 하지만 정상적인 순환 고리롤 회복은 힘든 상황이었다. 금리인하는 미국에서의 자본이탈 현상을 불러왔고 이는 또한 자산과 달러가치를 하락시켰다. 그리고 자금이탈을 가속화시키고 자산가치와 미 달러화 가치하락을 심화시키는 악순환으로 이어지게 만들었던 것이다.

결국 그 당시의 문제를 근본적으로 해결하는 방법은 미국경제가 서브프라임 모기지 부실을 정리하고 경제의 펀더멘탈이 튼튼하다는 점을 투자자들에게 인식시키는 것이었다.5)

3. 다극화 기축통화체제 전환 모색

현재 국제금융시스템에서 미국 달러화 중심의 단일기축통화체제(unipolar system)에서 다극기축통화체제(multipolar system)로의 전환에 대한 주장이 일고 있다. 그 대표적인 예로 유럽연합 유로화, 중국 위안화 및 일본 엔화를 들 수 있다.

1) 유럽연합 유로화

미국의 막대한 경상수지 적자에 따라 미국 달러화의 가치가 하락하고, 제2의 기축통화로 가장 큰 기대를 받고 있는 것은 유로화다. 유로화 사용국가의 GDP 규모는 미국을 초과하고 있다.

그러나 유로화는 가치저장 기능으로써 미국 달러화의 기능에 상당히 근접하고 있지만, 교환의 매개수단으로서의 기능은 아직 미국 달러화에 미치지 못한다. 이는 미국 달러화에 비해 신생통화로서 기존의 네트워크 효과를 쉽게 극복하기 어렵다는 점이라 볼 수 있다. 다라서 향후에도 상당기간 유로화가 제1의 기축통화인 미국 달러화를 대체하기 힘들 것으로 보인다.

2) 중국 위안화

중국의 급속한 경제발전으로 인해 동북아시아의 패권국으로 성장한 중국

5) dongA.com, '자본의 메카' 미국에서 자본이 떠나고 있다, 2007.10.18(목) 및 「달러 위기」의 저자 리처드 덩컨 인터뷰, 강남규 기자 dismal@joongang.co.kr/제38호/2007.12.01.

은 '위안화의 국제화'를 지속적으로 추진하고 있다. 이는 국제적 결제통화를 위한 규제의 완화, 교역 상대국가간 위안화 결제 증가, 위안화 표시 역외채권 발행 활성화 및 각 무역국간 통화스와프 협정 확대 등으로 추진되고 있다.

중국은 그간 홍콩 소재 금융기관을 통한 위안화 표시 중국공채의 발행, 무역 상대국과의 위안화 결제 증대, 동아시아 및 일부 남미국가 등과의 통화스와프계약 체결, 그리고 SDR 통화바스켓에 위안화를 포함 등의 진전이다.

그러나 중국의 환율제도가 가장 큰 걸림돌이다. 미국 등 서방 선진 국가들이 지속적으로 중국을 환율조작국으로 지목하는 바와 같이, 중국은 변동환율제도로의 이행을 서둘러야 한다. 중국 위안화의 위상은 미국 달러나 유럽 유로에 비해 크게 미치지 못하며, 동아시아를 제외하면 위안화의 영향력은 제한적인 수준이다.

전병서는 『금융대국 중국의 탄생(밸류앤북스, 2010)』에서 "중국은 급기야 미국만의 독점적 권리로 치부했던 기축통화 제조업에까지 욕심을 내고 있다."고 주장하고 있다. 위안화 국제화 계획으로 욕심을 실현시키려고 하고 있다. 중국은 2007년에서 2008년에 걸쳐 일어난 서브프라임 모지기 부실로 야기된 세계 금융위기를 통해서 안전하게 큰 수익을 확보할 수 있는 방법을 터득하게 되었다는 것이다. 바로 화폐제조산업이 그것이다. 전세계 제조업 중에서 가장 부가가치가 높은 산업이 화폐제조산업인 것이다. 기계시설비, 용지 가격, 잉크 값 등이 포함되는 화폐의 제조원가와 그 화폐의 액면가와의 차액은 엄청날 것이다. 이 큰 이익이 바로 지금까지 기축통화 제조국인 미국에 귀속되어 왔던 것이다. 이것을 중국이 넘보는 것이다.[6]

3) 일본 엔화

최근 주요 선진국들로부터 용인된 아베노믹스의 근간인 '엔저 드라이브'는

---

6) 전병서, 『금융대국 중국의 탄생』, 밸류앤북스, 2010, Chosun.com, '돈 장사' 군침 흘리는 중국, 이지훈 기자, 2010. 5. 9.

보다 가속화될 전망이다. 또한 일본 엔화와 중국 위안화는 두 통화간 직거래 시장을 활성화함으로써, 양국간 거래를 주도하던 미국 달러화의 중간매개기능을 완화하여, 외환수수료의 부담을 덜고 금융기관의 결제리스크도 경감하는 등 양국 통화의 유용성을 높혀 일본 엔화의 국제적 영향력 상승을 시도하고 있다.

한국경제, 2009. 10. 26

◆ 弱달러의 투자학

미국 달러화가 약세(弱勢)다. 글로벌 금융위기 직후 안전자산 선호경향이 강해지고 선진국 금융사들이 투자금을 회수하면서 한때 달러화가 강세를 보이기도 했으나 경기 회복세가 세계적으로 뚜렷해지면서 가치가 하락하고 있다.

대다수 전문가들은 미국의 재정 및 경상수지 적자 규모가 워낙 큰 데다 미국의 저금리로 인한 달러 캐리 트레이드(달러를 빌려 다른 나라 통화로 바꾼 뒤 투자하는 행위)가 일어나고 있어 달러 약세가 지속될 것이라고 전망하고 있다. 달러 약세가 지속된다면 재테크 전략도 수정이 불가피하다.

글로벌 차원의 투자가 이뤄지고 있는 시대에 통화가치 변화는 곧장 수익률 변동으로 이어진다. 국내 주식시장에서 외국인들은 원 · 달러 환율의 등락에 따라 주식을 사고 팔아 주가에 큰 영향을 미친다. 수출기업의 주가는 환율과 떼어놓고 생각할 수 없다. 환율변동에 따라 수혜를 보는 종목과 피해를 보는 종목 간 희비가 엇갈린다.

원화가 극심한 약세(환율 상승)를 보이던 올해 초 외국자본이 국내 부동산시장에 들어와 매물을 대거 사들인 사례에서 브듯이 부동산시장도 환율과 분리해서 생각할 수 없다. 달러 약세 속에 원화가 강세(환율 하락)를 보인다면 미국 등 해외 부동산 투자를 통해 투자수익과 환차익을 동시에 겨냥할 수 있다.

유학, 출장 등으로 외화가 필요하다면 달러가 약세를 보일 때 많이 매입해 두는 지혜가 필요하다. 이번 주 머니&인베스팅에서는 글로벌 달러 약세 시대의 투자 체크포인트를 점검하고 달러 약세가 앞으로 어떤 방향으로 진행될지에 대해서도 짚어봤다.

〈유승호 기자 usho@hankyung.com〉

매일경제 2009. 11. 13

달러몰락 재촉 … 金의 반격

역사는 말해주고 있다 … 파운드도 달러도 금만큼 영원하진 않다고

오늘날 치솟는 금값은 무너지는 미국의 권위를 나타내고 있다. 일본 닛케이비즈니스는 11월 2일자를 통해 '달러, 최종장'이라고 묘사했다. 2037년, 미국 남부에 위치한 한 식당에서 식사를 마친 두 사람이 달러를 건네자 웨이터가 '위안화는 없으신가요'라고 묻는다는 소설을 제시하며, 역사학자 에마뉘엘 토드는 『제국 이후의 아메리카 시스템의 붕괴』(2002)라는 책을 통해 미국 금융회사의 붕괴를 예언했다. 그는 닛케이와 인터뷰에서 "경제적 힘이 충만해 있지 않은 달러는 구름이나 연기처럼 흩어질 것"이라고 혹평하기도 했다. 과연 달러는 무너지는가. 그리고 금값은 더 급격하게 오를 것인가.

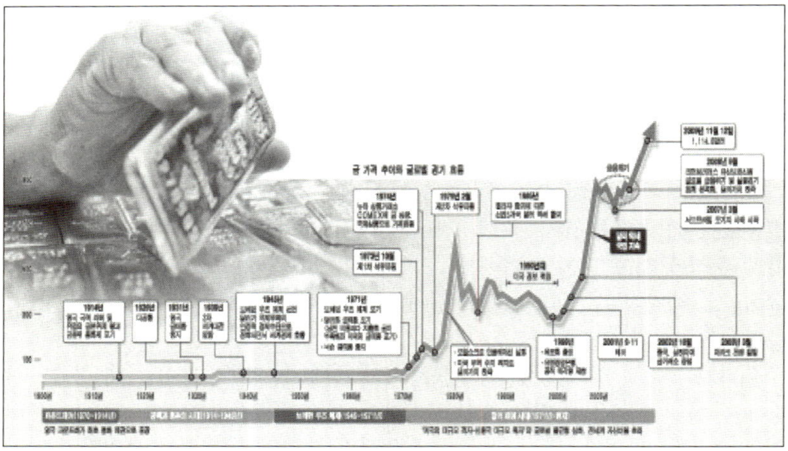

★ 금이 뭐기에 =

신은 인간에게 금을 갈구하는 본능을 심어줬음에 틀림없다. 중세 사람들은 금을 만들기 위해 연금술에 목숨을 걸기까지 했으며, 토머스 무어가 창조한 세상 '유토피아'에서도 금이 넘쳐났다. 미국 서부가 개척된 원인도, 남아프리카 요하네스버그라는 도시가 형성된 까닭도 모두 금을 찾는 인간의 갈망 때문이었다.

이처럼 금이 가치를 인정받는 이유는 시간이 지나도 훼손되거나 그 가치가 변하지 않는다는 순수함 때문이다. 화폐 대신 금을 쓴다면 사물의 가격이 금으로 정확하게 측정될 수 있다.

다만 금은 희귀하다. 역사가 시작된 이후 2006년까지 전 세계적으로 생산된 금은 15만8000 t . 우리나라가 보유하고 있는 해군 함정의 총 규모와 비슷하다. 향후 가채굴 총량은 6만~7만 t 으로 생산량은 감소하는 추세에 있다.

따라서 금은 덩치가 커진 전 세계 경제의 모세혈관까지 흘러 들어가기에는 양이 부족해 자신을 대신할 강력한 더리인이 필요하다. 실제로 전 세계 경제가 급성장하기 시작한 산업혁명 이후 수많은 화폐들이 금을 대신하기 위해 경쟁을 벌여왔다. 금 가격이 브여주는 궤적 속에는 이 같은 화폐전쟁이 녹아 있다.

"금시대의 종말?" 골드만삭스, 금값 하락 예상

(WSJ Korea by Christian Berthelsen 2013.4.11.)

★ 영국 파운드가 지배하던 시절(1870~1914년) =

산업혁명 시작 국가인 영국의 통화가 가장 먼저 금을 대신하기 시작했다. 영국은 1819년 최초로 금본위제(Gold Standard)를 채택했다. 영국 중앙은행이 금을 보유하고 있으면서 그를 파운드로 바꿔주는 제도를 실시한 것이다. 한마디로 파운드화는 금어 맞먹는 지위를 갖게 됐다. 그러자 독일(1872년) 프랑스(1878년) 미국(1879년) 등이 영국의 뒤를 따라 금본위제를 채택했다. 이후 캘리포니아와 호주 골드러시로 전 세계 금 유통량이 비약적으로 증가하기 시작했다.

금을 기초로 하는 통화 중에서도 영국 파운드화는 세계 무역 중 60%를 장악했고, 런던 금융시장은 전 세계 투자의 절반을 소화했다. 다른 통화는 금을 대신할 자격이 없었고 당시 파운드화만이 금을 대체할 유일한 수단이었다.

★ 금본위제 붕괴와 새 통화제도 모색(1914~1945년) =

세계대전이 벌어지면서 각국 통화들은 금을 대리할 자격이 떨어지기 시작했다. 전쟁 비용을 마련하느라 각국이 돈을 너무 많이 찍어낸 것이다. 영국은 1914년에 금본위제를 포기하겠다고 선언했고 실제로 1931년에는 ` '더 이상 파운드화를 가져와도 바꿔줄 금이 없다'며 금을 지급하지 않기 시작했다. 1933년 미국도 금본위제를 폐지했다. 그러나 금을 화폐로 이용하는 시대로 돌아갈 수는 없었다. 금은 유통량이 한정돼 있기도 하거니와 화폐를 포기한다는 것은 한 나라 주권을 포기한다는 것과도 같다.

각국은 새로운 국제통화제도를 모색하기 시작했다. 1944년 7월에 미국 뉴햄프셔주 브레튼우즈에 연합국 44개국이 모여 제2차 세계대전 이후 새로운 세계 경제질서를 결정하기로 한다. 국제통화기금(IMF)을 중심으로 한 브레튼우즈 체제가 탄생했다. 금 1온스는 35달러로 고정됐고, 그 외에 다른 나라 통화는 달러에 고정됐다. 금의 '대리인'이 파운드가 아니라 `'달러'로 바뀐 것이다.

★ 금을 대신했던 달러의 시대(1945~1971년) =

미국 경제 그리고 미국 달러는 브레튼우즈 체제로 힘을 받기 시작했다고 해도 과언이 아니다. 마치 파운드화가 그랬던 것처럼 전 세계는 풍부한 달러를 활용해 국제 무역을 시작했고 세계 경제가 호황을 구가하기 시작했다.

그러나 이 체제는 제2차 세계대전이 끝난 뒤 흔들리기 시작했다. 베트남전쟁으로 인한 미국의 국제수지 적자가 발생했고 전비 조달을 위해 달러를 마구 찍어내다 보니 인플레이션까지 생겨나 경기 둔화와 물가 상승이 동시에 진행되는 스태그플레이션이 나타났다.

영국은 1971년 상반기에 30억 달러를 금으로 바꿔달라고 미국 정부에 요구했지만 같은 해 8월 미국 닉슨 대통령이 '더 이상 내줄 금이 없다'고 선언하면서 달러를 기초로 한 금본위제는 무너졌다.

★ 달러 위기 플라자합의로 봉합하다(1971~1985년) =

브레튼우즈 체제는 붕괴됐고 더 이상 미국은 35달러를 갖고 가면 1온스의 금을 내주지 않았다. 이런 와중에도 미국의 무역적자는 줄어들지 않았다. 1973년과 1979년 두 차례 발생한 오일쇼크로 달러가치는 더 떨어지기 시작했고 상대적으로 금 가격은 치솟았다. 당시 고점인 온스 당 834달러의 금값은 물가를 고려한 현재 가치로 따졌을 때 2000달러를 넘는 수준이다. 폴 볼커 미국 연방준비제도이사회(FRB) 의장이 강력한 긴축정책을 펴면서 금리를 두 자릿수 수준으로 올리자 세계의 자금은 미국으로 다시 집중되는 듯했다. 그러나 막대했던 무역수지 적자와 재정적자(이른바 쌍둥이 적자)는 해결되지 않았다. 미국 달러는 매력을 다시 잃어가기 시작했고 금값은 다시 온스 당 300달러에서 450달러까지 올라갔다. 달러 위기의 재발을 두려워한 선진국들이 달러 안정화를 주장해 뉴욕 플라자호텔에서 엔화의 환율을 달러당 230엔에서 120엔까지 떨어지게 하는 이른바 '플라자 합의'가 이뤄졌다.

★ 美 '신경제'가 금값을 떨어뜨리다(1985~2001년) =

1990년대 들어 미국은 효율성 강화를 요체로 한 '신경제'(New Economy)와 정보기술(IT) 산업 육성을 추진하면서 경제를 부활시켰다. 1972년부터 1995년까지 시간당 생산성 성장률은 1% 정도에 불과했지만 1995년부터 1999년까지 이 수치는 2.65%로 급등하기 시작했다. 이를 두고 케빈 켈리 같은 작가들은 미국이 저실업과 성장을 영구적으로 추진할 수 있는 균형점을 만들어냈다고 극찬하기도 했다. 경제학자 로버트 고든은 당시 상황을 골디락스(높은 성장이 이뤄지고 있음에도 물가가 상승하지 않는 상태)라고 표현했다. 다시 금의 권위는 떨어지기 시작했고 1990년대 말이 되자 금 가격은 온스 당 300달러 밑으로까지 하락했다.

★ 금이 달러를 누르기 시작하다(2001~2007년) =

2001년 9월 11일 미국의 월드트레이드센터가 붕괴된 직후 미국 뉴욕 연방은행은 즉각 이런 성명을 냈다. "지하 금고는 무사하다." 이 건물과 인접한 곳에 세계 최대 금이 잠자고 있는 미국 연방은행 지하금고가 있었기 때문이다. 영화 '다이하드3'에 바로 이 금고에 있던 금 약 7000 t 을 훔치는 얘기가 나오는데 이는 전 세계 중앙은행들이 보유하고 있는 총량 중 25%에 달한다. 이후 미국의 쌍둥이 적자와 과잉 유동성은 금이라는 새로운 투자를 부각시켰다. 상장지수펀드(ETF)라는 새로운 투자 수단이 등장하면서 사람들은 금을 보유하지 않아도 금을 갖는 것과 같은 금융혁신을 맞기도 했다.

★ 달러, 무너지는가(2007년~현재) =

리먼브러더스 붕괴와 경기 침체로 인해 금값이 오르고 상대적으로 달러값이 떨어지자 금의 권위에 도전했던 달러의 힘이 바닥을 드러내 보이고 있다는 평가가 나온다. 그러나 인간의 금에 대한 도전이 여기에 그칠 리는 없다. 다음에는 과연 어떤 화폐가 금에 도전장을 던지면서 '기축통화'라는 이름을 거머쥘 것인가.

각국은 금을 사들이면서 달러 위상에 도전하고 있다. 중국 인민은행은 2003년 이후 올해 4월까지 454 t 을 더 사들여 현재 금 1054 t 을 보유하고 있다. 러시아 중앙은행 역시 2005년 387 t 이던 금 보유량을 올 상반기에는 550 t 으로 끌어올렸다. 인도 중앙은행은 지난주 IMF의 금을 사들이며 금값 폭등을 끌어내기도 했다. 대부분 금을 켄터키주 포트 녹스 지하금고에 보관하고 있는 미국은 2009년 9월 현재 8,133.5 t (약 2억 6,200만 트로이온스)을 보유하고 있다.

★ '화폐 아노미' 시대 오나 =

그러나 현 상황에서 달러를 대체할 수 있는 수단은 없는 것이 사실이다. 먼저 위안화가 기축통화 역할을 하기는 쉽지 않다. `미스터 엔'이라는 별명으로 유명한 사카키바라 에이스케 일본 와세다대 교수(전 대장성 재무관)는 최근 매일경제신문과 인터뷰하면서 "위안화가 변동환율제로 시스템을 바꿔 기축통화 경쟁에 나서려면 최소 10년 이상이 걸릴 것"이라고 예상했다.

유로화가 대안으로 언급되기도 하지만 기축통화로서 지위는 전 세계 재화를 자유롭게 바꿀 수 있을 정도로 쉽게 흔들리지 않는 경제력이 바탕에 깔려야 한다. IMF 특별인출권(SDR)이 기축통화 지위로 거론되기도 한다. 중국 저우샤오촨 인민은행 은행장이 SDR을 기축통화로 하자는 제안을 내놨던 인물이다. 그러나 중국 정부 목표는 SDR이 아닌 위안화를 기축통화로 만들려는 것이다.

달러는 이미 절반쯤 무너져 버렸다. 변하지 않을 것만 같던 달러가 변하는 모습을 보자 사람들은 기축통화가 없는 '화폐 아노미'를 우려하며 영원히 변하지 않는 '금'으로 몰리고 있다. 과연 달러가 완전히 쓰러져 버릴까 의심스러워하는 이들도 있지만 역사는 말해주고 있다. 파운드도, 달러도 금만큼 영원하진 않다고.

〈신현규 기자〉

ChosunBiz

金 93년만에 최대 폭(분기별 통계) 하락…'골드 시대' 막 내리나

| 한때 온스당 1200달러 붕괴
| 2001년 온스당 256달러, 2008년 금융위기 후 초강세
| 2011년엔 온스당 1878달러… 美양적완화 축소 조짐에 급락
| "수요 여전" "3년 內 더 폭락"… 전문가들도 전망 엇갈려
| '금 시대는 끝났다.' (4월 소시에테제네럴 보고서)

'온스당 1000달러로 떨어질 것'(6월 누리엘 루비니 뉴욕대 교수)….

2001년 이후 작년까지 12년 강세장을 누려왔던 국제 금값의 급락을 예언하는 목소리가 커지고 있다.

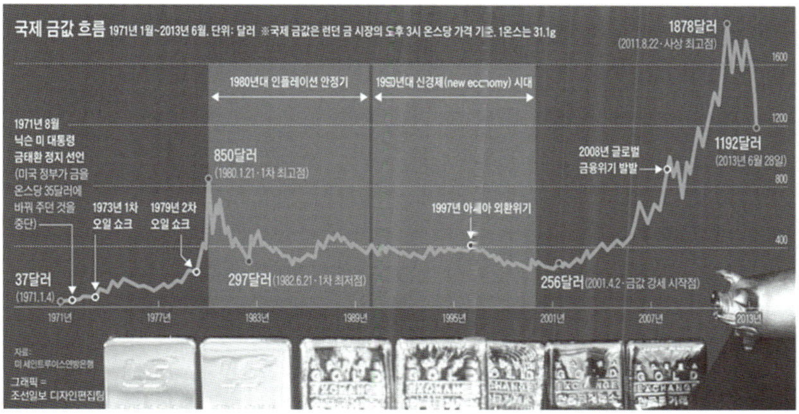

지난 28일(현지시각) 런던 금 시장에서 국제 금값은 온스당 1192달러로 2010년 5월 이후 3년여 만에 최저치로 떨어졌다. 이어 문을 연 뉴욕시장에서 온스당 1234달러로 오르긴 했지만, 여전히 2010년 8월 이후 최저다. 블룸버그통신은 "지난 2분기(4~6월) 금값은 25% 하락했다"며 "11분기별로 따지면 1920년 이후 93년 만에 최대폭으로 떨어진 것"이라고 보도했다.

◆ 금(金) '12년 강세장' 끝나나

금값은 '위기'와 '인플레이션'이란 먹잇감이 있으면 강세를 보이는 특징이 있다. 인류 역사에서 금이 최후의 안전 자산 역할을 했기 때문이다. 2001년 6월 온스당 256달러로 바닥을 찍고 시작한 금의 강세장은 2008년 글로벌 금융위기를 거치면서 증폭됐다. 금값은 2007년 말 온스당 800달러였으나, 위기가 터지자 불안해진 투자자들이 금을 찾으면서 급등했다.

미국의 양적완화(중앙은행이 채권을 매입해 돈을 푸는 것)로 달러가 무제한으로 풀리면서 인플레이션 우려도 커졌다. 2011년 8월 금값은 온스당 1878달러를 기록하면서 사상 최고치를 기록했다. 당시 미국의 물가상승률은 4%에 육박했다.

'금 벌레(gold bug)'라고 불리는 금 투자자들은 금을 매집하기 시작했고, 금융위기 이후 성장 엔진으로 등장한 인도와 중국이 금을 사들인 게 금값 상승에 불을 질렀다.

하지만 최근 미국 경제가 완만한 회복세를 보이면서도 인플레이션 우려는 나타나지 않자 금값은 하락하기 시작했다. 벤 버냉키 미 연방준비제도(연준) 의장의 내년 양적완화 중단 선언은 미국의 경기 회복 신호로 금 시장엔 악재(惡材)다. 게다가 미국의 5월 소비자물가 상승률은 1.4%에 불과해 물가 급등 우려가 없다. 이에 헤지펀드와 ETF(상장지수펀드)는 보유하고 있던 금을 내다 팔고 있다.

◆ 1980년대 금값 폭락의 악몽

국제 금값은 2차 대전 직후만 해도 미국 정부가 금을 온스당 35달러에 바꿔주기로 보장하면서 그 수준에 고정돼 있었다. 그렇지만 1971년 미국의 닉슨 대통령이 금 태환(교환) 중지를 선언하고 금값 결정을 시장에 맡기면서 폭등과 폭락 현상이 나타나게 됐다. 국제 금값은 1970년대에 오일 쇼크를 거치면서 물가가 급등하면서 가파르게 치솟았다. 1976년 8월 온스당 100달러 선에서 1980년 1월 850달러로 올랐다.

이처럼 급등했던 금값은 1980년대 초 2년 사이 60% 이상 폭락했다. 1979년 미 연준 의장이 된 폴 볼커가 기준금리를 연 20%까지 올려 물가를 잡아 버리자 금값은 상승 동력을 잃은 것이다. 이후 금값은 20년 가까이 250~400달러의 박스권에서 움직였다. 최근 금 투자자들이 1980년대의 악몽을 다시 떠올리고 있다. 버냉키 의장의 양적완화 중단 선언이 금 투자자들에겐 볼커의 금리 인상과 같은 인상을 주기 때문이다.

◆ 향후 금값 전망, 크게 엇갈려

향후 금값에 대한 전망은 전문가들 사이에서 크게 엇갈리고 있다. 세계적인 원자재 투자 전문가인 짐 로저스는 "금 수요는 여전해 강세장 마감은 아직 멀었다"고 주장하고 있다. 반면 루비니 뉴욕대 교수는 미국 경제가 회복하면서 3년 내에 금값이 온스당 1000달러로 떨어질 것으로 전망하고 있다. 글로벌 투자은행의 전망도 엇갈린다. 금 강세장이 끝났다고 주장하는 골드만삭스는 내년 말 금값이 온스당 1050달러까지 떨어질 것으로 내다보고 있다. 반면 HSBC는 장기 금값 전망을 온스당 1500달러로 유지하고 있다. 오정석 국제금융센터 연구원은 "지난 12년 동안 지속했던 국제 금값의 장기 상승세는 마무리돼 가는 것으로 보인다"며 "그러나 유럽 재정위기가 확산하거나 인플레이션 압력이 높아지면 금 매수세가 재점화될 수 있다"고 말했다.

〈방현철 기자 입력 : 2013.07.01〉

요약

1. 미국달러의 전성시대는 제2차 세계대전이 끝날 무렵인 1944년 미국 뉴햄프셔주 브레튼우즈에서 탄생한 IMF(국제통화제도)가 출범함으로써 시작되었다.

2. 서브프라임 모기지 부실문제는 미국 주택경기 침체에서 그 원인을 찾을 수 있다. 미국의 주택가격은 2005년 여름을 정점으로 하락하기 시작하여 계속 하락이 이어지고 있다. 미국의 주택가격으로 야기된 2007년 서브프라임 모기지 부실문제는 계속 심화되며 좀처럼 멈출 기회를 보이지 않고 있다. 주택경기 침체는 건설경기를 악화시키고 이로 인해 실업자가 늘어나고 소비가 둔화되면 경제에 타격을 주게 된다.

3. 금리인하는 소비와 투자를 증가시키는 긍정적인 역할을 한다. 이와 더불어 서브프라임 모기지 부실문제도 해소하는데 한 몫을 할 것이다. 그러나 금리인하는 필연적으로 인플레이션 압력을 수반하게 된다. 또한 미국의 금리인하는 미국으로부터 대규모 자본유출을 야기하고 이와 함께 미국 달러화의 가치를 하락시킨다.

4. 캐리 트레이드란 이자율이 낮은 지역에서 자금을 조달해 이자율이 높은 지역으로 투자해 수익을 내는 투자형태를 말하는 것이다. 엔캐리 트레이드는 한동안 이자율이 낮은 일본 엔화를 빌려서 이자율이 높은 미국 등에 투자하는 형태를 말한다. 미국 달러캐리 트레이드는 최근 가치가 낮아진 달러화로 자금을 조달해 수익률이 높은 통화자산, 즉 유로화나 중국의 위안화 등에 투자해 높은 수익률을 올리는 거래형태를 말한다.

5. 미국에서 자본이탈 현상과 달러화 가치하락 문제를 근본적으로 해결하기 위해서는 미국경제가 현재의 서브프라임 모기지 부실을 털어내고 펀더멘털이 튼튼하다는 점을 인식시키는 것일 것이다.

6. Euro라는 단일 통화를 사용하고 공동 통화정책을 운용해 온 것이 사실이다. 이러한 각국의 경제사정을 고려하지 않은 통합적인 통화정책의 운용이 유로존 국가들 나아가서는 EU 회원국간의 경제적 불균형이 확산되어 남유럽 재정위기가 유발되었다고 볼 수 있다.

7. 금융의 양적완화정책을 통한 엔화 약세를 유도하고 재정의 지출 확대를 통해 디플레이션을 탈출하려는 일본 아베정부의 성장전략을 말한다.

토의과제

1. 서브프라임 모기지 부실문제란 어떤 현상을 말하며 그 발생원인을 설명하라.

2. 미국 FRB는 서브프라임 모기지 부실문제의 해결을 위해 어떤 정책을 펴고 있는가? 그리고 그 영향으로 어떤 결과가 나타나는가?

3. 자본의 메카국인 미국에서 자본이 이탈하고 있다. 왜 이러한 현상이 나타나게 되었으며 이 현상은 미국과 세계경제에 어떤 영향을 미치게 되는지 그리고 그 대응책에는 어떤 점이 있는지를 설명하라.

4. 엔캐리 트레이드란 무엇이며 이것이 청산되면 일본 엔의 가치는 어떻게 변화하겠는가?

5. 미국 달러화 캐리 트레이드가 크게 일어나고 있는 원인을 설명하고 이러한 현상이 미국 달러화의 가치와 미국경제에 미치는 영향을 설명하시오.

6. 남유럽 재정위기 발생원인은 무엇인가?

7. 아베노믹스의 성패여부는 어디에 달려있다고 할 수 있는가?

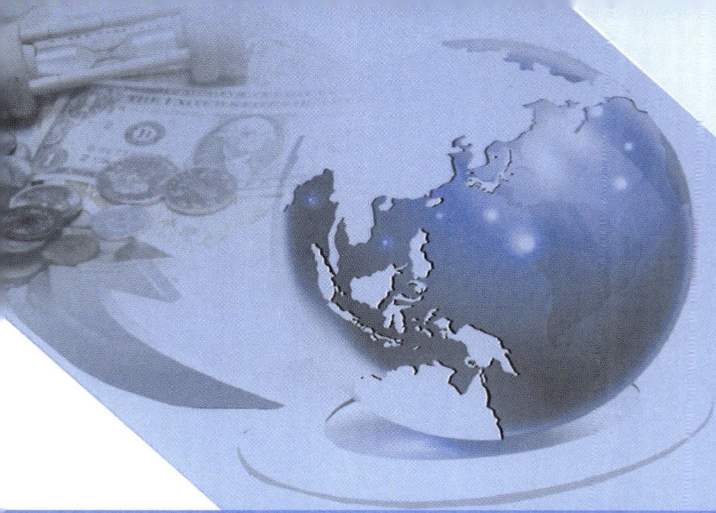

제 2 장
자본주의의 역사

자본주의는 끊임없이 위기를 맞으면서 400여 년 동안 발전되어 왔다. 시련기 마다 적절한 새로운 정책적 대응으로 또 다른 발전의 계기를 만들어 갔다.

본 장에서는 국제금융의 이론과 사례를 이해하는데 도움을 주고자 자본주의가 위기를 겪으면서 어떻게 발전하여 왔는가를 검토하고자 한다.

제 1 절 자본주의가 겪은 위기

자본주의가 처음 겪은 위기는 금융에 의한 것이었다. 1492년 콜럼버스가 신대륙을 발견한 후인 1500년대 중반부터 스페인을 위시한 유럽국가들은 신대륙으로부터 많은 금을 가져왔고, 이는 당시 금본위제도를 채택하고 있던 유럽국가들의 통화량 증가로 이어졌다. 이렇게 증가된 통화량은 화폐가치의 급락을 통해 16세기 내내 큰 폭의 물가상승으로 이어 졌다. 그러나 인플레이션은 전화위복이 되어 소기업들의 이윤을 증대시켰고 자본축적에 의해 자본주의 발전의 밑거름인 금융자본주의 생성의 계기가 되었다.

그 이후 산업혁명, 국제무역확대 및 식민지 확산 등으로 황금시대를 누리며 크게 발전해 온 자본주의는 1870년에 들어와 장기공황에 접어들게 된다. 그러나 서방 선진국들은 아시아, 아프리카 국가들을 식민지화하고 개방시킴으로써 시장확대와 자유무역 증대로 인해 자본주의는 다시 발전의 궤도로 복귀하게 되었다.

그러나 자본주의는 1920년대 말 국제무역의 감소와 미국의 가계 및 기업의 과다한 부채가 원인이 된 미국주식시장의 대폭락으로 이어진 세계적 대공황에 직면하게 된다. 이를 해결하기 위하여 "정부도 적절히 경제에 간여하여야 한다"는 케인스(J. M. Keynes)의 일반이론[1]에 바탕을 둔 뉴딜정책이 채택되었다. 정부지출을 확대하는 등 유효수요를 창출함으로써 일자리를 확대해 나가는 정책을 도입한 것이다. 정부개입 확대, 주요 산업 국유화 및 금융규제 강화 등의 정책적 효과로 자본주의는 제자리를 찾아갔고, 제2차 세계대전에 의한 전쟁물자 수송 등으로 국제무역이 활발해 지면서 자본주의는 수정자본주의로 형태를 바꿔가며 또 다시 활기를 찾아갔다.[2] 그러나 1973년과

---

1) J. M. Keynes, *The General Theory of Employment, Interest, and Money,* 1936.

1979년에 발생한 원유가격 급등에 의한 공급충격에 따라 stagflation (경기불황 중 물가인상) 현상 등의 문제로 자본주의는 또 한 차례 시련을 맞게 되었다. 그러나 이러한 위기도 국제금융 시스템의 발전과 금융시장 개방 등으로 이루어진 글로벌 금융자유화로 이어진 신자유주의에 의해서 극복되었다.

하지만 작은 정부와 시장주의를 주장하는 신자유주의는 2007년부터 시작된 최근의 세계금융 위기의 주요한 원인으로 지적되고 있다. 즉 글로벌 불균형과 느슨한 금융규제 등이 최근의 미국발 금융위기의 원인으로 지목되고 있다. 따라서 '보이지 않는 손' 보다 정부의 적극적인 시장개입이 더 유효하다는 케인시언정책이 현재의 경제회복ㅇ에도 유용하다는 주장이 강하게 제기되고 있다. 이 결과 금융규제 강화, 부실 금융회사 국유화 및 위기에 대한 국제공조(G-20의 대응) 등 대응 정책이 등장하게 되었다(〈표 2.1〉참조).

〈표 2-1〉 주요 사건이 자본주의에 미친 영향

사건	대공황	석유파동	미국발 금융위기
시기	1929년~1930년대	1973년, 1979년	2007년~
원인	- 가계와 기업의 과다한 부채 - 무역감소	- 원유가격 급등	- 글로벌 불균형 - 미국 부동산 버블 - 미흡한 금융규제
결과	- 정부개입확대 - 주요산업 국유화 - 금융규제 강화	- 스태그플레이션 - 오일머니의 등장 - (글로벌) 금융자유화	- 금융규제 강화 - 부실금융회사 국유화 - 국제공조강화

자료 : 조선일보(www.chosun.com), "위기 때마다 '합리성의 엔진' 발동… 자본주의는 진화했다", 2009. 5. 6.

2) 이데일리, 미국 어떻게 살릴까... 케인스주의 '갑론을박'. 2008.12.01.

제 2 절 자본주의 경제대권의 이동

자본주의의 헤게모니가 어떤 원인과 경위에 의해 국가간에 이동되어 왔는가를 검토하는 것은 매우 중요한 일이다. 14세기경 시작된 자본주의 경제패권은 포르투갈과 스페인에서 시작하여 네덜란드와 영국을 거쳐 미국으로 이동하였다. 국제무역은 이러한 국가간 경제력을 변화시키는 중요한 역할을 하여왔다.3)

Greg Clydesdale 교수는 그의 저서 『*How Business Changed the World*』4)에서 신제품이나 신 생산기술이 국제무역을 통해 선진국으로부터 후진국에 전해지면 후진국은 신기술을 습득하여 저임금과 더불어 그 생산기술에 경쟁력을 갖게 되어 경제의 패권이 이동하게 된다는 견해를 밝히고 있다. 이는 R. Vernon 교수의 제품수명주기설(Product Life Cycle Hypothesis)5)과 맥을 같이 한다.

자본주의의 세계경제패권은 14세기 포르투갈과 스페인이 갖게 된 후 네덜란드를 거쳐 영국으로 이동되었으며 20세기에 들어서 미국으로 옮아왔고, 제2차 세계대전 후에는 미국이 그 지위를 확고히 갖게 되었다. 이러한 경제패권의 이동에 핵심적인 역할은 국제무역이 하였다고 볼 수 있다. 그러나 기술혁신이 부족한 상품생산에 기반한 단순한 국제무역은 지속적인 경제패권을 영위하기에는 역부족이라는 것이 역사적으로 판단되었다. 포르투갈이나 스페인은 기술적인 산업기반이 약한 상태에서 해운기술의 우위를 바탕으로 세

3) 매일경제, “미국 다음은 어디?... 자본주의의 헤게모니의 이동”, 2009. 1. 3.
4) Greg Clydesdale, *Cargoes: How Business Changed the World*, U.K.; Constable & Robinson Ltd., 2008.
5) R. Vernon, “International Investment and Inter-regional Trade in Product Cycles,” *Quarterly Journal of Economics*, Vol. 80, pp. 190-207, 1966.

계경제 패권을 잡았었다. 그러나 이들 나라들이 기술적 생산이 뒷받침 되지 않은 상태에서 해운기술에서 경쟁력을 상실하자 경제패권을 다시 찾을 수 없게 되어 버렸다.

네덜란드는 해운기술의 경쟁력과 국제무역에 있어서도 산업의 국제경쟁력을 확보해 나갔기 때문에, 영국에 의해 해운기술의 경쟁력을 상실한 후에도 급격한 경쟁력 쇠퇴를 방지할 수 있었다. 영국은 강력한 해군력의 바탕 위에 산업혁명을 주도함으로써 세계경제 패권을 장악해 나갔으며 영토제국주의로 식민자본을 확대하면서 세계를 단일경제권으로 만들었다.

다음으로 경제패권을 장악한 나라는 미국이다. 미국은 20세기 초부터 현재까지 그 지위를 영위하고 있다. 미국은 처음에는 영국으로부터 기술을 도입하였으나 보다 새로운 기술혁신을 바탕으로 세계 최고의 기술 보유국이 되었다. 그러나 오늘날 미국의 경제패권은 세계금융위기에 의해서 크나 큰 도전을 받고 있다.

1990년대 미국의 주식시장은 금융세계화에 힘입어 크게 팽창하였다. M&A 등 목적으로 엄청난 양의 해외자본이 미국으로 유입되었다. IT 붐도 미국의 금융시장을 팽창시키는데 한몫을 했다. 2000년대 FRB(미국 연방준비은행) 앨런 그린스펀 의장의 초저금리 정책을 바탕으로 미국의 팽창된 금융은 부동산시장으로 옮겨갔다. 위험부담이 큰 파생금융상품까지도 부동산시장에 깊숙이 파고드는 상황에 이르렀던 것이다. 이러한 금융팽창 상황이 결국 미국의 금융위기를 촉발하게 했고 그 위기를 세계 전역으로 파급되게 했다. 이를 계기로 미국의 경제적 지위는 크게 훼손되었다. 자본주의의 헤게모니가 미국 다음으로 어느 나라나 어느 지역으로 이동하게 될 것인지에 세계의 이목이 집중되고 있다. 미국과 EU가 세계 경제패권의 지위를 공동으로 영위할 것이라는 견해와 지금까지의 경제패권을 영위해온 서방선진국을 대신하여 중국, 한국, 대만 및 인도 등의 '국가자본주의'가 힘을 증대시켜 세계 경제패권의 지위를 이을 것이라는 전망이 있다.[6)]

지금까지의 지배적인 견해는 미국을 대체할 나라와 지역이 아직은 형성되지 않고 있다는 것이다. 그러나 분명한 것은 지금의 미국 자본주의에 큰 폭의 수정이 필요하며, 시간이 걸릴지라도 새로운 경제패권국이나 지역이 부상할 것이라는 예상이다.

6) 그랙클라이즈데일, 『부의 이동 - 화물의 흐름을 통해 추적한 세계경제의 흥망사』 (원제: Cargoes: How Business Changed the World(2008)), 김유신 옮김, 21세기북스.

제3절 자본의 탈 미국현상과 세계금융패권의 이동

1. 자본의 미국이탈과 세계금융패권의 이동

미국 FRB가 주택경기의 침체와 서브프라임 모기지 부실문제를 해결하기 위하여 금리인하를 단행하였으며 추가 인하의 가능성이 높아지면서 자본의 탈 미국현상을 심화시켰다. 달러캐리 트레이드 현상이개시된 것이다.

캐리 트레이드란 이자율이 낮은 지역에서 자금을 조달하여 이자율이 높은 지역에 투자하여 수익을 내는 투자형태를 말하며, 그동안 이자율이 낮은 일본 엔화를 빌려서 이자율이 높은 미국, 뉴질랜드 등에 투자하는 엔캐리 트레이드가 가장 선호되어 왔다. 그러나 미국의 이자율 인하로 일본 엔화의 미국 달러화에 대한 가치가 높아져 엔캐리 트레이드가 많이 청산되고 있다.

반면 최근 가치가 낮아진 미국 달러화로 자금을 조달하여 수익률이 높은 통화자산에 투자해 수익을 실현하는 미달러 캐리 트레이드가 많아지고 있다. 미국 금리가 낮아지고 일본 엔화와 한국 원화 등의 가치가 상승함에 따라 엔캐리보다는 달러 캐리가 더 선호되는 경향을 보여 왔다. 미국의 이자율이 낮고 달러약세가 지속되는 상황에서는 캐리 트레이드 통화로서 미국 달러의 대외투자 매력은 계속 증가하게 된다. 2009년 하반기부터 2010년 상반기까지 투자자들이 미국 달러보다 신흥시장 통화가 투자전망이 밝다고 판단하는 것으로 보였다. 그래서 그 시기에 많은 투자자들이 미국 달러를 팔고 브라질 헤알, 한국 원, 싱가포르 달러 등에 투자하게 되었다.

2007년 이래 미국에서의 자금이탈은 심각하였다. 이는 단순하게 미국 달러화 자산에 대한 외국인의 선호도가 바뀌는 것만이 아니라, 외국 투자가들이 2007년 이후 미국경제의 장기전망을 어둡게 보는 것으로 해석할 수도 있었다. 미국 재무부는 "2007년 8월 한 달에만 외국인 투자자가 국채, 회사채, 주식 등 미국의 장단기 유가증권을 1,630억 달러어치를 팔아치웠다"고 발표했었다.[7] 이 금액은 한 달 동안의 매도금액으로 사상 최고치다. 특히 장기유가증권 거래에서도 순매도를 기록했다는 점은 국제투자자들이 미국경제의 미래를 어둡게 보는 것이 아니냐 하는 우려가 높았었다. 물론 대규모 자본유출의 시작은 서브프라임 모기지 부실의 여파로 인한 것이지만 당시 미국경제에 대한 비관적인 전망으로 해외자본의 탈미국현상이 심화되고 지속되었다.

미국에서 해외자본의 이탈은 미국 FRB가 금리인상을 단행하게 만들 것이었고 이로 인한 미국경제의 타격은 불가피할 것이었다. 하지만 미국의 금리인상은 지금까지 저금리로 돈을 빌려 부동산 등을 구매한 미국인들에게 이자부담을 가중시켜 소비여력을 감소시킴으로써 미국경제에 악영향을 준다. 다시 말하면, 세계에서 가장 큰 시장인 미국의 경기침체는 세계경제에 악영향을 미칠 가능성이 높았었다.

미국은 세계에서 가장 큰 상품 수입시장이고 소비 대국이다. 만약 해외자본의 탈 미국현상이 이어지고 미국 달러화 가치의 하락이 계속 된다면 미국으로서는 금리인상이 불가피하게 될 것이고 그렇게 되면 미국의 소비시대, 즉 미국인들이 마음껏 돈을 쓸 수 있는 시대가 끝나지 않을까 하는 우려의 목소리도 높아지고 있다. 미국의 소비감소는 결국 미국경기의 침체와 세계경제의 침체로 이어질 가능성이 높은 것이다. 2007년부터 인플레이션 우려보다는 경기회복을 위해 FRB(미국연방준비제도이사회)는 금리인하를 지속적으로 실시하여, 2009년 제로금리 시대가 이루어 질 때까지 지속하였다. 그 결과 2010년 상반기 현재 미국의 경기는 침체의 늪을 빠져나와 회복의 국면에 접어들고 있다. 그러나 저금리 현상으로 미국 달러화의 미국이탈 현상은 심화

7) dongA.com, "'자본의 메카' 미국에서 자본이 떠나고 있다", 2007.10.18.

되고 따라서 달러캐리 트레이드의 증대로 해외시장에서의 미국 달러의 공급이 높아져 달러화 가치의 하락이 이어지고 있다.

2. 금융패권의 이동

세계금융패권이 서서히 미국에서 유럽으로 이동하고 있는 것으로 나타났다. 세계금융의 중심지가 미국의 뉴욕에서 유럽의 런던이나 프랑크푸르트로 옮아가고 있는 것이다. 특히 서브프라임 모기지 부실사태로 미국이 금리를 인하함으로써 자본의 탈 미국현상이 심화되면서 미국은 전 세계 금융 중심지로서의 위상을 잃어가고 있는 것으로 보인다.

[그림 2.1]은 2006년 기준 전 세계 권역별 금융자산 규모를 조사한 결과를 잘 나타내 주고 있다. 이에 따르면 미국은 56.1조 달러로 유럽의 53.2조 달러 보다 다소 큰 규모를 나타냈다. 그러나 2007년 수치는 유로화 강세와 서브프라임 모기지 여파에 의한 달러화 약세 등에 의해 이미 유럽금융자산 규모가 미국을 앞질렀을 수도 있다는 것이다.

전 세계 권역간의 투자액도 2007년 두 자릿수 증가를 이루며 74조달러를 넘은 것으로 나타났다. 특히 아시아와 중동지역이 각각 수출 호조와 고유가 때문에 크게 성장하고 있고, 국부 펀드 등을 통해 미국 금융기관의 지분을 적극 인수하고 있다. 그 중에서도 중국은 기록적인 무역흑자 등을 바탕으로 금융자산의 규모가 8.1조 달러로 증가했다. 반면 일본의 금융자산 규모는 19.4조 달러 수준에서 큰 변화를 나타내지 못했다.[8)]

외환거래에서 미국 달러화가 차지하는 비중은 1989년 90.0%에서 2007년 86.4%로 감소하였다. 외환거래에서 달러화의 비중이 다소 감소하긴 하였으나 아직 그 비중이 가장 높고 다른 통화가 넘어 설 수 없는 위치에 있다는

---

8) 매일경제, '맥킨지 "금융패권 미국서 유럽으로 이동중", 2008. 1. 17.

[그림 2.1] 세계 경제 권역간 투자와 금융자산 규모

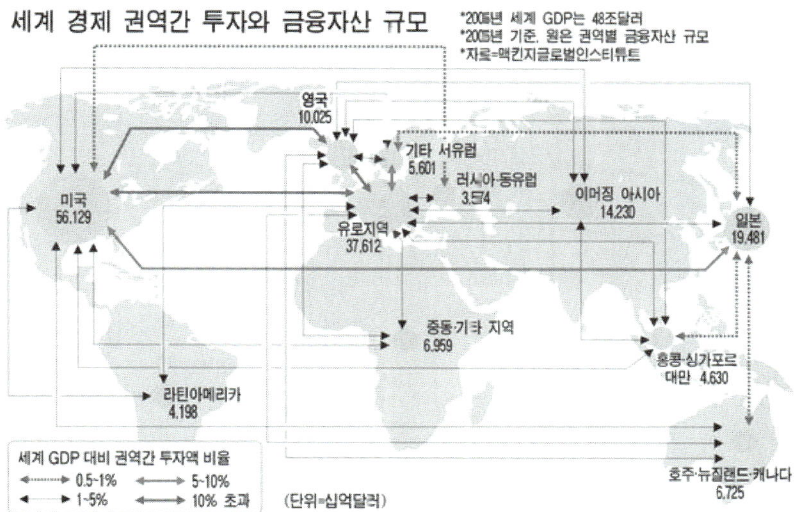

자료: 매일경제, "금융패권 미국서 유럽으로 이동 중", 2008. 2. 3.

ChosunBiz

미국發 金利상승 공포… 1%p 오르면 7兆 (한국 가계·기업 부담) 날아간다

| 美 10년 만기 국채 금리, 지난달 초보다 0.5%p 상승… 中도 국채 발행 사실상 실패
| 超저금리에 오래 길들여져 작은 상승에도 큰 쇼크 우려… 1994년의 악몽 재연 가능성
| 한국 기업 외화채권 발행 연기… 채권펀드 수익률 마이너스로

금리 상승의 공포가 전 세계 금융시장을 엄습하고 있다. 미국의 출구전략(위기 때 풀린 돈을 회수하는 것) 우려로 시장금리가 상승하면서 채권 가격이 급락하고, 신흥시장에서 자금이 이탈하는 등 연쇄반응이 일어나고 있다.

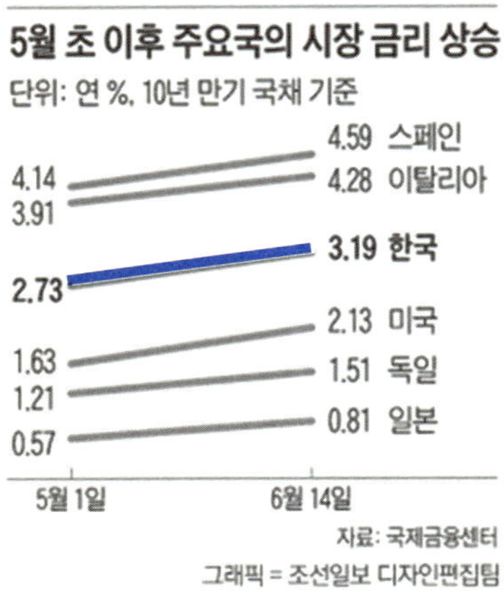

글로벌 채권시장에선 돈줄이 마르면서 기업들은 채권 발행에 어려움을 겪고 있고, 개인들은 돈을 묻어 두었던 채권형 펀드 수익률이 줄줄이 마이너스를 기록하면서 한숨짓고 있다. 서민 생활에 영향을 주는 은행 대출 금리도 오를 조짐이다.

시장에서는 '1994년의 악몽'을 떠올리고 있다. 당시 미 연준은 연 3%로 묶어놨던 기준금리를 1994년 2월부터 1년 동안 연 6%까지 끌어올리면서, 미국 채권시장발(發) 쇼크가 세계 금융시장을 강타했었다. 앨런 그린스펀 당시 미 연준 의장은 저축대부조합 사태 등이 마무리되면서 미국 경기가 회복세로 들어서자 인플레이션을 막기 위해 기준금리를 올렸는데, 시장금리가 동반 상승하면서 채권 가격이 급락해 채권 투자자들이 큰 손실을 봤다. 미국에선 채권 투자를 많이 했던 오렌지카운티가 파산했고, 신흥국에선 대거 자금이 빠지면서 멕시코에서 외환위기까지 발생했다.

그때만큼 금리 상승이 가파르지 않더라도, 초(超)저금리에 세계가 길들어 있기 때문에 작은 금리 상승이 큰 쇼크로 이어질 가능성도 있다는 우려의 목소리가 나오고 있다.

◆ 중국도 채권 발행 실패…미국 · 일본 등 글로벌 채권시장 돈줄 흔들

전 세계 채권금리의 바로미터(기준 지표)인 미국 10년 만기 국채 금리는 지난 14일 뉴욕시장에서 연 2.13%로 마감했다. 지난달 초 대비 0.5%포인트 상승했다. 월별 상승폭으로는 2010년 12월 이후 가장 컸다.

이에 따라 주요국 시장금리도 동반 상승하고 있다. 시장금리가 오르는 것은 미국이 출구전략의 일환으로 양적완화 규모를 줄일 경우, 결국 시중에 풀린 돈이 줄어들어 금리 인상과 같은 효과를 낼 것으로 보고 있기 때문이다.

지난 12일 미국의 만기 10년짜리 국채 입찰에서는 경쟁률이 2.53대1을 기록해 작년 8월 이후 10개월 만에 최저치를 기록했다. 그만큼 수요가 없다는 것이다. 중국에선 14일 만기 273일짜리 국채를 150억 위안어치 발행하려고 했으나 수요가 없어 95.3억 위안어치밖에 발행하지 못했다. 앞으로 금리가 오를 것으로 보고 있기 때문에 더 높은 채권 금리를 제시하지 않으면 시장에서 잘 소화가 되지 않는 것이다.

시장금리가 상승하면서 시장금리에 연동한 대출 금리도 상승하고 있다. 미국 주택금융업체 프레디맥에 따르면 미국의 30년 만기 모기지(주택담보대출) 금리는 지난 13일 평균 연 3.98%로 지난달 초(연 3.35%)보다 0.63% 포인트 상승했다. 이는 작년 4월 초의 연 3.98% 이후 최고치다.

◆ 한국도 금리 상승 직격탄… 채권 투자 손실 나기 시작

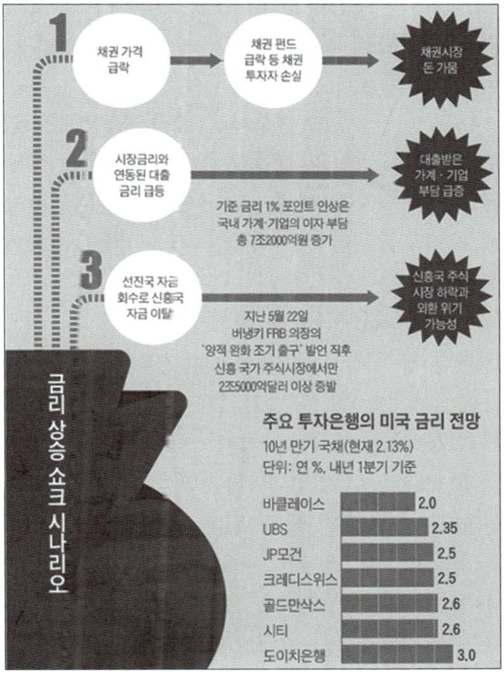

수출입은행은 최근 호주 금융시장에서 3억달러 이상의 '캥거루 본드(해외 기업이 호주에서 호주달러로 발행하는 채권)'를 발행하려고 했으나 이를 잠정 연기했다. 우리 정부도 10억달러 규모로 외국환평형기금 채권(외평채) 발행을 검토했으나, 아직 시기를 잡지 못한 것으로 알려졌다. 수출입은행은 물론 SK이노베이션, GS칼텍스 등의 대기업이나 공기업들도 당초 이달 외화채권 발행을 검토했다가 이를 연기한 것으로 전해졌다.

우리나라 국채금리(10년 만기 기준)도 지난달 초 연 2.73%에서 14일 연 3.19%로 오르면서 국채금리에 연동한 적격대출 금리가 상당폭 올랐다. 우리은행의 10년 만기 적격대출은 지난달 9일 한국은행이 기준금리를 0.25% 인하했을 때 연 3.75%를 기록했지만 최근 연 4.17%로 치솟았다. 신한은행 적격대출 금리도 지난달 9일 연 3.8~3.9%에서 14일 연 4.2~4.3%로 올랐다. 금융감독원에 따르면, 기준금리가 1%포인트 오르면 가계와 기업의 부담이 총 7.2조원 증가한다.

채권 투자자들은 수익률 하락에 고심하고 있다. 펀드평가회사 제로인은 14일 우리나라의 일반채권형 펀드 수익률은 지난 1개월간 마이너스 0.34%를 기록했다고 밝혔다. 안전하다고 여겨지는 채권 투자에서도 손실이 나기 시작한 것이다.

◆ 1994년 글로벌 채권시장 붕괴 재연되나?

로이드 블랭크페인 골드만삭스 최고경영자(CEO)는 "최근 상황을 보면 투자자들이 금리 상승(채권 가격 하락)으로 큰 손실을 보며 충격을 받았던 1994년이 떠오른다"고 말했다. 미국의 급격한 금리 상승이 연쇄반응을 일으키며 멕시코 국채 투매로 이어졌던 1994년과 현재 상황이 비슷하다는 것이다.

물론 미국이 20년 전처럼 급격히 금리를 올릴 가능성은 현재로선 작아 보인다. 미 연준은 실업률이 6.5% 아래로 떨어지기 전까지는 현재의 초저금리 정책을 유지하겠다고 공언한 상태다. 국제통화기금도 지난 14일 미국에 대해 "출구전략은 신중한 커뮤니케이션과 시점 선택이 중요하다"고 권고했다.

하지만 지금 글로벌 경제는 초저금리에 상당 기간 익숙해져 있는 데다 1994년 당시보다 글로벌 경제 상황이 안 좋아 작은 쇼크에도 크게 반응할 가능성이 큰 것으로 지적되고 있다. 1994년엔 금리 인상 쇼크 이후 미국·유럽 등의 호경기가 이어져 신흥국이 수출 증가 및 경상수지 흑자를 통해 금세 회복할 수 있었다. 하지만 지금은 미국과 유럽의 경제가 당시처럼 호황을 탈 가능성이 작은 데다, 초저금리에 길들어 금리 인상에 대비한 위험 회피가 제대로 되어 있지 않다는 것이다. 삼성증권 오현석 이사는 "모든 금융위기는 거품 붕괴에서 시작되고, 그것은 현실에서 금리 인상으로 촉발된다"면서 "국가도, 기업도, 가계도 금리 인상에 철저하게 대비하는 것이 유일한 방편"이라고 말했다.

〈이인열 기자 방현철 기자, 2013.06.17〉

의미를 시사하고 있다(〈표 2.2〉). 주요국 통화의 상대적 중요도에서도 달러의 위치가 아직도 높아 있음을 알 수 있다(〈표 2.3〉).

〈표 2-2〉 외환거래에서 각 통화가 차지하는 비율(각 연도 4월) (단위 : %)

통화	1989	1992	1995	1998	2001	2004	2007
미국 달러화	90.0	82.0	83.3	87.3	90.4	88.7	86.4
유로화	-	-	-	-	37.6	37.2	37.0
독일 마르크화	27.0	39.6	36.1	30.1	-	-	-
프랑스 프랑화	2.0	3.8	7.9	5.1	-	-	-
ECU 및 기타 EMS 통화	4.0	11.8	15.7	17.3	-	-	-
일본 엔화	27.0	23.4	24.1	20.2	22.7	20.3	16.5
영국 파운드화	15.0	13.6	9.4	11.0	13.2	16.9	15.0
스위스 프랑화	10.0	8.4	7.3	7.1	6.1	6.1	6.8
호주 달러화	2.0	2.5	2.7	3.1	4.2	5.5	6.7
캐나다 달러화	1.0	3.3	3.4	3.6	4.5	4.2	4.2
스웨덴 크로네화	-	1.3	0.6	0.4	2.6	2.3	2.8
홍콩 달러화	-	1.1	0.9	1.3	2.3	1.9	2.8
싱가포르 달러화	-	0.3	0.3	1.2	1.1	1.0	1.2
한국 원화	-	-	-	0.2	0.8	1.2	1.1
그 외 통화	22.0	8.9	8.3	12.1	14.5	14.7	19.5
합계	200	200	200	200	200	200	200

주 : 외환거래는 두 통화간의 거래이므로 개별통화 거래의 합인 200%를 합계로 사용함.
자료 : Bank for International Settlements(BIS), *Triennial Central Bank Survey of Foreign exchange and derivatives market activity in 1998, 2001, 2004, 2007.*
김인준 · 이영섭, 『국제금융론』, 다산출판사, 2008.

〈표 2-3〉 주요국 통화의 상대적 중요도 (단위 : %)

	외환 거래량[1]	채권발행[2]	은행여신[2]	무역결제[2]	외환 보유고[3]
미국 달러화	43.2	50.3	48.4	52.0	64.0
EURO	18.5	51.0	44.3	24.8	26.5
일본 엔화	8.3	−7.6	1.2	4.7	3.3
영국 파운드화	7.5	4.3	5.2	5.4	4.1
스위스 프랑화	3.4	0.4	−0.2	na	0.1
기타 통화	19.1	1.6	1.1	13.1	2.0

주: 1) BIS, *Triennial Central Bank Survey of Foreign exchange and derivatives market activity in 2007,* Dec. 2007.
2) Dominick Salvatore, *Introduction to International Economics*, John Wiley & Sons, 2004, p. 284.
3) IMF, Data Base, 2008년 기준.

요약

1. 자본주의가 처음 겪은 위기는 컬럼버스가 발견한 신대륙으로부터 가져온 돈에 의해 증가된 통화량에 의해서 16세기경 유럽국가들이 겪은 인플레이션 현상이었다.

2. 1920년대 말 국제무역 감소는 미국경제 버블에 의해 발생한 미국 주식시장의 대폭락 등으로 이어진 세계 대공황이었다.

3. 1970년대에 일어난 경제위기는 2차례의 석유파동에 의한 stagflation이고, 다음으로는 2006년 신자유주의 폭주에 의해 미국 등 선진국을 중심으로 발생한 금융위기라고 할 수 있다.

4. 자본주의의 세계경제패권은 14세기경 포르투갈과 스페인이 갖게 된 후 네덜란드를 거쳐 영국으로 이동되었으며, 20세기에는 미국으로 옮겨왔으며 제2차 세계대전 이후에는 미국이 그 지위를 확고하게 가져오고 있다.

5. 자본주의의 헤게모니가 미국 다음으로 어느 나라나 어느 지역으로 옮겨 갈 것인지에 대해 세계의 이목이 집중되고 있다. 중국이 새로운 경제대국으로 부상하고 있는 사실은 부인할 수 없다. 분명한 것은 지금의 미국 자본주의에 큰 폭의 수정이 가해지든지 혹은 다소 시간이 걸릴지라도 새로운 경제패권국이나 지역이 부상할 것이라는 예상이다.

토의과제

1. 자본주의가 발전해 오는 과정에서 몇 차례의 큰 위기를 겪게 되었으며, 그 원인은 무엇인가?

2. 최근 신자유주의에 대한 맹신이 원인이 되어 선진국들 중심으로 발생한 금융위기에 대한 해결책으로는 어떤 것이 있을 수 있겠는가?

3. 자본주의의 헤게모니는 어떤 지역이나 국가를 통하여 이동되었으며, 앞으로는 어떤 지역이나 국가로 옮아가게 되겠는가?

제 3 장
국제수지의 이해

본 장에서는 우선 국제수지표의 구성에 관하여 검토한다. 국제수지표는 어떻게 정의되며 실제 국제간의 경제적 거래들이 국제수지표에 어떻게 기장되는가를 실례를 들어 설명한다. 그리고 국제수지의 균형에 관한 개념을 자율적 거래와 보정적 거래로 구분하여 설명한다.

제1절 국제수지표의 구성

국제수지표(table of payment balance)는 특정기간 동안에 한 나라의 거주자와 비거주자 간에 발생한 경제적 거래를 회계기준에 맞게 체계적으로 분류한 표이다. 우리나라는 한국은행이 매달 국제수지표를 작성하여 발표하고 있다. 국제수지표 상의 수치는 '일정기간'에 발생한 경제적 거래를 의미하므로 유량(flow) 개념이다.[1] 여기서 거주자란 경제활동의 중심을 국내에 두고 있는 1년 이상 국내에 거주하는 내국인 및 외국인을 말한다.

국제수지표는 차변과 대변으로 나눠 기장되며, 차변에는 상품 및 서비스의 수입 등 자금의 운용항목이 기재되고, 대변에는 상품 및 서비스의 수출 등 자금의 원천항목이 기재된다. 따라서 차변에는 외화의 유출이 기록되고 대변에는 외화의 유입이 기록된다.

우리나라의 국제수지표는 경상계정, 자본계정 및 준비자산증감 항목으로 구성된다.

경상계정은 상품 및 서비스계정, 소득계정 및 이전계정으로 나뉜다. 상품계정은 일반상품, 가공용상품 등의 수출입을 계상하며 상품들의 수출과 수입의 차이를 상품수지라 한다. 서비스계정에는 운송, 관광, 여행, 통신, 보험, 특허권 사용료 및 기타 서비스 등이 포함된다. 서비스의 수출과 수입의 차이를 서비스수지라고 부른다. 그리고 소득계정은 투자수익(해외투자에 대한 수취이자와 해외차입에 대한 지불이자 등), 해외건설공사비, 노동 등 해외용역소득, 기업 M&A 수수료 및 기타 개인소득 등이 포함된다. 이전계정에는 민간, 정부 및 국제기관 간 발생하는 증여 등 이전거래가 기록된다.

자본계정은 자본의 성격에 따라 (기타)자본계정과 투자계정으로 구분된다.

---

1) 이와 반대로 저량(stock)의 개념이 있는데, 이는 일정시점에 나타내고 있는 수치를 의미한다. 2007년 말 기준의 인구량 등은 여기에 속한다.

(기타)자본계정에는 해외 이주비 등 자본거래를 형태별로 계상하고, 투자계정에는 직접투자, 포트폴리오투자, 기타투자 등 투자형태별로 계상한다.

준비자산계정은 공공결제계정이라고도 표현하며 통화당국의 대외지급준비자산 및 대외부채의 증감을 나타낸다. 여기서 대외지급준비자산은 통화당국의 외환보유고로서 외환, 화폐용 금, 특별인출권(SDR: Special Drawing Right), IMF 포지션 등을 말하며 외환이 대다수를 차지한다. 반면에 대외부채는 외국정부 및 국제기관 등에 대한 부채를 의미한다.

국제수지표를 요약하면 〈표 3.1〉과 같다. 국제수지표는 복식부기의 원리에 따라 작성된다. 모든 거래는 차변과 대변에 각각 동등하게 기재되므로 국제수지표 상의 양변의 합은 항상 일치하게 된다. 대변에는 외국으로부터 자금수취 거래가 기록되고, 차변에는 외국에 대한 자금 지급 거래를 기재한다.

〈표 3-1〉 국제수지표

계정구분	차 변	대 변
I. 경상계정		
(경상거래)		
〈재화 및 서비스거래〉		
≪상품거래≫	상품의 수입	상품의 수출
≪서비스거래≫	서비스의 수입	서비스의 수출
〈소득거래〉	해외소득 지급	국내소득 수취
〈이전거래〉	이전지출	이전수입
II. 자본계정		
〈투자거래〉	내국인 해외투자	외국인 국내투자
〈자본거래〉	자본유출(해외로 자본이전)	자본유입(국내로 자본이전)
III. 오차 및 누락		
IV. 준비자산계정	통화당국의 외화보유와 대외자산의 증가(대외부채감소)	통화당국의 외화보유와 대외자산의 감소(대외부채증가)

1. 경상거래

상품 및 서비스의 수입은 경상거래토서 외국에 수입대금을 지급함에 따라 경상계정의 차변에 기입되고 이에 따른 반대급부로서의 자금이동은 대변에 기입된다. 예를 들어 10억 달러의 상품수입을 7억 달러는 현금결제 및 3억 달러는 상환기간 1년 이상인 연불수입으로 가정하면 〈표 3.2〉와 같이 국제수지 계정에 기재할 수 있다.

〈표 3-2〉 상품수입의 기장

거래항목	차 변	대 변
경상계정		
상품수지	10억 달러	
자본계정		
현금 및 예금		7억 달러
수입관련 신용		3억 달러

상품의 수출은 경상거래로 외국으로부터 자금의 수입이 발생하게 되므로 대변에 기입하고 반대급부인 통화의 이동은 차변에 기입하게 된다. 예를 들어 10억 달러의 상품 수출의 결재로 7억 달러 현금 결제 및 3억 달러는 상환기간이 1년 이상인 연불수출하기로 하였다면, 〈표 3.3〉과 같이 국제수지표에 기장하게 된다.

〈표 3-3〉 상품수출의 기장

거래항목	차 변	대 변
경상계정		
상품수지		10억 달러
자본계정		
현금 및 예금	7억 갈러	
수출관련 신용	3억 갈러	

내국민의 외국여행으로 5억 달러를 해외예치금으로 지출하였다고 하면, 5억 달러는 관광으로 인한 서비스 지출이므로 서비스계정의 차변에 기록하고 대변에 해외예치금 감소로 기록한다.

〈표 3-4〉 서비스수입의 기장

거래항목	차 변	대 변
경상계정 서비스수지	5억 달러	
자본계정 해외예치금 감소		5억 달러

외국인의 우리나라 여행으로 7억 달러를 지출한다면, 외국인이 지출한 7억 달러는 서비스계정의 대변에 기록하고 자본계정의 차변에 해외예치금 증가로 기록한다.

〈표 3-5〉 서비스수출의 기장

거래항목	차 변	대 변
경상계정 서비스수지		7억 달러
자본계정 외화예치금 증가	7억 달러	

이전거래도 같은 원리로 계상된다. 외국으로부터 자금 유입의 경우에는 경상계정의 대변에 기입하고, 반대로 자금을 지불하게 되면 경상계정의 차변에 기입하게 된다. 예를 들어, 우리나라 정부가 아프리카의 이집트에 10만 달러의 상품을 증여한다면 경상계정 차변에 경상이전수지 항목으로 10만 달러, 그리고 경상계정 대변에 상품수지 항목으로 10만 달러를 기입한다. 이와 달리 미국의 자선사업가가 우리나라의 대학에 현금 30만 달러를 기부하였다 하자. 이 경우는 경상계정 대변에 경상이전수지 항목으로 30만 달러를 기입하고, 자본계정의 차변에 현금 및 예금 항목으로 30만 달러를 기입한다.

〈표 3-6〉 경상이전거래의 기장

거래항목	차 변	대 변
경상계정		
상품수지		10만 달러
경상이전수지	10만 달러	30만 달러
자본계정		
현금 및 예금	30만 달러	

2. 자본거래

만약 외국인이 20만 달러를 국내로 가져와 국내증권에 증권투자를 한 경우, 자금의 유입이 발생하기 때문에 재화가 수출된 것과 마찬가지로 대변에 기입되어야 한다. 따라서 자본계정의 대변에 증권투자 항목으로 20만 달러를, 자본계정의 차변에 같은 금액을 현금 및 예금의 증가로 기입한다.

국내에 직접투자하고 있는 외국기업이 10만 달러 상당의 기계류를 도입하였다면, 이 경우에는 자본계정의 대변에 직접투자항목으로 10만 달러를 기입하고, 또한 경상계정의 차변에 상품수지 항목으로 10만 달러를 아래와 같이 기입하면 된다.

〈표 3-7〉 자본거래의 기입

거래항목	차 변	대 변
경상계정		
상품수지	10만 달러	
자본계정		
증권투자		20만 달러
현금 및 예금	20만 달러	
직접투자		10만 달러

3. 정부의 국제지불준비금거래

국제지불준비금거래의 발생 동기는 국제거래의 결과 채권·채무상의 불일치를 조정하는데 있다. 정부가 특정기간의 대외거래 적자에서 발생하는 외환보유고의 부족분을 메우기 위하여 5억 달러의 현금을 차관으로 도입한다고 하면, 자본계정의 대변에 5억 달러를 기입하고 공공결제거래계정의 차변에 준비자산증감 항목으로 5억 달러를 기입한다.

〈표 3-8〉 국제자본준비금거래 기입

거래항목	차 변	대 변
자본계정		
대출 및 차입		5억 달러
공공결제거래계정		
준비자산 증감	5억 달러	

제 2 절 국제수지균형의 개념

국제수지의 내용을 기록하는 국제수지표는 복식부기의 원리에 의해서 양변이 항등적으로 기재되므로 국제수지가 균형이냐 아니냐를 판단하기란 쉽지 않다. 그러면 우리는 어떻게 국제수지균형 여부를 판단할 것인가를 검토해 보자.

일반적으로 국제수지표상의 거래를 그 성격에 따라 자율적 거래와 보정적 거래로 나누어 자율적 거래만으로 국제수지의 균형여부를 판단한다. 여기서 자율적 거래라 함은 국가간의 경제적 변수 즉 환율, 소득, 이자율 및 가격 등에 따라 발생하는 본원적 거래를 말한다. 보정적 거래는 자율적 거래에 발생하는 불균형을 보정하기 위한 목적에서 발생되는 보조적 거래라고 할 수 있다.

우리는 국제수지가 균형이 되었다고 할 때 자율적 거래의 대변 합계와 차변의 합계가 같은 때를 의미한다. 자율적 거래의 대변이 차변보다 클 경우 국제수지가 흑자라고 하고, 그 반대로 차변이 대변보다 클 경우 국제수지 적자라고 한다. 따라서 보통 국제수지표의 위쪽에 위치하는 계정일수록 자율적 거래에 가깝다고 할 수 있고, 아래쪽에 위치하는 계정일수록 보정적 거래에 가깝다고 말할 수 있다. 앞에서도 언급하였듯이 국제수지의 모든 계정의 대차의 합은 항상 일치한다. 그러나 그 중 일부 계정의 합은 불일치하며 불균형을 나타낸다. 자율적 거래와 보정적 거래의 경계선을 어디에 긋느냐는 대단히 중요하다. 따라서 이러한 문제를 해결하기 위하여 자율성 여부에 따른 경상수지 및 종합수지 등의 국제수지 개념을 검토할 필요가 있겠다. 주요한 몇몇 계정의 성격에 대해 간단히 알아보자.

1. 경상수지

경상수지는 상품수지, 서비스 수지 및 경상이전 수지를 합한 것이다. 이는 국제수지의 근간을 이루는 부분으로서 경상수지의 균형이 바로 국제수지의 균형을 의미한다고 보는 견해가 많다. 경상수지는 그 나라의 경제에 커다란 영향을 미치며, 또한 교역상대국의 물가수준 및 소득수준에 영향을 받기도 한다. 경상수지는 국제수지의 가장 기본적인 계정이면서 그 나라 경제의 대외균형을 분석하는데 있어서 중요한 개념이라 할 수 있다. 경상수지는 환율, 소득, 이자율 및 물가 등의 변수에 의해서 자율적으로 일어나는 거래라고 할 수 있다. 따라서 경상수지를 자율적 거래로 보고 그 나머지 계정은 보정적 거래로 취급하여 경상수지를 통해 국제수지의 균형이나 불균형 여부를 판정할 수 있다.

2. 종합수지

종합수지는 경상수지와 자본수지, 오차 및 누락항의 합을 의미한다. 따라서 준비자산계정수지와 종합수지는 부호는 다르지만 절대값은 같다. 종합수지의 변동은 순대외자산의 변동을 나타내며 해외부문을 통한 화폐공급량의 변화로 이어진다. 외환의 수요와 공급은 경상거래뿐만 아니라 자본수지에 의해서도 영향을 받는다. 따라서 국제수지의 균형은 경상수지와 자본수지에 의해서 결정되며 바꿔서 말하면 외환의 수요와 공급이 일치하는 점에서 이루어진다고 보는 견해이다. 종합수지까지를 자율적 거래로 보며 종합수지의 균형이 바로 국제수지의 균형으로 보는 견해이다.

3. 금융계정수지

금융계정수지란 경상거래나 자본거래의 결과로 나타난 통화·금융기관의 대외부채와 대외자산의 변동분을 말한다. 그런데 금융계정수지와 경상수지 및 자본수지의 합이 정확하게 일치하지 않는 경우가 있다. 이러한 차이를 오차 및 누락계정수지라 한다. 보통 금융계정수지는 통화·금융기관의 종합대차대조표에 의해서 결정되는 반면 경상수지와 자본수지는 수출입통계와 외환수급통계에 의존한다.

한국은행은 2010년 12월 국제수지통계의 일부 항목에 대한 계상방식 중 명칭과 분류체계 등을 변경하였다. 이는 2010년 1월 국제통화기금(IMF)이 세계화의 진전, 국제금융시장에서의 새로운 금융상품의 출현 등 최근의 변화된 금융환경을 반영하기 위해 새로운 국제수지매뉴얼(Balance of Payments Manual 6th: BPM6)을 공표하고 그 이행을 각국에 권고한 것과 일차적인 관련이 있다.

주요 변경내용은 다음과 같다. 첫째, 선박수출 계상방식을 인도 기준에서 건조진행 기준으로 바꾸었다. 여기서 인도 기준이란 선박수출을 경상수지에 계상할 때 건조된 선박을 발주자에게 인도하는 시점에 수출로 인식하는 것이며, 건조진행 기준이란 선박의 완공과 관계없이 선박수주 이후 건조과정에 걸쳐 공사진행에 따라 수출을 인식하는 것을 말한다. 이전까지는 선박수출을 인도 기준으로 계상함에 따라 ① 조선업체들의 기업회계상 매출인식기준(건조 진행기준)과의 불일치, ② 조선업체들이 선박수출 대금의 50~80%를 선박 인도전에 수령한다는 점에서 실제 외화 흐름과의 차이, ③ 선박 관련 선수금은 선박수출(인도) 시점까지 무역신용(대외채무)으로 계상되므로 대외채무가 실제 지급부담보다 크다 계상되는 점 등의 문제점을 안고 있었다. 선박수출을 건조 진행기준으로 인식함에 따라 이런 문제점을 동시에 해결할 수 있게 되었다.

둘째, 본사직영에 의한 해외 장기건설공사의 계상방식을 이전의 직접투자에서 서비스수지로 변경하였다. 그동안 해외건설공사 관련 대외거래에 대해

공사기간이 1년 이하인 경우는 건설서비스로, 1년을 초과하는 경우에는 해외직접투자로 인식해 왔다. 이에 따라 우리나라는 다른 나라에 비해 해외건설 수주액 대비 건설서비스 수입(收入)액이 지나치게 작게 계상되어 있었다. 예를 들어 2009년 기준으로 일본 23.6%, 독일 12.4%, 미국 4.6% 등에 비해 우리나라는 0.4%로 매우 낮은 수준을 보였다. 그러나 새로운 국제수지매뉴얼(BPM6)에서는 1년을 초과하는 본사 직영에 의한 해외건설공사는 직접투자가 아닌 건설서비스로 계상토록 하였다. 그런데 우리나라 해외건설공사의 경우 상당 부분이 장기 플랜트공사로서 대부분 본사 직영체제로 운영되고 있어 장기해외건설공사(해외현지법인 형태로 수행되는 해외건설공사는 해외직접투자로서 변경대상이 아니다)를 일괄하여 서비스수지에 계상하게 되었다.

셋째, 명칭 및 분류체계의 변경이다. 명칭이 변경된 항목은 소득수지 → 본원소득수지, 경상이전수지 → 이전소득수지, 자본계정 → 자본・금융계정(Capital and Financial Accounts), 투자계정 → 금융계정(Financial Account), 기타자본수지 → 자본수지(Capital Account), 특허권 등 사용료 → 지식재산권 등 사용료, 운수 → 운송 등이다. 분류체계는 상품수지에 속하던 '재화수리'를 서비스수지의 하위항목인 '유지보수서비스'로, '준비자산 증감'을 독립항목에서 금융계정의 하위항목으로 변경하였으며, 경상수지의 하위항목이던 '상품 및 서비스수지'는 삭제하고 '상품수지'와 '서비스수지'를 각각 경상수지의 하위항목으로 배치하였다.

이와 같이 선박수출 및 해외장기건설의 계상방식을 변경함에 따라 2010년 중 선박수출은 약 76억 달러 감소한 반면 건설서비스는 68억 달러 늘어났다. 또한 건조진행 기준에 의한 선박수출 계상방법은 구체적으로 공사진행에 따라 영수하는 계약금과 선수금을 수출금액으로 인식하는 것인데, 선박수출 관련 선수금이 외채(무역신용 부채)에서 제거됨에 따라 대외채무가 약 490억 달러 감소하는 효과가 발생하였다. 이로써 한국은행은 국제수지통계를 국제기준인 BPM6에 맞게 편제하기 위한 1단계 이행을 완료하였으며 2013년 중 나머지 주요 항목에 대한 이행작업을 완료할 예정이다.

〈양호석 한국은행 경제통계국 국제수지팀 차장/ yang_hoseok@bok.or.kr〉

제 3 절 우리나라의 국제수지

한국은행이 발표한 '2013년 국제수지'에 따르면 지난 해 경상흑자는 707.3억 달러로 종전 사상 최대치인 2012년의 480.8억달러보다 47.2%(226.9억 달러) 증가했다.

2013년 경상수지 중 상품수지는 607.1억 달러 흑자를 보였다. 수출이 5,709.2억 달러로 전년보다 3.0% 증가하였으며, 수입은 5,102.1억 달러로 0.8% 감소하였다. 서비스수지는 60억 달러 흑자를 기록하여 2012년 대비 흑자폭을 2.7억 달러 늘렸다.

경상수지는 수출이 늘어도 흑자가 나지만 국내 투자나 소비가 침체될 경우에도 수입이 줄어 흑자를 기록할 수 있다. 경상흑자는 국내경기의 침체기에 확대되는 불황형 흑자로 나타날 수 있다. 우리나라 민간소비가 두 해 연속 1%대에서 제자리걸음을 하고 있으며, 설비투자도 두 해 연속 마이너스를 기록했다. 따라서 2013년 큰 폭의 경상흑자는 수출증가도 있지만 내수부진에 따른 수입감소가 상당부분 기인했다는 분석이 나오고 있다. 원화절상 상황에서 경상수지 흑자가 나타나고 있는 이유는 경기위축, 투자부진으로 수입 자체가 감소한 결과라고도 볼 수 있다고 할 수 있겠다.

2013년 우리나라 항목별 서비스 수지

(단위 : 백만달러)

구분	규모
건설서비스	15,170
운송서비스	8,016
금융서비스	2,690
컴퓨터 및 정보서비스	304
개인·문화·오락서비스	167
기타(유지보수·정부)	134
보험서비스	-145
통신서비스	-902
지적재산권 등 사용료	-5,490
사업서비스	-6,616
여행서비스	-7,331
합계	5,997

자료 : 한국은행, WTO

경상수지[2)]

(억 달러, %)

	2013p				2014p
		1	11	12r	1
경 상 수 지	707.1	23.3	60.3	64.1	36.1
1. 상 품 수 지	607.0	26.2	61.8	56.9	33.2
1.1 수출(FOB)[1)]	5,708.9	471.6	488.1	492.5	472.4
	(3.0)	(13.0)	(-1.9)	(10.8)	(0.2)
1.2 수입(FOB)	5,101.9	445.5	426.3	435.5	439.2
	(-0.8)	(4.0)	(-0.2)	(2.1)	(-1.4)
2. 서 비 스 수 지	60.0	-9.3	-7.0	4.4	-5.9
2.1 운 송	80.2	2.6	5.5	5.9	2.2
2.2 여 행	-73.3	-10.0	-4.5	-6.7	-8.5
2.3 기타 서비스	53.1	-2.0	-8.0	5.1	0.4
(건 설)	151.7	15.7	9.9	17.2	11.9
(지적재산권사용료)	-54.9	-3.3	-15.5	-1.6	-3.4
(사업서비스)	-66.2	-15.2	-4.9	-11.5	-8.2
3. 본 원 소 득 수 지	48.0	9.7	5.9	4.2	6.9
3.1 급 료 및 임 금	-5.1	-0.3	-0.4	-0.7	-0.5
3.2 투 자 소 득	53.1	10.0	6.3	4.9	7.5
(배당소득)	-5.5	0.7	1.8	2.1	1.9
(이자소득)	58.6	9.3	4.5	2.8	5.6
4. 이 전 소 득 수 지	-7.9	-5.3	-0.3	-1.4	1.8
(송금이전)	-9.0	-1.8	-1.1	-1.3	-1.4

주 : 1) 국제수지통계의 새로운 "국제수지매뉴얼(BPM6)" 1단계 이행에 따른 건조진행 준 선박수출 계상방식 적용 등으로 상품수지 상의 수출통계와 통관기준 수출통계 간에는 상당한 차이가 날 수 있음

2) ( )내는 전년동기 대비 증감률

2) 한국은행 [보도자료] 2013년 12월 국제수지(잠정)

〈표 3-9〉 최근의 우리나라 국제수지

(단위 : 백만 달러, %)

항목명	2010	2011	2012
경상수지	29,393.50	26,068.20	43,251.2
상품수지	40,082.50	31,660.00	38,454.2
서비스수지	-8,626.00	-5,849.50	2,676.10
본원소득수지	1,015.90	2,890.90	4,885.50
이전소득수지	-3,078.90	-2,633.20	-2,764.60
자본・금융계정	-27,478.50	-26,778.00	-44.254.3
자본수지	-217.90	-24.70	602.10
자본이전	-84.40	72.20	711.20
비생산비금융자산	-133.50	-96.90	-109.10
금융계정	-27,260.60	-26,753.30	-44,221.20
오차 및 누락	-1,915.00	709.80	401.10

요약

1. 국제수지표란 어떤 특정기간 동안 한 나라의 거주자와 다른 나라의 거주자간에 발생하는 경제적 거래를 회계기준에 맞게 체계적으로 기저한 표이다.

2. 국제수지표는 경상계정, 자본계정 및 준비자산증감 항목으로 구성된다. 경상계정은 상품 및 서비스계정, 본원소득계정 및 이전소득계정으로 나뉜다. 이에 비해 자본계정은 자본의 성격에 따라 자본계정과 투자계정으로 구분된다.

3. 국제수지의 균형여부는 일반적으로 자율적 거래만으로 판단한다. 국제수지표상의 거래를 그 성격에 따라 자율적 거래와 도정적 거래로 나눈다. 여기서 자율적 거래라 함은 국가간의 경제적 변수, 즉 환율, 소득, 이자율 및 가격 등에 따라 발생하는 본원적 거래를 말한다.

토의과제

1. 다음의 거래를 국제수지 계정에 작성하여 보라.
   1) 삼성전자가 미국에 200만 달러어치의 PDP를 판매한다.
   2) 우리 정부가 아프가니스탄에 5천만 달러의 무상원조를 제공한다.
   3) 국내 투자자들이 중국 증권시장에서 2억 달러어치 중국 제조업 A사의 주식을 매입한다.

2. 2012년 우리나라 국제수지표에서 경상수지에 속하는 계정, 즉 상품계정, 서비스 계정, 본원소득계정, 이전소득계정의 모든 항목에 걸쳐 대변의 합계와 차변의 합계를 각각 구하여 각 계정의 흑자 혹은 적자를 밝혀라.

3. 자율적 거래와 보정적 거래를 구분하여 설명하고 구체적인 실례를 드시오.

부 록

〈부표 3.1〉 2012년 우리나라 10대 수출·수입 품목(HS 4단위 기준)

(금액 : 백만불)

순위	수출	수출액	순위	수입	수입액
1	석유제품	56,681	1	원 유	108,298
2	반도체	50,949	2	석유가스 및 기타가스	33,834
3	승용자동차	42,390	3	석유제품(석유 및 역청유)	25,701
4	선박	38,187	4	전자집적회로	25,422
5	액정디바이스	27,160	5	석탄·연탄 등의 고형연료	15,908
6	자동차부품	24,616	6	유무선통신기기	15,623
7	무선통신기기	15,601	7	철 및 비합금강의 판압연제품	12,561
8	가전제품	12,606	8	반도체 제조용 장비	4,020
9	철강의판	10,097	9	철광과 그 정광	3,538
10	유선통신기기	7,140	10	반도체 디바이스	3,509

자료 : 관세청, 「2012년 수출입 동향」, 2013. 1.

〈부표 3.2〉 2012년 우리나라 상위 5대 교역대상국

(금액 : 천건, 백만불)

순위	수 출			수 입		
	국가명	건수	금액	국가명	건수	금액
1	중국	1,341	134,323	중국	3,152	80,785
2	미국	750	58,525	일본	902	64,363
3	일본	653	38,796	미국	4,575	43,341
4	홍콩	375	32,606	사우디	5	39,707
5	싱가포르	187	22,888	호주	180	22,988

자료 : 관세청, 「2012년 수출입 동향」, 2013. 1.

제 II 편

환율과 통화제도

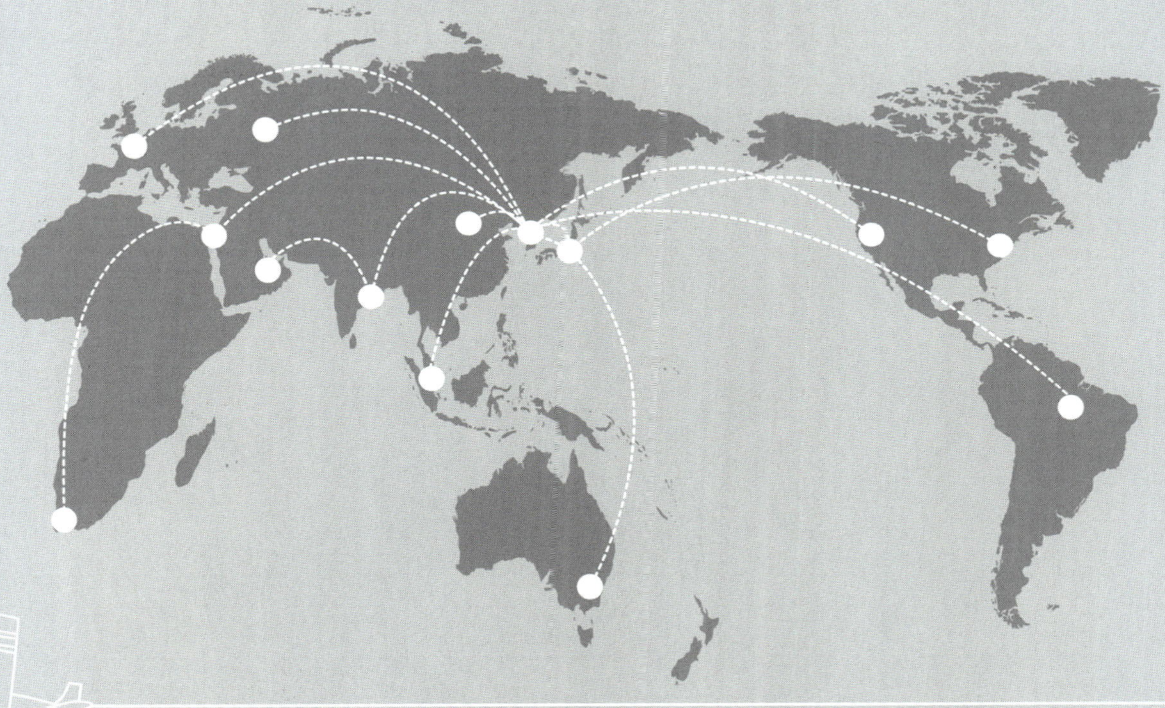

제 4 장
외환시장과 환율의 결정

외환시장은 보통 외국환이나 외화로 표시된 금융자산이 사고 팔리는 장소를 말한다. 여기서 외환의 거래란 한 나라의 통화와 다른 나라 통화 사이의 교환을 의미한다. 그리고 외환시장이란 외환 또는 외화표시 자산이라는 금융상품을 사고자 하는 수요자와 그것을 팔려고 하는 공급자 사이에 접촉이 이루어지는 조직 또는 상황을 말한다. 우리는 시장이라 하면 동대문시장이나 주변가게 등 장소적 개념의 시장들을 일컫는 것이 일반적이다. 그러나 시장은 이것들만이 아니다. 수요와 공급의 힘에 의해 거래가 이루어지는 모든 유·무형의 장소는 시장이 될 수 있다.

통신수단을 통한 거래에도 수요와 공급이 있다면 이것도 시장일 수 있다. 그래서 전 세계 외환거래의 대다수를 차지하는 국제 상업은행간에 외환의 매매가 이루어지면 이를 외환시장이라 한다. 그런데 외환거래는 상이한 국제통화 사이의 교환비율인 환율을 매개수단으로 하여 이루어진다. 그리고 일국의 입장에서 볼 때 재화나 용역의 수입, 해외여행, 해외투자 등이 생기면 외환의 수요가 늘어나지만, 수출, 외국인의 국내여행, 외국인 투자유치 등이 발생되면 외환의 공급이 증가한다. 이와 같이 수출입, 해외투자 등이 외환시장과 밀접한 관계를 가지고 있다. 본 장에서는 이러한 차원에서 외환시장의 메커니즘과 이와 관련된 개념을 설명하고자 한다.

제 1 절 외환시장의 메커니즘

외환시장은 외국환이나 외화로 표시된 금융자산의 매매장소를 말한다. 시장은 주변가게 등 장소적 개념의 구체적 시장을 일컫는 것이 일반적이다. 그러나 시장은 수요와 공급이 작용하여 거래가 이루어지는 모든 유・무형의 장소가 될 수 있다. 통신수단을 통한 거래도 수요와 공급이 있다면 시장이 된다. 그래서 전 세계 외환거래의 대다수를 차지하는 국제상업은행간에 외환거래가 이루어지면 이를 외환시장이라 한다.

외환시장의 메커니즘을 이해하기 위하여 우선 국제무역의 개념에 관해 검토하기로 한다. 국제무역에서 취급되는 재화에는 유・무형 상품 및 금융자산을 포함한다. 거의 모든 상품이 국가간에 거래되고 특히 세계화 현상이 확산되고 있는 오늘날에는 그 빈도가 심화되고 있다. 무엇보다도 무형재화인 서비스 상품, 즉 은행과 보험회사 등이 제공하는 상품의 국제간 거래가 활발히 일어나고 있다. 우리나라 학생들의 유학, 외국은행이나 보험회사를 이용하는 것도 서비스 상품의 국제간 거래로 볼 수 있다. 관광 역시 중요한 서비스 상품 중의 하나다. 반면에 국제간에 거래되는 금융자산에는 주식, 채권, 정부발행 차용증서, 은행예금, 현금통화 등이 있다. 금융상품들은 국제거래에서 개인이나 정부 혹은 회사 등에 대한 금융청구수단으로 사용되고 있다.

그런데 수출의 넓은 의미의 개념은 한 나라의 거주자가 다른 나라의 거주자에게 공급하는 모든 상품의 가치를 의미한다. 반면 수입의 넓은 의미의 개념은 한 나라의 거주자가 외국의 거주자로부터 구입하는 상품의 가치를 의미한다. [그림 4.1]은 이를 보다 쉽게 설명하고 있다.

[그림 4.1] 수출과 수입의 개념

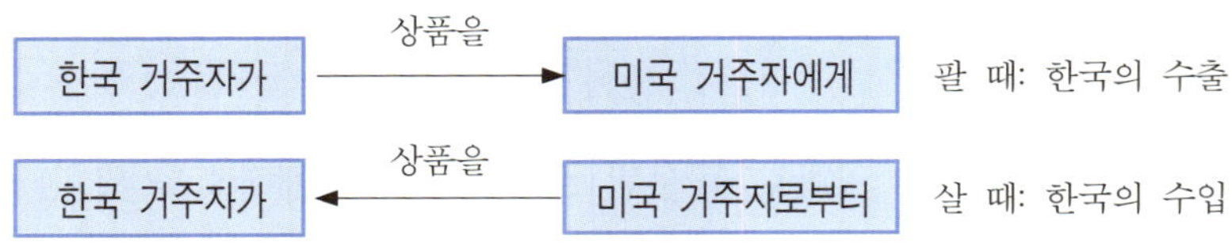

오늘날 수출입 거래에서 서비스 거래의 비중이 높아가지만 여전히 대부분은 유형의 상품인 재화가 차지하고 있다. 국제간 상품거래는 단순한 물물교환보다 더 복잡한 형태를 띠고 있다. "현대경제는 대단히 화폐적이다."라는 표현처럼 오늘날의 경제는 화폐에 크게 의존하고 있다. 한 재화와 다른 재화와의 물물교환(barter)은 거의 일어나지 않고 대부분의 상품거래는 화폐와 관련되어 발생된다. 따라서 화폐는 교환의 매개수단이며 화폐부문에서 공급이라고 하는 것은 상품의 매출 과정에서 발생하는 화폐공급을 의미하고, 화폐부문에서의 수요는 상품의 매입을 의한 화폐수요를 의미한다. 예를 들어 한국과 미국 간의 무역 및 이에 수반되는 화폐흐름의 관계를 [그림 4.2]를 통해 알아보자.

국가간의 거래에서 중요한 점은 자국통화나 자국통화가 아닌 중심통화를 사용한다는 사실이다. 한국의 수출업자는 수출물품에 대한 대금으로 원화를 받는 것이 더 편하다고 생각할 것이고, 미국의 수입업자는 수입물품의 대금으로 미국 달러로 지불하길 원할 것이다. 같은 원리에서 한국의 수입업자는 수입물품 대금으로 원화의 지불을 원할 것이며, 미국의 수출업자는 수출물품의 대금으로 미국 달러 수취를 원할 것이다. 또한 한국의 거주자가 미국으로 여행하려고 하면 미국의 달러가 필요할 것이고, 미국의 거주자가 한국을 여행하려고 할 때 한국의 원화가 필요할 것이다. 이러한 각국 수출입업자 등과 같은 경제주체들의 통화에 대한 욕망을 조절해주는 기능을 가진 시장이 바로

[그림 4.2] 무역 및 반대급부 화폐흐름의 관계

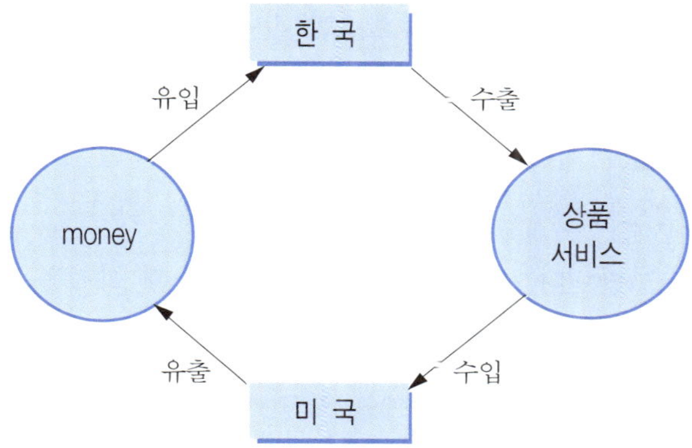

외환시장이다. 여기에서 한 나라의 통화가 다른 나라의 통화와 교환되는 것이다.

외환시장의 주요한 특징은 뉴욕 증권시장이나 런던 금시장과 같이 하나의 특정 장소에만 국한된 시장이 아니라는 점이다. 외환시장은 여러 나라의 여러 장소에 걸쳐 있지만 우리는 일반적으로 이들 모두를 묶어서 하나의 시장으로 간주한다. 그 이유는 각국에 떨어져 있어도 정보통신망 상에서 매일 24시간 거래를 통해 가격이 수렴되는 경향이 있기 때문이다. 예를 들면 관광객이 외화를 교환할 수 있는 국제공항의 환전소 등에서도 같은 가격으로 이루어지는 경향이 있다. 그리고 외환시장의 대부분의 기능이 상업은행에서 이루어진다고 볼 수 있다. 우리나라에 유학 온 외국학생들은 그들의 부모나 정부로부터 송금 받은 외화를 대학근처의 상업은행에서 한국 원화를 구입하는데 사용할 것이다. 결론적으로 외환시장은 외화의 공급자와 수요자가 연결될 수 있는 시장조직이 더욱 중요하다.

상기 실례에서는 외국화폐를 관광객이나 학생들이 환전소나 은행에서 매매하는 것으로 설명했다. 화폐에 대한 이러한 예는 일상적인 것은 아니다.

일반적으로 우리는 화폐를 매매대상으로 간주하지는 않는다. 화폐는 일반재화와 다른 특수성을 가진 재화로 생각한다. 흔히 우리는 화폐 자체가 계산의 단위와 교환의 매개기능을 갖는 것으로만 간주한다. 그러나 외환시장을 이해하는 데는 화폐가 이러한 특수한 기능을 갖는다는 사실은 무시하고 다른 재화와 다를 바가 없는 것으로 간주하는 것이 도움이 될 것이다.

다른 재화처럼 화폐는 세 가지 공통점을 가지고 있다.

① 화폐도 사고 팔린다. 우리가 다른 재화를 팔 때 화폐를 사게 되고 또한 우리가 다른 재화를 살 때 화폐를 팔게 되는 것이다.

② 화폐도 생산되는 재화이다. 예를 들면 미국에서는 연방준비제도이사회(중앙은행)가 상업은행의 요구불예금 규모를 예상하고 조정하는데 반해 재무성이 지폐와 동전의 생산을 지휘하고 감독한다.

③ 화폐는 하나의 가격을 갖거나 혹은 여러 가지의 가격을 지니기도 한다. 흔히 경제학자들은 화폐의 가격을 이자율이라고 한다. 그러나 화폐 1단위를 얻기 위해서 포기해야 되는 다른 재화들의 수량으로 표현하는 것이 더 분명할 것이다. 만약 양말 1켤레가 1,000원이라 한다면 1원의 또 다른 값은 양말 1/1,000켤레에 해당할 것이다. 만약 외환시장에서 미화 1달러가 1,000원이라고 한다면 1원의 미화달러로 환산한 값은 1/1,000달러가 될 것이다. 그리고 일본 엔화 1엔이 10원이라고 하면 1원의 또 다른 외화로 환산된 가격은 1/10엔이 된다.

이와 같이 우리는 원을 달러나 엔으로 환산한 값을 환율이라고 한다. 즉, 환율은 하나의 화폐를 다른 화폐의 값으로 환산한 것을 의미한다. 1원을 달러화로 환산한 값이 1/1,000달러가 되는 것과 꼭 같다. 그리고 환율도 그 화폐의 또 하나의 다른 가격으로 간주하는 것은 중요하다.

제 2 절 외환시장의 수요와 공급

자국화폐로 지불하는 특정화폐의 값인 환율도 다른 재화의 가격결정 과정과 크게 다를 바 없이 그 자국화폐에 대한 외환의 수요와 공급에 의해 결정된다고 할 수 있다. 수요와 공급에 의한 접근은 어떤 재화시장보다도 외환시장에 적합할 것이다. 그 이유는 화폐가 모든 재화 가운데 가장 동질적이기 때문이다. 즉, 원화 1만원은 신권이나 구권이나 1만원의 가치를 그대로 지니게 되며 어떤 1만원이라고 해서 가치의 할인이 있을 수 없다.

고도로 발달된 외환시장에는 하루에도 무수히 많은 고객들을 상대로 수많은 거래가 시장참가자들 사이에서 일어난다. 이러한 특성으로 인해 우리는 외환시장을 순수한 경쟁시장이라고 한다. 그래서 대부분의 경제학자들과 정책입안자들은 외환시장을 수요와 공급의 틀에서 가장 잘 움직이는 시장이라고 믿고 있다. 그러나 이 시장에서도 경우에 따라서 불공정거래자인 정부가 공익을 위해 외환시장에 개입하기도 한다.

1. 외환의 수요

외환에 대한 수요는 자국의 해외 재화에 대한 수입수요에 의해서 결정된다. 이를 설명하기 위하여 아래 2가지 예를 들어 보기로 하자.

[그림 4.3] 한국의 커피에 대한 수입수요곡선

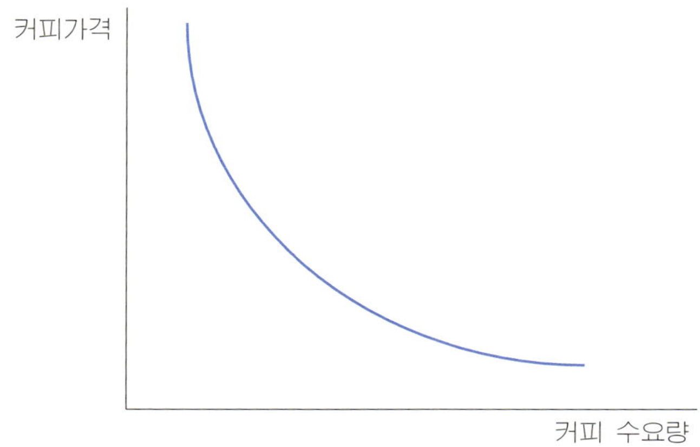

예 1 한국이 국내에서 커피를 전혀 생산하지 않고 커피 소비분 전량을 수입하는 것으로 가정했을 때 [그림 4.3]과 같은 한국의 커피수요곡선을 도출할 수 있다.

[그림 4.4] 한국의 옷감 수요와 공급

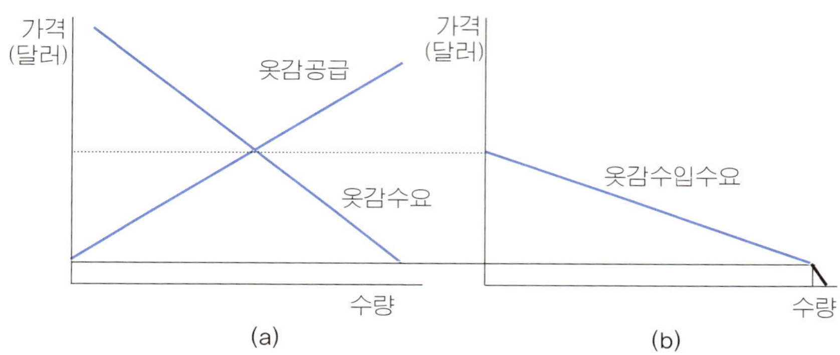

예 2 그리고 한국이 옷감에 대한 소비량 중 일부는 국내생산 및 일부는 외국수입의 재화에 대한 수입수요곡선은 [그림 4.4]와 같이 도출될 것이다.

그림 (a)에서 한국의 옷감에 대한 수요와 국내공급간 수평거리 차에 의해 옷감에 대한 수입수요곡선(국내에서의 초과수요곡선)을 도출할 수 있는데 이것이 (b)이며 한국에서의 초과수요곡선이다.

즉, 얼마간의 국내수입경쟁 산업이 존재하는 경우에는 수입재에 대한 수요곡선이 해당 재화의 수요곡선보다 탄력적임(기울기가 보다 완만함)을 알 수 있다.

그럼 여기서 수입재에 대한 한국의 모든 수입수요곡선을 합하면, 수입재에 대한 총수입곡선을 구할 수 있다. 이러한 총수입수요곡선을 외환에 대한 수요를 환율과의 관계로 나타내는 외환수요곡선으로 전환시키면 아래와 같이 된다.

여기서 [그림 4.5]를 부연 설명해 보자. 1달러의 원화에 대한 환율이 1,200원으로 높은 수준에 있을 경우에는 국제시장에서 1달러짜리 커피가 한국에 수입되면 1,200원이 되므로 한국의 커피수요는 다소 적어질 것이고, 다른 수입재에 대한 수요에도 같은 현상이 나타날 것이므로 이들을 합하면 달러에 대한 수요도 적어질 것이다.

[그림 4.5] 외환수요곡선

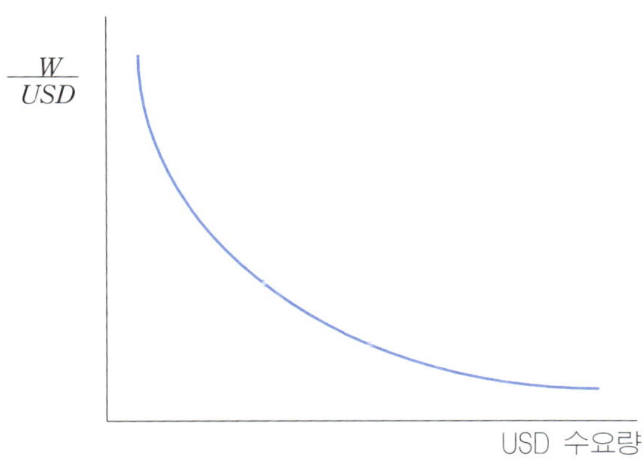

한편, 1달러의 가격이 1,000원으로 낮은 상태인 경우 국제시장의 1달러짜리 커피가 한국 시장에서는 1,000원 밖에 되지 않기 때문에 커피에 대한 수입수요도 많아 질 것이므로 외환에 대한 수요도 많아질 것이다.

어떤 경우이든 간에 수요자에게 환율이 적정 가격보다 높은 수준일 때는 외환수요는 낮아질 것이고, 적정 가격보다 낮은 수준에는 외환수요가 높아질 것이다. 따라서 외환에 대한 수요곡선은 일반 재화의 수요곡선과 같이 우하향하는 모양을 갖게 된다([그림 4.5]).

2. 외환의 공급

외환의 공급은 자국재화의 수출 공급에 의해서 결정된다. 이를 아래와 같이 예를 들어 설명해 보기로 하자.

예 1 한국의 TV에 대한 수출 공급 곡선을 도출해 보자.

[그림 4.6] 한국 TV의 수요와 공급곡선

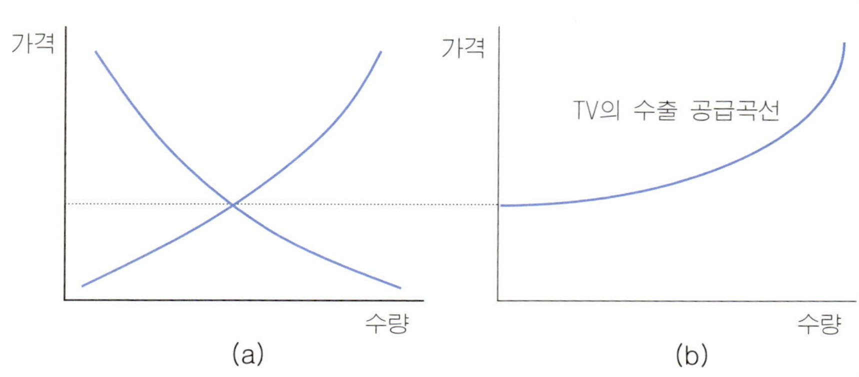

한국 TV에 대한 국내의 초과공급량으로부터 TV의 수출공급곡선을 도출할 수 있다. 여기서 다시 여러 수출공급재에 대한 한국의 모든 공급곡선을 합하면 수출재에 대한 한국의 총공급곡선을 가질 수 있다. 이 총공급곡선을 외환에 대한 공급으로 아래와 같이 곡선으로 바꾸어 나타낼 수 있다.

[그림 4.7]에 대하여 좀 더 부연 설명하면 1달러의 가격이 1,000원으로 낮은 수준일 경우는 한국에서 TV 600,000원짜리가 해외시장에서 600달러가 될 것이고, 1달러의 가격이 1,200원으로 높아질 경우에는 해외시장에서 한국 TV의 달러 환산 가격은 500달러로 하락하게 될 것이다. 따라서 수출이 증가되어 달러의 공급이 증가될 것이다. 수출과 직접 연관되지 않는 국제금융시장에서도 외환의 공급자에게 외환의 값이 적정가격보다 높다고 간주될 때는 외환공급은 증가될 것이고, 적정가격보다 낮다고 간주될 때는 외환공급은 감소하게 될 것이다.

[그림 4.7] 외환의 공급

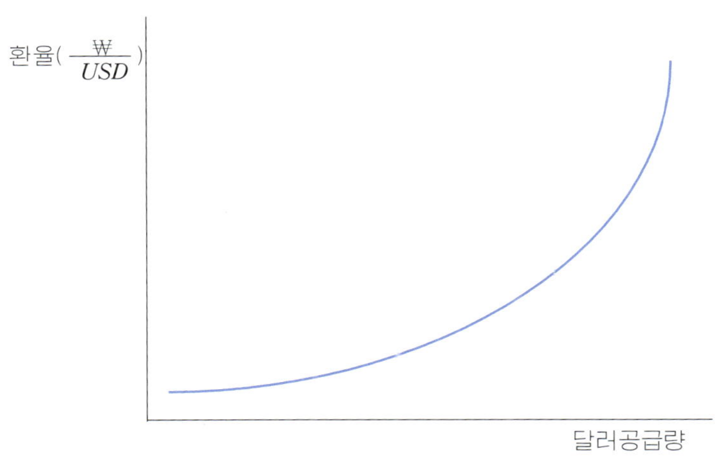

[그림 4.8] 외환시장의 수요와 공급

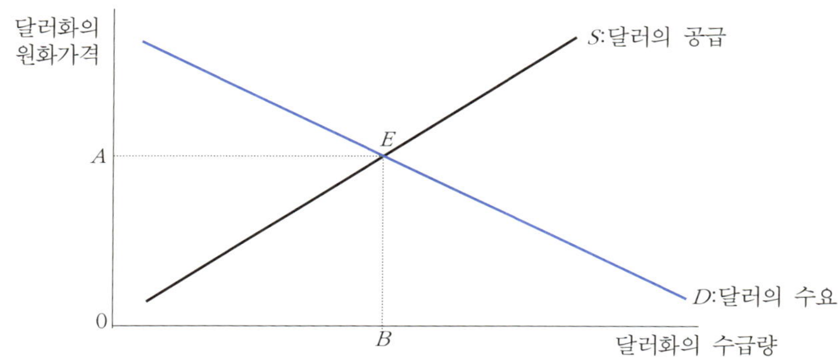

[그림 4.8]은 외환시장의 수요와 공급의 형태를 잘 보여주고 있다. 이 그림은 일반적인 가격과 수량의 관계를 나타내는 그림과 마찬가지로 종축은 가격을 나타내고 횡축은 수량을 나타낸다. 여기서 가격은 환율이고 수량은 외화의 수급량이다. 그리고 이 그림에서는 대개 당일의 수요량 혹은 공급량 그리고 환율수준을 나타낸다. 여기서도 일반적인 경우와 마찬가지로 수요곡선의 기울기는 음의 기울기를 나타내며 공급곡선은 양의 기울기를 가진다.

만약 원/달러 외환시장에서 수요와 공급의 작용에 의해 E점에서 외환시장이 균형을 이룬다고 한다면 외환시장에 대해 다음과 같은 결론을 내릴 수 있을 것이다. 외환에 대한 수요와 공급이 일치하는 점 E에서 외환시장의 균형이 이루어지고 이 때의 환율수준이 균형환율이고, 거래량이 균형거래량이 된다.

특정일에 *OB*만큼의 달러가 매매되었다면 그날의 일일 평균 달러의 원화가격은 *OA*수준이었다는 것이다. 그리고 그날 거래된 총 달러의 원화환산 가치총액은 *OAEB* 면적이 된다는 것이다.

[그림 4.8]은 외환시장의 수요와 공급을 잘 나타내고 있다. 여기서 수요와 공급을 발생하게 하는 경제적 원인들을 구체적으로 설명해 보기로 하자.

먼저 국제무역의 관점에서 검토하면 한국의 상품과 서비스의 수출은 [그림 4.8]에서 나타내주는 달러 공급의 한 요소가 된다. 만약에 삼성전자가 스마트폰을 미국통신회사에 수출하면 미국의 통신회사는 스마트폰 대금으로 미국 달러를 지불할 것이고 삼성전자는 수출대금으로 받은 미국 달러를 거래은행, 즉 외환시장에서 원화로 환전하므로 달러의 공급이 발생하게 되는 것이다. 같은 방법으로 한국이 미국으로부터 상품과 서비스를 수입하는 경우는 외환시장에서 미국 달러에 대한 수요를 증가시킬 것이다. 우리나라의 어떤 자동차 수입회사가 미국 포드 자동차를 수입한다고 하자. 그러기 위해서는 자동차 수입회사는 자동차 수입대금 만큼의 달러를 포드 자동차 회사에 지불해야 할 것이다. 이로 인하여 외환시장에는 달러의 수요가 발생하게 되는 것이다.

국제무역과 많은 부분에서 마찬가지로 국제금융투자도 외환시장에서 외환의 수요와 공급을 유발시킨다. 간단한 예로서 한국의 증권선물거래소에 상장된 삼성전자 주식의 국내주주가 자신이 소유하고 있는 삼성전자 주식을 미국의 거주자에게 일정한 금액을 받고 매각한다면 외환시장에 그 주식대금 만큼의 달러공급이 발생하게 될 것이다. 즉, 미국 거주자가 국내 거주자 소유의 금융자산에 투자를 하게 되면 그 대금을 미국 달러로 지불함으로써 외환시장에 미국 달러의 공급이 발생하게 된다. 이와 반대로 미국의 거주자가 소유하고 있는 휴대폰 생산업체인 모토롤라 주식을 한국 거주자가 구입한다고 가정하면 국내 투자자는 주식대금으로 지불할 미국의 달러가 필요하게 된다. 따라서 외환시장에서 미국 달러화의 수요가 발생하게 되는 것이다.

정리해 보면 한국의 거주자가 미국의 거주자에게 상품이나 서비스를 수출한다든지 혹은 미국의 거주자가 한국에 금융투자를 하는 행위는 원달러 외환시장에서 미국 달러의 공급량을 증가시키게 된다. 반면에 한국 거주자가 미국 거주자의 상품이나 서비스를 수입한다든지 혹은 한국의 거주자가 미국에 금융투자를 하게 된다면 외환시장에 미국 달러의 수요를 증가시키게 된다.

세계일보 & Segye.com

국내도 주가 · 원화 · 채권 '트리플 약세'

| 코스피 외국인 매도세에 27.66P↓
| 원 · 달러 환율도 1154.7원으로 급등
| 정부, 23일 거시경제금융회의 개최

최근 3일간 주요 경제지표 추이

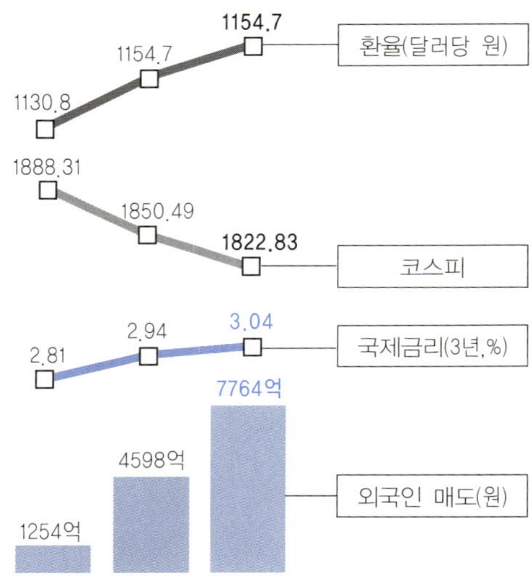

벤 버냉키 미국 연방준비제도(Fed · 연준) 의장의 경기부양 종료 예고로 발생한 '버냉키 쇼크'의 후폭풍이 거세다. 국내 금융시장은 이틀째 출렁이며 주가 · 원화가치 · 채권가격이 떨어지는 '트리플 약세' 현상을 이어갔다. 저금리 시대 종식에 따른 세계 경제 불안정에 대한 우려가 워낙 커서 국내 금융시장 혼돈은 상당기간 지속될 전망이다.

21일 유가증권시장에서 코스피는 전날보다 27.66포인트, 1.49% 떨어진 1822.83에 마감했다. 연일 외국인이 주식을 팔아치우면서 장중 한때 1806.02까지 내려갔다. 국내 증시에서 자금을 회수 중인 외국인은 이날만 7764억원어치를 팔아치웠다. 11일간 연속된 외국인 순매도 누적금액은 5조1528억원에 달한다.

코스피 시가총액 상위주는 이날 대부분 가격이 떨어졌다. 삼성전자는 전날보다 4000원(0.30%) 떨어진 132만5000원으로 마감했다. 포스코와 LG화학은 각각 5.01%, 3.46% 하락하고 현대차, 현대모비스, 기아차는 1~3%대 하락을 기록했으며 신한지주, KB금융, SK하이닉스, 한국전력 등도 내림세로 장을 마쳤다.

원 · 달러 환율도 이날 9원 급등한 1154.7원에 거래를 마감, 전날 세워진 연중 최고기록을 고쳐썼다. 지난해 6월27일의 1156.2원 이후 가장 높다. 시장금리도 미국 양적완화 축소에 따른 직격탄을 맞고 이틀째 오름세다. 지난달 초까지만 해도 연 2.44%였던 3년 만기 국고채 금리는 전날 연 2.94%로 뛰어오르더니 이날 3.04%로 3%대에 진입했다.

버냉키 쇼크가 언제 진정될지에 대해 시장에선 "국내 경제 펀더멘털에는 문제가 없는 만큼 오히려 미국 경기 회복에 따른 수혜를 기대할 수 있다"는 낙관론과 "상당기간 외국인 자금 회수에 따른 불안정이 불가피하다"는 비관론이 엇갈렸다.

정부는 사태의 진원지인 미국의 향후 금융 상황을 예의주시하고 있다. 뉴욕 증시가 급락하는 등 버냉키 쇼크의 후폭풍이 더욱 확산할 조짐이면 추가 대책을 내놓겠다는 것이다. 이를 위해 기획재정부는 금융위원회, 한국은행, 금융감독원과 23일 오전 서울 명동 은행회관에서 거시경제금융회의를 개최한다. 신제윤 금융위원장은 이날 기자들에게 "뉴욕증시 상황 등을 면밀히 지켜보고 필요하다면 24일쯤 (시장 안정 관련) 조치를 취할 수 있다"고 밝혔다.

〈세계일보, 박성준 기자, 2013.06.21〉

제3절 환율의 개념과 종류

1. 환율의 개념

환율은 외환시장에서 어떤 특정 화폐의 가격을 다른 통화로 환산한 비율 즉, 한 나라 화폐와 다른 나라 화폐간의 교환비율을 말한다. 재화나 서비스에 대한 가격이 화폐로 표시되는 것과 같이 외환의 가격도 다른 화폐로 표시된다. 그리고 오늘날 경제거래는 국내시장에 한정되는 것이 아니고 국제거래와 관련을 가지고 있기 때문에 환율은 경제생활에 아주 중요한 역할을 한다고 볼 수 있다.

2. 환율표시 방법

1) 직접표시법과 간접표시법

환율의 표시방법은 외국통화를 기준으로 하여 자국통화로 표시하느냐, 자국통화를 기준으로 하여 외국통화로 표시하느냐의 두 가지 방법이 있다.

전자는 외국통화를 상품으로 보고 자국통화로 이 상품(외국통화) 1단위의 가치를 표현하는 방법으로, 직접표시법(Direct Quotation), 자국통화표시법(Rate in Home Currency), 지급계정표시법(Giving Quotation)이라고 한다. 우리나라를 포함한 대부분의 국가에서 자국 내 외환거래에 사용하고 있으며, 1 US$ = 1,000.00원, 100JPY = 1,000원 등과 같이 표시한다.

후자는 자국통화 1단위와 교환될 수 있는 외국통화의 단위수를 표시하는 방법으로, 간접표시법(Indirect Quotation), 외국통화표시법(Rate in Foreign

Currency), 수취계정표시법(Receiving Quotation)이라고 한다.

영국, 호주, 뉴질랜드 등에서 사용하고 있으며, 1 GBP = 1.5430 US$, 1 AUD = 0.5200 US$ 등과 같이 표시한다.

2) European Terms와 American Terms

European Terms는 미국의 달러(USD)를 기준통화로 하고, 미국 1 달러 단위와 교환되는 상대통화의 단위 수로 환율을 표시하는 방법이다.

JPY/USD = 100.28
원/USD = 1,000.80

American Terms는 다른 나라 통화를 기준통화로 하고, 환율을 다른 나라 통화 1단위와 교환되는 미국 달러의 단위수로 나타내는 표시방법이다.

USD/GBP = 1.5330

1978년 이후 외환시장의 은행간 거래는 미국달러에 대한 각국통화의 표시는 European Terms로 통일되어 있다. 그러나 영국과 일부 영연방국들이 외환시장의 오랜 관행상 American Terms도 표시하고 있다.

- Euro(EUR)
- Great Britain Pound Sterling(GBP)
- Australia Dollar(AUD)
- New Zealand Dollar(NZD)
- South African Rand(SAR)

3. 환율관련 용어

1) 기준통화(Fixed Currency)와 가변통화(Variable Currency)

국제외환시장에서는 기준통화/가변통화 형태로 표시하는 것이 일반적이며, GBP/US$ 1.5000이라고 하면 기준통화 GBP 1단위가 가변통화 US$ 1.5000과 같다는 뜻이다.

2) Quoting Bank와 Calling Bank

외환시장에서 Quoting Bank는 자신의 위험과 책임하에 환율을 고시하는 은행이며, Calling Bank는 Quoting Bank가 고시하는 환율을 보고 외환거래를 할 때 환율을 요청하는 은행이다.

3) Bid Rate와 Offered Rate

Quoting Bank가 기준통화를 매입하는 환율이 Bid Rate(매입률)이며, 기준통화를 매도하는 환율이 Offered Rate(매도율)이다.

4) Spread

외환 및 자금시장에서 가격을 고시할 때 Bid Rate와 Offered Rate의 차이를 의미한다. US$/JPY 환율이 107.04-107.14일 경우 스프레드는 0.10이 되나 보통 스프레드를 표시할 때는 소수점을 생략하여 스프레드는 10(흔히 10 points 또는 10pips)이 되며 이는 고시은행이 1달러를 샀다가 되팔면 0.10JPY의 이익이 발생한다는 뜻이다. 따라서 스프레드는 딜러(고시은행)의 입장에서 보면 외환매매익의 원천이 되는 반면 고객(Calling Bank)의 입장에서는 거래비용의 성격을 지닌다.

일반적으로 스프레드는 거래통화의 유동성, 거래의 빈도 및 규모, 딜러의 포지션상황, 커버거래의 난이도, 환율 전망의 불투명성 등 시장상황에 따라 수시로 변동하게 된다. 유동성이 높은 통화간의 거래나 거래빈도가 높은 통화의 스프레드는 좁게 나타나는 경향이 있고 표준거래 단위금액보다 적은 소액거래, 일시 거액거래, 환율전망이 불투명한 경우에는 확대되는 경향이 있다.

5) Big Figure

환율은 일반적으로 소수점 아래 4자리까지 표시하는데 소수점 아래 2자리까지의 숫자를 Big Figure라고 하며, 자주 바뀌지 않는 큰 숫자라는 뜻이다. GBP/US$ 1.4073에서 1.40을 Big Figure이며, 원화 및 JPY 등 소수점 아래 2자리까지 환율을 표시하는 통화는 소수점 이상의 숫자가 Big Figure가 된다.

6) Points(Pips), Two-way Quotation

환율의 소수점 아래 4째 숫자를 Point 또는 Pip라고 하며, 원화 및 JPY 등은 소수점 아래 2째 숫자를 Point 또는 Pip라고 한다. Quoting Bank가 환율을 고시할 때 Bid Rate와 Offered Rate를 동시에 고시하는 것을 Tow-way Quotation라 한다.

7) Over-The-Counter(O.T.C.) Market과 Exchange Market

외환시장은 거래소와 같은 일정장소에서 모여 거래하는 구체적인 시장(Physical Market)이 아니라 대부분 전화, 텔렉스, 로이터 딜링시스템(RMDS) 등 통신기기를 통하여 딜러간에 개별적으로 형성되는 장외시장(OTC Market)으로서 조직적인 거래소 시장과 구분된다.

4. 환율의 종류

1) 명목환율

명목환율은 우리가 통상적으로 사용하는 환율로서 양국의 물가수준을 전혀 반영하지 않은 명목상의 환율을 말한다.

2) 실질환율

통상적으로 말하는 환율인 명목환율에 양국의 물가수준을 반영한 환율을 말한다. 즉, 명목환율(e)에 외국의 물가수준을 곱하고 자국의 물가수준을 제하는 방법으로 표시할 수 있다($e \cdot P^{*}/P$). 이 경우 분자인 외국의 물가수준이나 명목환율이 올라가면 자국재화의 가격 경쟁력이 상승하게 되고, 분모인 자국의 물가수준이 높아지면 자국재화의 가격경쟁력은 하락하게 된다는 의미이다.

3) 실효환율

지금까지의 환율은 교역 상대국을 하나로 가정하여 특정 통화와의 환율로 그 나라 재화의 가격 경쟁력을 평가하는 의미를 지녔다. 그러나 현실 세계에서는 여러 나라와 교역을 하고 있기 때문에 특정 나라 통화와의 환율만으로 자국의 통화가치와 자국 재화의 가격 경쟁력을 평가하는데 한계가 있다고 할 수 있다. 따라서 여러 나라와 교역을 할 때 자국 통화의 실효가치를 측정할 필요가 있다. 이를 위해 개발한 환율형태가 실효환율이다. 실효환율은 아래 식 (4-1)과 같이 자국통화와 교역상대국 통화간의 환율을 무역량을 가중치로 기하 평균하여 구한 환율지수를 말한다.

$$I = \prod_{i=1}^{n} \cdot (e_i)^{w_i} \quad \cdots\cdots (4\text{-}1)$$

단 I : 명목 환율 지수
e_i : i 국 통화와의 환율
w_i : i 국의 교역가중치

위의 명목환율 지수를 아래와 같이 교역상대국과 자국의 물가수준을 고려하여 산출한 지수를 실질 환율지수라고 한다.

$$I_r = \prod_{i=1}^{n} \left(\frac{e_i P_i}{P_0}\right)^{w_i} \quad \cdots\cdots (4\text{-}2)$$

단, I_r : 실질 환율지수
P_i : i 국의 물가수준
P_0 : 자국의 물가수준
e_i : i 국 통화와의 환율
w_i : i 국과의 교역가중치

4) 교차환율(Cross Rate)

원래는 자국통화가 개입되지 않은 외국통화간의 환율을 의미한다. 우리나라의 경우 미국 달러화와 일본 엔화의 환율, 영국 파운드화와 미국 달러화의 환율 등이다. 뉴욕외환시장에서는 유로화와 일본 엔화간의 환율, 런던 외환시장에서는 미국 달러화와 스위스 프랑화간의 환율, 동경 외환시장에서는 유로화와 미국 달러화간의 환율 등을 Cross Rate라고 한다.

그러나 국제외환시장에서는 자국통화라는 개념이 모호한 만큼 Cross Rate의 개념은 달라진다. 국제외환시장에서 Cross Rate는 미국 달러화가 개입되지 않은 3국 통화간의 환율을 의미하며 유로화와 일본 엔화간의 환율, 영국 파운드화와 일본 엔화간의 환율 등이 있다.

제4절 환율의 역할

외환은 외환시장에서 거래되는 영구재적 속성을 지닌 금융자산 상품이다. 따라서 외환의 가격인 환율은 외환시장에서의 상품인 외환에 대해 형성되는 수요와 공급에 의해서 결정된다. 환율은 한 나라의 화폐와 다른 나라의 화폐 사이의 교환비율이며, 환율에 의해서 한 나라의 통화가치를 가늠할 수 있다.

환율은 일반적으로 외환을 분모에 두고 자국통화를 분자에 두는 방법을 채택하고 있다.[1] 따라서 환율의 변화는 돈의 가치와 반대방향으로 움직인다. 즉, 환율이 하락하면 외환인 분모에 있는 외국통화의 가격이 하락하는 의미를 나타내며 자국통화의 가치는 상승한다고 할 수 있다.

그럼 여기서 반대로 환율이 상승하면 경상수지에 어떤 영향을 미치는가를 살펴보자. 환율이 상승하면 자국통화의 가치가 하락한다. 따라서 자국 생산품의 외화 환산가격은 하락하여 수출가격이 저렴해진다. 그 결과 가격경쟁력이 상승하고 수출이 증대된다. 예를 들면 1,000,000원 짜리 상품은 환율이 미화 1달러가 1,000원일 때는 1,000달러가 되겠지만, 1,100원일 때는 약 900달러 정도 된다.

역으로 환율이 상승하면 수입은 감소하게 된다. 그 이유는 아래와 같다. 환율이 상승하면 자국통화의 가치가 하락하므로 수입품의 외환표시 가격을 자국통화로 환산할 경우 높은 가격이 된다. 예를 들면 대달러 원화환율이 1,000원에서 1,100원으로 상승했다면 1,000원일 때는 100달러짜리 물건이 100,000원이 되지만, 1,100원할 때는 110,000원으로 상승한다. 따라서 수입품의 국내가격이 상승하므로 수입에 대한 수요가 줄어서 수입이 감소하게 될 것이다. 결론적으로 환율의 상승은 경상수지를 개선하게 될 것이다.

---

1) 영국 등 영연방제국들은 예외적으로 대부분 자국통화를 분모에 둠.

[그림 4.9.a] 외환시장의 수요와 공급(환율 상승 경우)

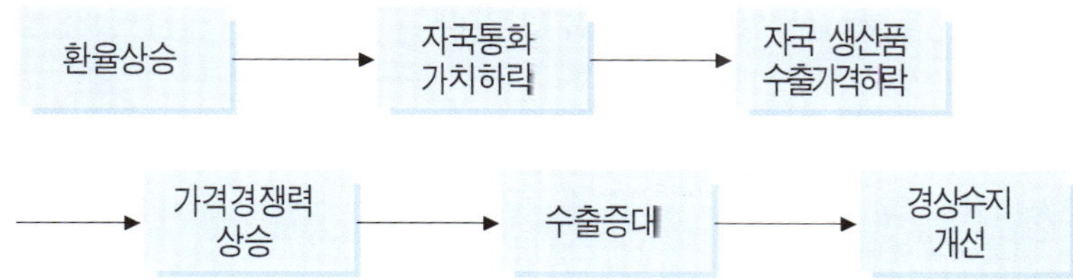

[그림 4.9.b] 외환시장의 수요와 공급(환율 하락 경우)

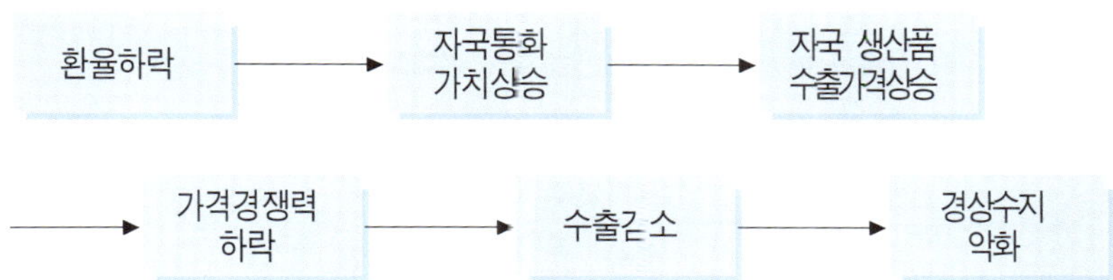

다시 말하면 환율이 상승하면 수출이 증가하여 투자와 생산이 증가하고 일자리도 늘어나면서 경제가 활성화된다. 환율이 하락할 때는 수출이 감소하는 반면 수입이 증대하여 국내투자와 생산이 위축되고 일자리도 감소하게 되어 경제가 침체하게 됨을 알 수 있다. 하지만 환율이 상승할 때 경제에 긍정적인 현상만 일어나는 것이 아니다. 환율이 상승하면 수입원자재나 수입품의 국내 통화가격이 상승하므로 국내물가가 상승하게 된다. 그리고 외국으로부터 빌린 외채상환 부담이 증가하게 된다. 환율이 상승하여 자국통화의 가치가 하락하기 때문에 외국돈을 상환할 때는 더 많은 원화를 주고 외환을 사서 갚아야 하므로 외화를 차입한 후 원금과 이자상환 부담이 늘어났다는 것을 알 수 있다. 마찬가지로 환율이 하락한다는 것이 경제에 부정적인 현상만 주지는 않는다. 국내 소비자의 선택의 폭이 넓어지면서 효용수준이 향상되며 수입 원자재나 수입품의 국내가격이 낮아지고 외채상환 부담이 줄어든다. 또한, 해외여행이나 해외투자 지출에 유리하다.

〈표 4-1〉 환율변동 요인과 환율변동 방향

환율변동요인		WON/USD 환율변동 방향	비고
현물환포지션	과다 보유	원화가격 하락(원화가치 절상)	단기영향
	과소 보유	원화가격 상승(원화가치 절하)	
주가동향	증시 활황	원화가격 하락(원화가치 절상)	단기영향
	증시 침체	원화가격 상승(원화가치 절하)	
단기원화자금(이자율중심)	상승시	원화가격 하락(원화가치 절상)	단기영향
	하락시	원화가격 상승(원화가치 절하)	
중앙은행개입	매도 개입	원화가격 하락(원화가치 절상)	단, 장기영향
	매입 개입	원화가격 상승(원화가치 절하)	
환율 기대심리	하락 기대	원화가격 하락(원화가치 절상)	단, 장기영향
	상승 기대	원화가격 상승(원화가치 절하)	
국제수지	흑자 시기	원화가격 하락(원화가치 절상)	장기영향
	적자 시기	원화가격 상승(원화가치 절하)	
국내물가수준	하락시	원화가격 하락(원화가치 절상)	장기영향
	상승시	원화가격 상승(원화가치 절하)	

요약

1. 외환시장은 외국환이나 외화로 표시된 금융자산이 사고 팔리는 거래가 일어나는 시장을 말한다. 여기서 시장이란 장소적인 개념의 시장보다는 오히려 외환이란 상품을 사고자 하는 수요자와 그것을 팔려고 하는 공급자 사이의 접촉이 이루어지는 조직 또는 상황을 말한다.

2. 화폐도 다른 재화처럼 적어도 다음의 세 가지 공통점을 가지고 있다. 첫째, 화폐도 사고 팔린다. 둘째, 화폐도 생산되는 재화이다. 즉, 미국의 경우 재무성이 지폐와 동전의 생산을 지휘하고 감독한다.

3. 외환의 수요와 공급에 의해 환율은 결정된다. 한 나라의 거주자가 다른 나라의 거주자의 상품이나 서비스를 수입한다든지 혹은 한 나라 거주자가 다른 나라에 금융투자를 하게 된다면 외환시장에 외환의 수요를 발생시키게 된다. 반면 한 나라의 거주자가 다른 나라의 거주자에게 상품이나 서비스를 수출한다든지 혹은 다른 나라의 거주자가 특정 나라에 금융투자를 하는 행위는 외환시장에서 외환의 공급을 발생시키게 된다.

토의과제

1. 외환시장이 일반적 재화시장과 다른 특성을 설명하라.

2. 외환시장의 수요와 공급을 결정하는 요소들을 열거하라.

3. 환율의 변화는 경제에 어떤 영향을 미치는가를 설명하라.

제 5 장 환율결정에 관한 이론

본 장에서는 환율이 어떻게 결정되는가에 관한 이론들을 검토하고자 한다. 환율은 이자율과 함께 국제금융에서 가장 중요한 변수 중의 하나라 할 수 있다.

환율결정에 관한 설명은 대체로 거시적 접근에 의하여 이루어져 왔다. 환율결정 이론에는 국제수지 균형에서 출발하는 국제수지접근 이론이 있고, 장기적인 관점에서의 환율결정 이론으로 구매력평가 이론이 있으며, 또 다른 하나는 자산시장균형에서 출발하는 화폐론적 이론 등을 들 수 있다. 위의 이론들을 차례로 설명하고 끝으로 위 이론들로 설명이 미치지 못하는 미시적 접근에 관한 설명을 덧붙이려고 한다.

제 1 절 전통적 환율결정 이론

단기적이라기보다는 장기적인 관점에서의 환율결정이론으로 구매력평가 이론이 있다. 구매력평가설에 의한 두 나라 통화간의 균형환율은 두 나라의 물가수준의 비율에 의하여 결정된다는 것이다. 구매력평가 이론에는 절대적인 경우와 상대적인 경우로 나눌 수 있다.

1. 구매력평가 이론

1) 절대적 구매력평가 이론

두 통화 사이의 균형환율은 두 나라의 물가수준의 비율과 같다는 것으로 일물일가의 법칙(law of one price)에 의해 동일상품의 가격을 동일통화로 표시하면 (두 가지 통화의 구매력 일치) 동일해야 한다.

절대적 구매력평가 이론에서의 두 통화간의 균형환율은 아래와 같이 표시되며,

$$R = \frac{P}{P^*}$$

여기서 R = 환율 또는 현물환율, P = 국내 물가 P^* = 국외 물가를 나타낸다.

이런 원리에서 구매력평가 이론을 다음 예를 들어 설명할 수 있다. 같은 와인 1병의 값이 우리나라에서는 10,000원이고 미국에서는 5달러인 경우에 미화 1달러에 대한 원화 환율이 U$ 1/1,000원 이면 우리나라에서 와인 1병 값은 미국에 비하여 비싸다 할 수 있다. 이러한 경우 와인 수입상들은 미국에서 이 와인을 수입하여 한국에 팔아서 이윤을 남기려 할 것이다. 그렇게

되면 우리나라에서 이 상표의 와인 값은 점차 하락하게 되어 결국에는 환율을 고려한 미국에서의 와인 값과 같아져 1병에 5,000원이 될 것이다. 즉, 이 이론에 따르면 한국과 미국 두 나라 사이의 물가수준은 동일화폐로 환산할 경우 동일하게 된다는 것이다.

이를 수식으로 표시하면 아래와 같다.

$$P = e \cdot P^* \quad \cdots\cdots (5\text{-}1)$$

식 (5-1)은 환율에 대하여 정리하면 아래의 식 (5-2)와 같아 진다.

$$e = P/P^* \quad \cdots\cdots (5\text{-}2)$$

이 식의 의미는 환율은 바로 두 나라 간의 물가수준의 비율과 같아진다는 것이다. 즉, 국가간에도 일물일가의 법칙이 성립한다는 것이다.

그러나 자본계정을 완전히 무시한 채 상품 및 서비스 무역만이 균형이 되도록 하는 환율을 결정하는 것으로 보인다. 따라서 상품 및 서비스 무역만 균형이 되도록 하는 환율이 결정되면 자금이 유출되는 국가의 국제수지는 적자가 되고 자금이 유입되는 국가의 국제수지는 흑자가 된다. 현실적으로는 관세 및 운송비 등에 의해서 동일한 재화에 대해서도 나라 간에 가격차이가 엄연히 존재하고 있다. 이론과 현실에 괴리가 있음을 부인할 수 없는 상황이다. 또한, 비교역상품과 비교역 서비스가 존재하기 때문에 절대적 구매력평가 이론으로는 상품 및 서비스 무역의 균형을 달성할 수 있는 환율 조차도 결정할 수 없다.

2) 상대적 구매력평가 이론

상대적 구매력평가설은 현실적으로 보다 유용한 이론으로서 환율변화율은 두 나라 물가상승률의 차이와 같다는 의미이다. 즉,

$$\hat{e} = \hat{P} - \hat{P}^* \quad \cdots\cdots (5\text{-}3)$$

식 (5-3)과 같이 표현될 수 있다. 여기서 "^"은 변화율을 나타낸다.

절대적 구매력평가 이론이 성립하면 상대적 구매력평가 이론도 성립하지만, 상대적 구매력평가 이론이 성립한다고 해서 절대적 구매력평가 이론이 반드시 성립하지는 않는다. 교역상품과 교역 서비스 가격에 대한 비 교역상품과 비교역 서비스 가격의 비율이 개발도상국 보다 선진국에서 체계적으로 높다는 사실이며, 따라서 개발도상국의 환율을 과소평가하고 선진국의 환율을 과대평가하는 경향이 있으며 발전수준의 격차가 클수록 이러한 왜곡의 정도도 커질 수 있다.

이 방정식에 따르면 환율의 변화율은 자국물가의 변화율에서 타국물가의 변화율을 뺀 것과 같아진다는 것이다. 예를 들어보자. 양국의 물가수준이 잘 반영된 미국 달러에 대한 원화 환율(e)이 U$1/1,200원이라고 하자. 그런데 만약 미국의 물가수준은 변화하지 않는 상황에서 한국의 물가수준만 2배로 변화하였다 하자. 그렇게 되면 미국 달러에 대한 원화 환율도 U$1/2,400원으로 변화하여야 할 것이다. 그래야만 두 나라 사이에 일물일가의 법칙이 성립할 것이고 구매력평가 이론과 부합하게 될 것이다. 두 나라 사이에 수송비나 무역에 대한 장벽은 없고 경제구조에 대한 변화가 없는 한 환율은 두 나라 사이의 물가수준 변화분의 차이와 같아지는 경향이 있다는 것이다.

이 이론은 환율이 국제수지가 균형을 이루는 수준에서 결정된다는 견해에서 출발하고 있다. 국제수지가 적자인 경우에는 외환에 대한 초과수요로 환율의 상승을, 국제수지가 흑자일 경우에는 외환의 초과공급으로 환율의 하락을 초래하게 된다는 것이다. 국제수지접근 이론에는 경상수지만이 환율결정에 중요한 영향을 미친다는 케인스 이론과 경상수지뿐만 아니라 자본수지도 환율결정에 중요한 요소가 된다는 먼델-플레밍 이론으로 나누어 설명하고자 한다.

2. 환심리설

Aftalion이 주장한 설로서 환율은 수요자가 외환을 보유함으로써 얻게 되는 기대에 의하여 결정된다는 설이다.

환율을 결정하는 요인에는 질적 요인과 양적 요인이 있으며, 질적 요인에는 구매력・채무지급능력・환율예상 등이 있으며, 양적 요인에는 외환의 수요・공급량이 있다.

그러나 국제대차설은 양적 요인에, 구매력평가설은 질적 요인에 치중하였으므로 Aftalion은 양측면을 모두 고려하여야 한다고 주장하였다. 특히 환율은 구매력평가설과 같이 물가수준의 영향을 받는 것이 아니라, 먼저 "어떤 요인"에 의하여 환율이 변동되고 그 결과로 물가수준이 영향을 받는다는 것이다. 그리고 "어떤 요인"을 인간적인 심리에서 구하고 있다. 또한 심리적 근거란 추측, 예측, 투기 등을 말하는 것이 아니라 주관적 가치설인 한계효용가치설에 근거하여 화폐가치에 대한 장래예견에서 생기는 심리적 구매력평가설과 같이 외환의 수요에서 이론을 시작하지만 수요를 결정하는 것은 구매력이 아니라 수요자가 외환을 보유함으로써 무엇인가를 예상할 수 있는 기대라는 것이다.

환심리설은 종래 외환결정론에서 도외시하던 자본도피, 외환투기에 대하여 규명함으로써 높은 평가를 받고 있으나, 다음과 같은 단점을 가지고 있다. ① 한계효용학설에 기초하여 개인적, 주관적 가치에서 출발하고 있으나 외환에 대해서도 일반소비재와 마찬가지로 한계효용학설을 적용할 수 있는지 의문이 있다. ② 장래에 대한 예상을 중시하고 이를 심리적 작용이라고 하지만 그 뒤에 객관적 사실이 있다고 보기 어렵다.

3. 국제수지접근 이론

국제환율은 외환의 수급에 따라 변동하며, 외환의 수급관계는 국제간의 대차관계에 따라 결정된다고 하는 이론이다. 국제환율에 관한 고전적 이론은 고센(Gossen, H. H.)에 의해 체계화되었으며 금본위제도를 배경으로 형성된 대표적 환율이론이다. 국제간에 대차관계가 생기는 것은 국제간에 각종 경제거래가 행해지기 때문이며 특히 상품거래를 중심으로 하는 국제거래는 필연적으로 국제간에 대차관계를 발생시킨다. 여기서 이 대차결제를 위한 외환거래가 발생한다. 즉, 채권회수를 위한 외환의 매각(외환 공급)과 채무결제를 위한 외환의 매입(외환 수요)이 발생하며 따라서 국제대차관계는 외환의 수급, 즉 환율변동의 원인이 된다. 여기서 국제대차는 현대적 입장에서 보면 국제수지이며 이 설을 국제수지접근 이론이라고도 한다.

국제수지접근 이론은 외환의 수급에 따라 국제수지가 흑자이면 국내통화가 평가절상 되고, 적자이면 평가절하 된다는 논리다. 국제수지접근 방법(flow 접근방법)에 의하면 국제수지의 불균형이 외환의 수급 불균형을 초래하므로 국제수지결정요소들이 환율의 결정요소들이다. 즉, 경상수지에 영향을 주는 국내실질소득(Y), 외국의 실질소득(Y^*) 및 국내 상품의 상대가격(P/P^*)과 자본수지에 영향을 주는 국내 명국이자율(i), 외국의 명목이자율(i^*)이 환율을 결정한다.

국제수지 접근방법에 의하면 국내실질소득의 증가는 수입수요 증대로 외환수요를 증가시켜 환율상승을 초래하며 외국의 실질소득 증가는 자국의 수출증가로 인한 외환공급 증가로 환율하락을 초래한다. 한편 국내가격의 상대가격 상승은 수입상품으로의 수요전환을 일으켜 외환수요가 발생하여 환율상승을 초래한다. 또한 국내 이자율이 상승하거나 외국 이자율이 하락하면 해외투자보다 국내투자가 유리하게 되어 국내 금융자산 구매로 인한 환율하락을 초래한다.

1) 케인스 이론

유량모형 중 가장 대표적인 모형으로 국제수지 중 경상수지를 강조하는 탄력성이론을 들 수 있다. 이 이론은 경상거래만을 자율적 거래로 보고 경상수지 균형을 곧 국제수지 균형으로 간주한다. 국제적 자본이동이 직접적으로 통제되는 경우 국제수지는 자본수지보다 경상수지에 의해 영향을 주로 받고 따라서 균형환율은 경상수지가 균형수준에서 결정된다.

케인스 환율결정 이론은 환율이 상품과 서비스의 국가간 무역에 영향을 받는다는 것이다. 그래서 우리는 흔히 이 이론을 무역과 탄력성이론이라고 한다. 이 이론에 따르면 균형환율은 한 나라의 수출과 수입의 차인 무역수지에 의해서 영향을 받게 된다는 의미이다.

이 이론에서는 경상거래만을 자율적 거래로 간주하고 경상수지의 균형이 바로 국제수지의 균형을 나타낸다고 보는 견해이다. 즉, 다음과 같은 경상수지의 균형시점에서 균형환율이 결정된다는 것이다.

$$BP = CA = X - M = 0 \quad \cdots\cdots (5\text{-}4)$$

여기서 X는 수출을 나타내고 M은 수입을 나타낸다. 수출은 외환의 공급요인이 되고 수입은 외환의 수요요인이 되는 것이다. 한 나라의 수출이 증가하면 경상수지가 흑자로 되어 외환의 공급이 증가하여 외환의 가격인 환율은 하락하게 될 것이다. 반대로 수입이 증가하게 되면 경상수지가 적자가 되어 외환의 수요가 증대하게 되어 외환의 가격인 환율이 상승하게 된다.

2) 먼델-플레밍 이론

이 이론은 환율결정에 대해 경상수지뿐만 아니라 자본수지의 중요성까지도 고려한 것으로 이자율차익을 노린 자본거래도 자율적 거래에 속하는 것으로 본다. 따라서 경상수지와 자본수지를 합한 종합수지를 국제수지로 간주하고 국제수지의 균형수준에서 환율이 결정된다는 견해이다. 먼델-플레밍 환율결정이론에 따른 국제수지 균형식을 아래와 같이 식(5-5)로 나타낼 수 있다.

$$BP = CA + KA(i - i^*) \quad \cdots\cdots (5-5)$$

여기서 CA 는 경상수지이고, KA 는 자본수지를 나타내며 이는 국내외의 이자율 차이의 함수이다. 국제간의 이자율 차이로 인한 자본거래가 빈번하게 발생하는 시기에는 이 이론의 설명력이 높아가고 있다고 할 수 있다.

자본수지에는 직접투자에 의해 발생되는 직접투자(*FDI*)수지, 유가증권(파생상품 포함)의 투자에 의해 발생되는 증권투자수지 및 기타 차입 등에 의해 발생되는 기타투자수지 등이 있다.

이 이론을 이용해 환율변화를 설명하는 경우, 어떤 경제적인 변화가 경상수지와 자본수지를 합한 종합수지를 흑자로 전환시키는 것인가 아니면 적자로 전환시키는 것인가를 설명하면 된다. 경상수지에 영향을 미치는 요인은 탄력성 이론과 동일하다 할 수 있고 자본수지에 영향을 미치는 대표적인 요인은 이자율이다. 추가적으로 먼델-플레밍 이론에서는 물가변화, 소득변화, 이자율변화, 통화량 변화 등 동일한 요인들이 경상수지 및 자본수지에 각각 어떠한 영향을 미치는가에 따라 환율에 대한 영향이 케인즈 이론과는 다르게 나타난다.

같은 소득이 증가하는 경우라도 어떤 방법으로 증가하게 되었는가에 따라 환율의 증감이 달라진다. 확장적 재정정책의 효과로 인해 소득이 증가했다면 소득증가와 국내물가 상승에 따라 경상수지가 악화가 되고 이에 따라 환율이 상승할 것이다. 하지만 확장적 재정정책에 따른 이자율 상승효과 때문에 자본수지가 흑자가 되고 이에 따라 종합수지가 흑자가 되어 환율하락의 가능성이 있는 것이다.

이처럼 어떤 경제적 변화는 경상수지와 자본수지에 상충되는 효과를 유발하고 따라서 전체적인 국제수지가 흑자가 되는지 아니면 적자가 되는지 판단하기가 모호한 경우가 많이 발생할 수 있다.

제 2 절 현대적 환율결정 이론

자산시장접근법(Asset Market Approach)은 1970년대 변동환율제도가 실시된 후 활발히 논의되기 시작한 저량(stock)적 접근법이다. 즉, 환율은 자산시장에서의 국내외 자산의 저량으로서의 수요와 공급에 의해 결정된다는 것이다. 이 접근법은 국내채권과 외국채권간의 대체성 여부에 따라 통화론적 접근법(Monetary Approach)과 포트폴리오 잔고 접근법(Portfolio Balance Approach)으로 나누어진다.

자산시장이 국내화폐, 국내채권, 외국화폐, 외국채권 등 4개의 시장으로 구성되어 있으며 전체 자산시장은 항상 일반균형을 달성한다고 가정할 때, 만일 국내채권과 외국채권이 완전 대체적(perfect substitutes)이라면 두 자산은 서로 무차별하므로 동일한 자산으로 취급된다. 그리고 일반균형이 성립하므로 '발라의 법칙'(Walras' law: 모든 시장에서 어떤 가격 체계 하에서도 총초과수요가치의 합은 항상 "0"이 된다는 주장)에 따라 2개의 시장만이 독립된 시장이다. 따라서 국내외 채권이 완전대체적인 경우에는 환율은 국내화폐와 외국화폐간의 저량으로서의 상대적 수요와 공급에 의해 결정된다는 것이 통화론적 접근법이다. 반면에 포트폴리오 잔고 접근법은 국내채권과 외국채권이 불완전 대체적(imperfect substitutes)일 경우 환율은 국내채권과 외국채권을 포함하는 전체 포트폴리오의 상대적 수요와 공급에 의해 결정된다는 이론이다.

1. 통화론적 접근법

이 이론은 무역과 탄력성 접근과는 반대로 환율은 국가간 화폐의 흐름에 의하여 결정된다는 것이다. 바꾸어 말하면 각국의 화폐에 대한 수요와 공급이 균형화되는 과정에서 환율이 결정된다는 것이다.

각국의 화폐공급은 각국의 통화당국에 의해서 독립적으로 결정된다. 반면 화폐수요는 그 나라의 국민소득과 이자율에 의해서 결정된다.

$$M/P = L(Y,\ i) \quad \cdots\cdots \quad (5\text{-}6)$$

여기서 M 은 화폐공급량, P 는 물가수준, L 은 화폐수요, Y 는 국민소득, i 는 이자율을 나타낸다. 소득이 높으면 높을수록 화폐에 대한 거래적 수요는 많아진다. 반면 이자율이 높으면 높을수록 채권이나 다른 금융자산을 갖는 대신에 현금을 보유하는 행위에 대한 기회비용은 높아진다. 따라서 이자율과 관련된 투기적 화폐수요는 이자율과 역의 관계를 유지한다. 즉, 이자율이 높으면 화폐의 수요는 적어지고 이자율이 낮으면 화폐의 수요는 많아진다.

이 이론을 아래 두 나라의 화폐시장 균형조건을 이용하여 설명해 보기로 하자.

$$M/P = L(Y,\ i)\ \text{(자국 화폐시장의 균형조건)} \quad \cdots\cdots \quad (5\text{-}7)$$
$$M^*/P^* = L^*(Y^*,\ i^*)\ \text{(외국 화폐시장의 균형조건)} \quad \cdots\cdots \quad (5\text{-}8)$$

식 (5-8)을 식 (5-7)로 나누어 정리하면 아래를 얻을 수 있다.

$$M^*/M \times P/P^* = L^*(Y^*,\ i^*)/L(Y,\ i) \quad \cdots\cdots \quad (5\text{-}9)$$

식 (5-9)에서 구매력평가설에 의한 P/P^* 대신 환율(e)에 대하여 정리하면 아래를 얻는다.

$$e = M/M^* \times L^*(Y^*,\ i^*)/L(Y,\ i) \quad \cdots\cdots \quad (5\text{-}10)$$

위 식을 이용하여 환율결정 이론을 설명해 보자.

환율결정에 관한 화폐론자들의 견해에 따르면 자국의 화폐공급량(M)의 증가는 화폐시장에서 수요에 비해 과잉공급 상태를 유발시켜 국내통화의 가치가 하락함을 이해할 수 있다. 식 (5-10)에서도 화폐공급(M)의 증가는 환율의 상승을 가져온다는 것을 알 수 있다.

자국 국민소득(Y)이 증가하면 화폐시장에서 자국통화에 대한 수요가 증가하여 자국통화의 가치가 상승하게 된다. 즉, 환율하락 현상이 일어나게 된다. 이 경우는 앞에서 논의한 무역과 탄력성 접근 이론에서 국민소득 증가는 수입을 증대시켜 환율상승을 초래시킨다는 경우와 반대이다.

자국의 이자율이 상승하게 되는 경우에는 국내통화에 대한 수요의 감소를 가져와 국내통화의 가치를 하락시킨다. 즉, 환율상승을 초래하게 된다.

이 결과는 이자율 상승이 자본유입을 가져오게 해 외환의 가치를 하락시켜 환율이 하락된다는 먼델-플레밍 모형의 결과[1]와 다르다.

1) 신축적 가격모형

신축적 가격모형(flexible price model)은 통화론적 접근법의 한 유형으로 재화시장에서의 가격조정이 완전 신축적이어서 자산시장에서의 환율조정과 거의 동시에 이루어진다고 본다. 재화시장에서의 수급 불균형이 발생하면 가격이 즉각적으로 조정되어 재화시장을 균형으로 회복시킨다는 것이다.

신축적 가격모형은 고전학파 거시경제모형과 관련이 있으며 가격, 명목금리, 명목환율과 같은 명목변수들은 소득, 고용, 국제수지 등과 같은 실질변수와는 완전히 독립적으로 결정된다. 그러므로 환율은 화폐의 수요, 공급과 같은 명목적 변화에 의해 결정되고 소득변동이나, 국제수지변화와 같은 실질변

1) Fleming, J. Marcus, "Domestic Financial policies under Fixed and Floating Exchange Rates," International Monetary Fund Staff Papers 9, No.3, November 1962; Mundell, R. A., "Capital Mobility and Stabilization Policy under Fixed and Flexible Exchange Rates," Canadian Journal of Economics, 1963; 김인준 · 이영섭, 『국제금융론』, 제2판, 율곡출판사, 2008, 291쪽; 정현식 · 김기홍 · 차명준, 『국제금융론』, 1999, 370쪽.

화와는 관련이 없다고 본다.

통화량 변동에 대해 물가, 환율 등의 모든 명목변수들이 비례적 변화를 나타낼 것이므로 신축적 가격모형 하에서는 물가와 환율간의 관계를 주장하는 구매력평가설이 장기는 물론 단기에서도 성립한다.

[그림 5.1]은 통화량이 100에서 110으로 상승했을 때 신축적 가격모형 하에서의 물가, 명목금리, 명목환율의 변동을 보여준다. 명목변수인 통화량이 변했을 때 다른 명목변수인 물가, 명목금리, 명목환율 모두 동시에 동일한 변화를 나타낸다는 것이다.

[그림 5.1] 신축적 가격모형하에서 통화량 증가 효과

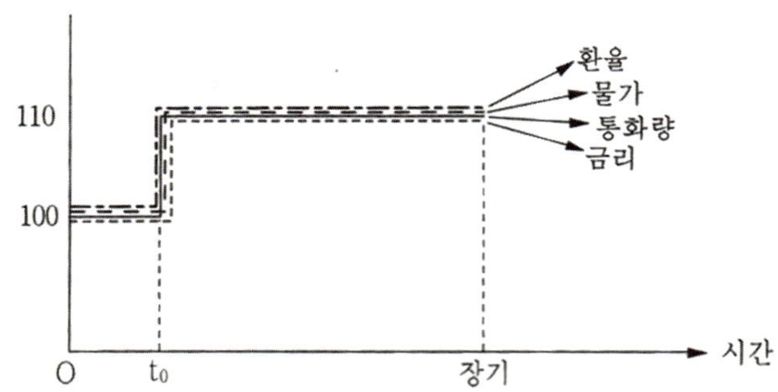

2) 경직적 가격모형

경직적 가격모형(sticky price model)은 돈부시(R. Dornbusch) 의 주장으로, 단기에는 가격이 경직적이라는 가정에서 출발한다. 그러므로 통화량 증가와 같은 충격이 있을 때 자산시장에서 환율은 즉각 변동하는데 반해 재화시장에서의 가격은 단기에는 경직적이다가 서서히 변하기 시작하여 장기균형으로 수렴한다고 본다.

따라서 경직적 가격모형에서는 구매력평가설이 장기에서는 성립하지만 단기에서는 성립하지 않는다. 이 모형은 가격경직성을 가정한다는 점에서 케인즈 모형이라고 부르며, 단기의 과도한 환율변동(excess volatility)을 설명한다고 하여 '오버슈팅(overshooting)모형'이라고도 부른다.

[그림 5.2]를 이용해 오버슈팅에 대해 살펴보면, 화폐시장이 초기에 균형점 *A*에 있고 초기 환율은 *S0* 이고 물가는 *P0* 이다. 만약 정부가 통화량을 증가시키면, 화폐시장은 초과 화폐공급 상태가 되어 화폐시장에서 금리가 가장 먼저 반응하여 금리가 낮아지고 자본유출이 발생하여 자본수지가 악화된다. 자본수지의 악화는 즉각적으로 환율인상을 초래하므로 환율이 장기균형환율보다 과도하게 인상된다는 것이다.

[그림 5.2] 환율의 과도한 변동(overshooting)

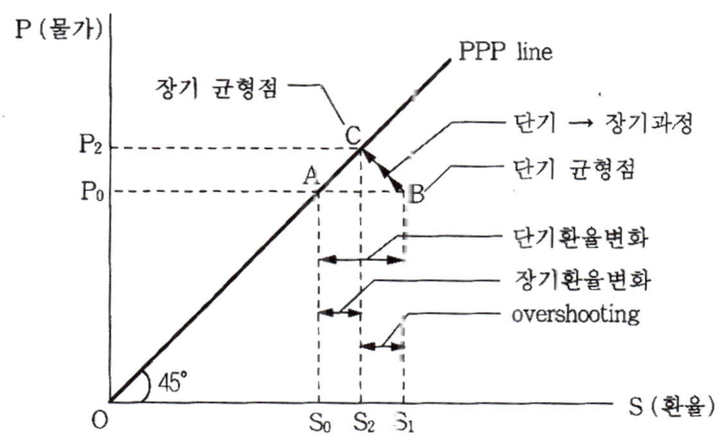

이처럼 환율이 단기적으로 장기균형환율보다 과도하게 반응하는 이유는 초기 환율이 인상될 때 물가는 아직 반응을 하지 않고 있다. 한편 환율인상에 따라 수출입은 단기에는 가격조정만 있고 수량조정은 이루어지지 않으므

로 J-Curve 효과가 발생하여 무역수지가 악화된다. 따라서 환율은 가격경직성과 J-Curve로 인한 무역수지 악화까지 포함하여 조정되어야 하므로, 결국 환율은 단기에는 장기균형환율을 *S2* 보다 과도하게 반응하여 점 *B* 까지 상승한 *S1* 이 된다. *S2~S1* 만큼을 오버슈팅(overshooting)이라고 한다.

오버슈팅과 함께 환율이 장기균형환율보다 저평가되면 투자자들은 저평가된 통화에 대한 투자를 증가시킨다. 그 결과 외환유입이 발생하고, 이것이 무역수지 적자를 보전함으로써 외환시장의 단기 불균형을 해소해준다. 그러나 시간이 흐르면서 재화시장의 물가가 서서히 상승하기 시작하고 물가상승은 실질잔고를 낮춰 이자율을 상승시키고 자본유입을 촉진한다. 동시에 수출입에 있어 수량조정이 서서히 일어나면서 무역수지도 흑자를 나타내기 시작한다. 이러한 자본수지와 무역수지의 흑자는 환율을 하락시키며 장기균형환율은 *S2*로 수렴한다. 장기조정과정은 [그림 5.2]에서 *B* 점에서 *C* 점으로 균형이 이동하는 것으로 나타나고 있다.

경직적 가격모형이 설득력 있는 이유는 첫째, 환율과 물가간의 단기간의 괴리, 즉 구매력평가설이 단기에 성립하지 않는 이유를 설명해준다. 이 이론에 의하면 환율은 단기적으로 오버슈팅되는데 반해 물가는 경직적이므로 단기에 구매력평가설이 성립하지 않는다. 둘째, 점 *B* 점에서 점 *C* 로의 이동과정은 물가상승과 평가절상이 동시에 일어나는 것을 설명해준다.

2. 포트폴리오 균형모형

포트폴리오 균형모형은 투자자들이 투자대상 자산간의 기대수익률이나 위험프리미엄에 따라 그들의 자산을 최적 배분하는 과정에서 환율이 국내외 증권의 상대적 공급에 의해 결정된다는 이론이다.

통화론적 접근모형과는 달리 국내외 금융자산의 불완전 대체성을 전제로 하며 이는 각기 다른 화폐로 표시된 자산은 다른 자산으로 취급되어야 한다는 것으로 국내외 채권시장에 대한 분석이 필요하게 된다.

자산시장 접근법에서는 개인과 기업이 국내통화, 국내채권 및 외화표시 해외채권을 결합하여 보유하는데 국내외 채권보유 동기는 이자수입 때문이다. 그러나 채권보유에는 채무불이행이나 채권의 가격변동에 따른 위험이 수반된다. 국내외 채권의 불완전 대체재 가정 외에도 해외채권의 보유에는 환위험과 국가위험이 수반된다. 반면 국내통화를 보유하면 위험은 없지만 이자를 얻을 수 없다.

자산시장모형에서 국내통화(M), 국내채권(D) 및 해외채권(F)의 수요는 국내 및 해외이자율(i, i^*), 외환의 기대 평가상승률(EA), 국내의 거주자가 해외채권을 보유할 때 수반되는 추가적인 위험을 보상하기 위한 위험프리미엄(RP), 실질 GDP 또는 생산량(Y), 물가(P), 부(W)의 함수이다. M, D, F에 대한 수요를 각각의 공급과 같게 하면 국내통화, 국내외 채권의 균형거래량, 국내외 균형이자율 및 균형환율을 구할 수 있다. 이 자산들은 서로 대체재이므로 모형에 포함된 변수들 중 어느 하나라도 변화하면 기타 다른 변수들도 영향을 받는다. 따라서 환율은 각각의 금융시장에서 균형이 동시에 달성되는 과정에서 결정된다.

국내 이자율(i)이 상승하면 국내채권 수요가 증가하고 해외채권 및 국내통화 수요는 감소한다. 따라서 해외채권 매도, 국내채권 매입하므로 해외채권 가격은 하락하고 해외 이자율은 상승하며, 국내로 자금이 유입됨에 따라 국내 이자율의 상승은 둔화된다. 이 과정에서 국내통화 매입 및 외국통화 매도가 발생하므로 변동환율제도에서는 국내통화는 평가상승하고 외국통화는 평가하락하고, 고정환율제도에서 국제수지는 흑자가 된다.

다른 예로 외환의 기대 평가상승률(EA)이 상승하면 M, D가 감소하고 F가 증가한다. M, D 감소로 국내 이자율은 하락하지만 국내 거주자들이 해외채권을 매입하기 위해 국내자금이 유출됨에 따라 i의 하락은 완화되고 i^*는 하락한다. F 의 증가로 외환수요가 증가해 외환은 평가상승하고 국내통화는 평가하락하는데, 그 결과 EA 의 상승분도 어느 정도 완화된다.

마지막으로 국내에서 실질소득 또는 GDP가 상승하면 M 이 증가하고 D, F 는 감소한다. F 의 감소로 변동환율제도에서는 국내통화가 평가상승하고 고정환율제도에서 국제수지는 흑자가 된다.

이러한 변화는 모든 시장에서 균형이 동시에 달성될 때까지 모형 내 모든 변수들은 또다시 영향을 받을 것이다. 일단 균형에 다시 도달하게 되면 환율은 더 이상 변화하지 않고 국제수지 불균형은 해소될 것이다.

제 3 절 환율결정의 새로운 접근

1. 이자율평가설

환율결정이론이란, 외환에 대한 수요와 공급이 어떤 변수에 의해 영향을 받으며 그러한 변수들 사이에 어떤 관계가 있는지를 설명하는 것이다. 그런데 이러한 환율결정원리를 분석하는 모형은 국제경제 환경의 변화를 반영하고 있다. 즉, 1970년대까지는 주로 경상수지의 변화에 의해 환율이 결정된데 반해 1980년대 이후에는 국제간의 자본이동의 증가로 자본수지의 변화가 환율변동에 가장 중요한 요인으로 등장하게 되었는데 환율결정이론도 이러한 환경변화에 따라 변천하였다.

환율결정이론으로는 크게 두 가지가 있다. 하나는 실물시장의 관점에서 본 '구매력 평가설'이고, 다른 하나는 자본시장의 관점에서 본 '이자율 평가설'이다.

구매력 평가설은 양국간 재화나 서비스에 대한 구매력이 같아지는 선에서 환율이 결정된다고 설명한다. 즉, 양국간 완전한 자유무역을 가정할 때 일물일가의 법칙에 따라 물건 값이 동일해지는 수준에서 균형환율이 성립한다고 본다. 미국의 맥도날드 '빅맥'의 가격을 비교해 만든 '빅맥 지수'가 바로 이 가설에 근거하고 있다.

구매력 평가설이 자유무역을 가정했다면 이자율 평가설은 양국 간 자유로운 자본이동을 전제로 한다. 이자율 평가설은 국가간 자본이동에 아무런 제약이 없다면, 투자자가 갖고 있는 국내통화를 국내에 투자하건 외국통화로 바꾸어 외국에 투자하건 그 투자에 따른 수익률은 같아야 한다는 것이다. 이 가설 하에서는 양국간 자본수익률이 일치하는 지점에서 환율이 결정된다. 가령 한국의 명목이자율이 미국에 비해 높다면 그만큼 환율이 상승한다.

구매력 평가설	환율변동이론	이자율 평가설
실물시장, 상품수지	관점	자본시장, 자본수지
자유무역	전제	자유로운 자본 이동
재화나 서비스에 대한 구매력 일치 시점	환율의 결정	자본 수익률의 일치 시점

예를 들어 국내통화 1원을 국내에 투자하면 1년 후에 $(1+r)$원을 받는다. 여기서 r 은 우리나라의 이자율이다. 반면 1원을 미국에 투자하려면 먼저 현재 환율로 원화를 달러로 바꿔야 한다. 이때 1원을 달러로 바꾸면 1/환율이 되고 이것을 미국에 투자하면 1년 후에 $1(1+r)$/환율 달러를 받게 된다. 이자율 평가는 "국내금리 = 외국금리 + (미래 환율 − 현재 환율) / 현재 환율" 식으로 표현된다.

이자율 평가설의 한계는 현실에서는 상품거래와 자본거래가 동시다발적으로 발생한다는 것이다. 또한, 아무리 개방된 경제라 하더라도 완전한 자유무역과 자본이동은 사실 존재하지 않는다. 더구나 이들 이론은 장기 균형점을 찾기 위한 것으로 단기적인 변동을 일일이 설명하는 데 한계를 보인다.

이를 국제피셔효과로 설명하면, 두 나라 통화간 현물환율은 양국간 금리격차와 반대방향으로 움직인다고 가정한다. 즉, 표시통화만 다르고 위험과 만기가 동일한 금융상품간의 금리차이는 두 통화간 환율의 기대변동률과 같다는 것이다. 국제자본 이동에 대한 통제가 없다면 위험중립형 투자자들은 기대수익이 가장 큰 곳에 자금을 운용할 것이다. 두 나라 간 이자율이 동일하지 않다면 투자자들은 이자율이 높은 국가로 자금을 이동할 것이므로 결국 전 세계적으로 실질수익률이 동일하게 되고, 각국의 명목금리 격차는 단지 각국의 인플레이션 예상치의 차이에 불과하게 된다.

국제피셔효과는 금리효과와 환율효과가 서로 상쇄되지 않으면 시장 불균형이 일어나 자본이 이동할 것이라고 말해주고 있는데, 자본자유화와 관련하여 단기유동성 국제적 투기자금, 즉 핫머니의 유출입에 의한 자본시장 교란의 근본적인 원인을 말해주고 있다.

2. 뉴스 및 투기적 거품 접근

뉴스접근법은 거시경제 환율결정모형에 뉴스의 역할을 도입하여 환율의 움직임을 설명하고자 하였다. 즉, 외환은 자산의 속성을 가지고 있기 때문에 현재 외환의 가격인 환율은 기대환율 변동에 크게 영향을 받는다. 그런데 새로운 정보, 즉 예상하지 못한 뉴스의 출현은 시장참가자의 기대환율을 변동시키고, 나아가 현재 환율을 변동시킨다. 뉴스접근법은 외환시장이 어떠한 뉴스에 어떠한 방향으로 얼마나 설명할 수 있는가에 초점을 두고 있다. 그런데 환율예측오차를 환율을 결정하는 기초경제변수의 예상하지 못한 변화로 설명할 수 있다면, 이는 환율이 외형상 무작위행보(random walk)를 하는 것처럼 보여도 사실은 기초경제변수들과 밀접한 관련을 갖고 움직이는 것을 의미한다. 뉴스접근법에 대한 실증연구는 환율변동의 상당부분이 기초경제변수에 대한 새로운 뉴스에 기인하고 있음을 보여주고 있다. 그럼에도 불구하고 환율의 변동성이 뉴스의 변동성보다 훨씬 큰 것으로 나타나고 있어 뉴스접근법도 환율의 변동성에 대해 충분한 해답을 제공하지 못하고 있다.

투기적 거품접근은 외환시장 참가자들이 합리적으로 행동을 하더라도 외환시장의 속성상 환율이 과도하게 변동할 수 있다고 본다. 투기적 접근법은 환율이 주식, 부동산가격 등 다른 자산의 가격과 마찬가지로 장래에 대한 예상에 크게 영향을 받는다는 것을 강조한다. 미래에 대한 예상의 변화는 환율을 안정시키기도 하지만 때로는 환율을 크게 변동시킬 수도 있다. 환율변동이 기초경제변수가 아니라 자기실현적 기대에 의존하는 것을 의미한다. 이러한 과정이 지속되다 보면 환율이 기초경제변수의 움직임과 관계없이 과도하게 상승하거나 하락하는 투기적 거품현상이 나타나게 된다. 투기적 거품접근은 예상의 역할을 강조함으로써 환율의 과대한 변동을 설명하고 있으나 몇 가지 문제점을 가지고 있다. 우선 거품을 발생시키는 최초의 요인에 대한 설명이 없으며, 어떠한 경우에 거품이 붕괴되고 또는 되지 않는가를 설명하지 못한다. 나아가 고정환율제도보다 변동환율제도에서 투기적 거품이 빈번하게 발생하는가도 설명하지 못하고 있다.

3. 미시구조적접근

환율결정의 미시구조적접근은 외환시장의 미시구조적 형태에 대한 분석, 미시구조적 현상의 발생원인과 미시구조적 특징이 환율변동에 미치는 경로를 파악하기 위한 노력으로 나누어 볼 수 있다.

미시구조적 행태는 첫째, 외환거래량 및 환율의 움직임은 시간에 따라 다르게 나타난다. 둘째, 외환거래가 활발해지면 환율의 변동성이 커지는 경향이 있기는 하지만, 이는 외환거래의 원천에 따라 달라질 수 있다. 셋째, 외환거래량이나 환율의 변동성과 같은 미시적 정보가 일종의 거래비용이나 불확실성의 지표로 활용되는 환율스프레드에 영향을 미치고 있다.

미시구조적 행태의 발생원천은 외환시장 참가자들 간 환율변동에 대한 예상이 다르기 때문에 외환거래량이 증대된다. 환율의 급격한 변동도 환율에 대한 예상의 차이 때문에 발생한다.

노이즈거래 모형은 기술적 분석과 전통적 분석간 상호작용에 의해 때로는 정상적인 듯한 움직임을 보이고, 때로는 비정상적인 듯한 움직임을 나타내는 구조를 설명하고자 하고 있다. 이 모형은 투기행동과 투자행동간 비중이 변함에 따라 외환에 대한 수요가 변화하고, 이에 따라 환율도 변동함을 제시하고 있다.

요약

1. 환율결정이론에는 국제수지 균형에서 출발하는 무역과 탄력성 이론이 있고, 장기적인 관점에서의 환율결정이론으로 구매력평가 이론이 있으며, 또 다른 하나는 자산시장평균에서 출발하는 화폐론적 이론 등을 들 수 있다.

2. 무역과 탄력성 환율결정이론은 환율이 상품과 서비스간의 국가간 무역에 영향을 받는다는 것이다. 이 이론에서는 경상거러만을 자율적 거래로 간주하고 경상수지의 균형인 시점에서 균형환율이 결정된다는 것이다.

3. 환율에 대한 화폐론적 이론은 무역과 탄력성 접근과는 반대로 환율은 국가 사이의 화폐의 흐름에 의하여 결정된다는 것이다.

토의과제

1. K국이 지금까지 평균적으로 2억 달러의 경상수지 흑자를 유지하다가 지난달 2억 5천만 달러의 경상수지 흑자를 보게 되었다면 무역과 탄력성 환율결정이론에 근거할 때 환율은 어떻게 변화하겠는가?

2. 국내 이자율의 하락이 환율에 어떤 영향을 미치는지를 무역과 탄력성 이론 관점과 화폐론적 이론 관점에서 구분하여 설명하라.

3. 국내의 물가가 상승하였을 때 환율에는 어떤 영향을 미치는지를 구매력평가 이론에 근거하여 설명하라.

제 6 장
국제통화제도의 변천

국제통화제도는 1880년부터 1914년까지의 금본위제도에서 출발하여, 제1・2차 세계대전 사이에 급격한 환율변동이 일어났던 일종의 변동환율제도, 그리고 제2차 세계대전 후의 IMF체제하의 금환본위제도에 의한 고정환율제도를 거쳐 최근의 변동환율제도 등으로 변화되어 왔다고 할 수 있다.

본장에서는 국제통화제도의 변천을 금본위제도에서 오늘날의 변동환율제도에 이르기까지 변천과정을 검토하고자 한다. 즉, 1880년부터 지금까지 이어지고 있는 각종 국제통화제도와 그와 관련된 개방경제정책을 검토한다.

국제통화제도는 새로운 국제경제환경에 부합하기 위하여 변천하여 왔다. 따라서 국제통화의 변천과정을 그와 관련된 대내외적인 여건변화를 중심으로 분석하고자 한다. 본장에서 우선 국제통화제도의 의미를 설명하고 그 다음으로 1880년에서 1914년까지 이어져온 금본위제도와 그 시대의 환율제도로서 그 당시 유일한 국제준비자산인 금에 대하여 고정되어 있는 상황하에서의 환율제도인 고정환율제도에 대한 검토가 이루어진다.

다음으로 Bretton Woods 체제의 생성배경, 특성 및 그 제도의 붕괴에 대하여 검토하고자 한다. 끝으로 미국의 금융제도의 붕괴에 따른 새로운 세계금융제도의 창설의 필요성과 그 개편방향에 관한 논하고자 한다.

제 1 절 금본위제도

금본위제도는 1880년에서 제1차 세계대전 전인 1914년까지 시행되었던 통화제도로서 이 제도하에서 각 나라는 그들의 통화를 순금의 일정한 양으로 정해놓고 아무런 제한 없이 항상 금과 교환이 가능하도록 되어 있는 제도이다.

따라서 두 통화간의 교환비율인 환율은 고정적이 되어 있어 고정환율제도가 된다. 금본위제도에 의한 고정환율제도하에서 무역의 불균형은 금의 수급과 통화량의 변화에 의한 국내 물가수준의 자동적인 변화에 의하여 조정이 된다. 따라서 이 조정은 변동환율제도하에서의 무역불균형 조정과는 다르다. 변동환율제도하에서는 무역적자국의 통화가치가 하락함으로써 무역적자가 자동적으로 조정되든지 아니면 무역흑자의 경우 자국통화가치가 상승함으로써 무역흑자가 자동적으로 조정되어 진다.

그러나 금본위제도하에서는 금의 수급에 의한 통화량의 변화에 따라 일어나는 물가수준의 변화로 무역불균형이 균형으로 수렴하게 된다. 즉, 무역흑자인 경우 금의 국내유입을 의미한다. 금본위제도하의 금유입 현상은 통화량의 증가를 초래하고 이는 곧 물가상승으로 이어진다. 물가상승은 자국제품의 국제경쟁력을 상실하게 만들어 무역흑자국은 무역적자국으로 전환되고 만다는 것이다.

이를 설명한 D. Hume의 가격-정화-유통 가설(price-specie-flow doctrine)을 요약하면 아래와 같다.

무역 흑자국 → 금의 유입 → 통화량 증가 → 물가상승 → 국제경쟁력 약화 → 무역수지 불균형 해소

무역 적자국 → 금의 유출 → 통화량 감소 → 물가하락 → 국제경쟁력 강화 → 무역수지 불균형 해소

자본수지에 관한 예를 들면 다음과 같다. 영국의 국제수지가 적자일 때 이 나라의 금 보유량은 감소하게 되어 화폐공급은 줄어질 것이고 이자율이 상승하게 된다. 그리고 이 현상은 자본의 유입을 유발시켜 국제수지의 적자를 해소시킬 것이다. 당시 영국의 파운드화가 기축통화이고 런던이 국제금융의 중심지였기 때문에 국제자본은 바로 파운드화로 유통되었다.

금본위제도는 제1차 세계대전이 일어나기 직전인 1914년까지 나름대로 국제금융 및 경제발전에 공헌한 제도라 할 수 있다. 그러나 제1차 세계대전 이후 대부분의 나라들의 경제상황은 전비지출로 인한 인플레이션 을 겪게 되었다. 특히 독일은 패전국으로서 베르사유조약에 의해 연합군들에게 배상금을 지급하지 않을 수 없었다. 조세 수입으로 전쟁배상금을 조달할 수 없는 상황이었고 결국 통화를 발행하는 수단 밖에는 선택이 없는 상황이었으므로 화폐증발로 인한 초인플레이션(hyperinflation)현상을 피할 수 없었다. 급기야는 연합군들이 전쟁배상금을 경감해 주기에 이르렀고 독일 정부로서는 통화개혁을 하면서 다소 진정되었다.

그러나 1920년대 말 미국에서 발생한 대공황은 설상가상의 형국이 되어 국제통화질서가 쉽게 회복되기 어려운 상황이 되었다. 미국의 금융시장이 붕괴됨으로써 다른 나라에도 파급되어 큰 타격을 주었다. 특히 독일에 치명적인 영향을 미쳤고 독일에 자금을 많이 빌려준 영국은 1931년 금본위제도를 포기하지 않을 수 없게 되었다. 이를 계기로 국제금본위제도는 붕괴되었으며, IMF체제가 등장하기 전까지 일시적인 변동환율제도를 채택하게 되었다.

제2절 브레튼우즈 체제와 금환본위제도

Bretton Woods 체제란 제2차 세계대전이 끝날 무렵 새로운 국제통화질서에 관한 필요성이 고조되어, 1944년 주요국 더표들이 미국 뉴헴프셔주의 브레튼 우즈에서 모여 결정한 미국의 달러화를 기축통화로 한 고정환율제도로 운영되는 국제통화제도인 IMF체제를 말한다. 국제통화기금(IMF)는 1947년 3월 1일에 설립되었으며, 설립 당시 회원국은 30개국에 불과하였으나, 2012년 현재 회원국의 수는 188개국에 이른다.

브레튼우즈 체제의 기본성격은 조정가능환율제도와 금환본위제도로 요약할 수 있다. 브레튼우즈 체제는 1930년대 국제통화제도의 혼란을 방지하기 위하여 고정환율제도를 기본으로 하고, 이를 뒷받침하기 위하여 회원국이 공동출자로 기금을 설정하고, 국제수지 적자 시이 이 기금으로부터 단기차입을 통하여 대외거래 역조를 극복하도록 하였다. 다만 한 나라의 국제수지 불균형이 일시적이 아닌 구조적인 경우는 IMF와 사전협의를 거쳐 평가조정이 허용되는 이른바 조정가능고정환율제를 채택하고 있다. 또한 이 체제의 기초는 금이면서도 그 운용과정에 있어서는 미 달러화가 절대적 우위를 견지하는 미국 달러 본위제를 취하고 있다.

IMF체제는 미국 달러화를 기축통화르 하여 금 1온스를 U$ 35로 일정하게 교환되게 했고, 다른 나라의 통화는 기축통화와 일정환율로 유지되도록 함으로써 각국의 환율을 안정시키는데 이 제도의 목적이 있었다.

이 목적을 달성하고 회원국들의 금융위기시 자금의 융통 및 거시경제정책의 감독 등을 위하여 IMF가 창설 되었던 것이다. 이 체제하에서는 회원국에 일시적인 국제수지 불균형 발생시 회원들의 출자금을 대여함으로써 불균형을 해소할 수 있도록 하였고 국제수지의 근본적인 불균형상태에서는 환율의 변동이 가능하도록 하였다.

고정환율제도를 바탕으로 하는 국제통화제도는 1960년대까지 각국의 환율을 안정시키면서 경제발전과 세계무역 증진에 기여하여 왔다. 그러나 이 제도는 1971년 미국의 닉슨행정부 때 심각한 인플레이션과 경상수지 적자 및 재정 적자로 인한 미국정부의 달러화에 대한 금 불태환선언으로 붕괴되고 말았다. 브레튼우즈 체제의 문제점과 붕괴의 원인을 요약하면 다음과 같다.

(1) 각국의 경제성장률이나 인플레이션율 등 경제여건이 다른 상황에서 고정환율제도의 유지는 쉽지 않았다.

각국이 처해있는 경제상황도 다르고 이에 대한 정책도 다르기 때문에 결과 또한 크게 다르게 나타날 수밖에 없었다. 이러한 상황에서 고정환율제도의 유지는 쉽지 않았고 여러 가지 문제점을 낳기에 이르렀다.

미국 달러화의 절대적 우위와 신임도 및 국제 금 생산량의 제한성 등으로, 미국의 국제수지가 적자이면 미국 달러화의 대외공급이 증가하여 국제유동성이 늘어나고, 흑자이면 국제유동성이 줄어들게 된다. 따라서 국제유동성의 부족은 미국의 국제수지 적자로 보충해 주어야 하므로 미국 달러화의 대외신인도가 문제된다.

(2) 또 다른 하나의 문제점은 유동성 부족이었다.

IMF체제에서의 유동성은 미국 달러에 의한 지불수단을 말한다. IMF 체제 초기인 1950년대에는 별문제가 없었으나 1960년대에 들어 국제무역이 증대함에 따라서 유동성도 증대해야 했다. 그러나 IMF체제하에서의 유동성 문제 해결을 위해서는 금 생산과 미국 달러의 공급 증대 외에 별 다른 방법이 없었다.

금의 생산에는 한계가 있을 수 있기 때문에 결국 달러의 공급 증대에 의존할 수밖에 없었는데, 이를 위해서는 미국은 계속적인 경상수지 적자를 기록해야만 했으며, 결과적으로 미국 달러화의 가치 하락을 초래하였다.

미국의 국제수지 적자가 크게 증가하여 기축통화인 미 달러화에 대한 신인도가 낮아지면, 대외 준비자산으로서 금의 선호도가 높아지게 되어 국제금 파동이 일어날 수 있으며, 또한 각국이 외환보유고의 구성통화를 종래 미달러 일변도에서 강세예상 통화로 전환하려 함에 따라 균형 파괴적인 자본이동이 가속화되어 국제통화 불안을 더욱 가중시키게 된다.

(3) 환율 및 국제수지조정의 어려움이 있다.

국제수지 불균형 시정 필요성에 대한 적자국과 흑자국간의 비대칭적 입장 때문에 적자국에 의무가 지워지며 정치적 부담까지 지게 되므로 가급적 평가절하를 기피하려는 경향이 있어 환율변동을 통한 국제수지조정은 기대하기 어렵다.

제3절 스미소니언(Smithsonian)체제

1960년대 후반기에 미국이 월남전에 개입하면서 미국의 무역수지는 악화일로에 있다가, 1970년대에 들어 무역적자는 급속히 악화되었다. 이로써 1971년에 미국의 금준비는 공적 대외채무의 1/4의 불과하게 됨으로써 국제적으로 미국 달러에 대한 신임이 불안해졌다.

1971년 8월 15일 닉슨 미대통령은 달러의 금태환을 정지하였으며, 이로써 금과 미국 달러화를 본위로 하였던 브래튼우즈(Bretton Woods) 체제는 막을 내렸다. 미국 달러화의 금태환 불능 사태를 수습하기 위한 선진 10개국의 재무장관과 중앙은행총재가 1971년 12월에 워싱턴 소재 스미소니언 박물관에 모여 대책을 논의한 결과 소위 스미소니언협정에 합의하였다.

이로써 국제통화제도는 브래튼우즈체제에서 스미소니언체제에 돌입하였는데, 협정의 주요내용은 다음과 같다. 금 1온스당 35달러를 38달러로 7.89% 평가절하 하였다. 종래의 다국간 평가의 재조정환율변동폭을 상하 1% 로부터 상하 2.25% 로 확대하였다. 종래의 금 또는 미국 달러에 의한 평가 대신에 SDR, 기타 가맹국 통화도 기준통화로 채택될 수 있게 하였다.

스미소니언체제의 특징은 기본적으로 고정환율제도를 유지하되 종전과는 달리 금태환이 정지된 미국 달러화를 평가기준으로 하고 보다 넓은 환율 변동폭을 허용하는 wide band 제도를 도입한 것이라고 할 수 있다. 그러나 스미소니언체제하에서도 미국을 비롯한 서구제국들 간에 국제수지불균형은 더욱 확대되고 환율 불안은 가중되기만 하였다.

스미소니언체제의 문제점은 이와 같은 일련의 개혁조치를 취한 스미소니언체제도 IMF 체제의 근본적인 모순을 제거한 것은 아니었다. 단지 미국 달러의 약세를 통하여 국제통화제도의 불안을 진정시키기 위한 일시적인 조치에 불과하였다. 그러다가 미국의 무역적자가 계속 확대됨으로써 주요국간의 국제수지불균형은 더욱 심화되었다. 스미소니언체제의 출범 6개월 만인 1972년 6월에 영국은 파운드화 평가절하 압력에 못 이겨 변동환율제를 채택하였으며, 뒤이어 스위스도 변동환율제로 이행하였다. 한편 미국 달러화는 1973년 2월, 금 1온스당 38달러에서 42.22달러로 다시 10% 평가절하되었다. 이와 때를 같이하여 각국은 IMF체제에서 탈피하여 각각 자국의 경제상황과 필요에 따라 다양한 변동제도를 채택함으로써 스미소니언체제는 무너지게 되었다.

제 4 절　킹스턴체제 : 변동환율제도

1976년 자마이카의 킹스턴에서 열린 회의에서 잠정적인 스미소니언체제를 대체할 새로운 국제통화제도인 현재의 킹스턴체제를 탄생시켰다. IMF의 가맹국들이 스스로 자국의 경제적 여건에 맞는 환율제도를 선택할 수 있는 재량권을 부여함으로써 주요국들이 1973년 3월에 스미소니언체제가 붕괴된 후 채택하고 있었던 변동환율제도를 사실상 인정하였다. 그런데 이 킹스턴체제는 자유변동환율제도가 아닌 관리변동환율제도를 기초로 하고 있다.

킹스턴체제는 금의 공정가격이 폐지되고 각종 가치기준으로 더 이상 금을 사용하지 않고 특별인출권(SDRs)를 사용하였다. 즉, 종전의 금환본위제도 또는 실질적인 미국 달러 본위제도가 SDR 본위제도로 바꾸어지기 시작한 것이다. 그러나 아직까지는 국제준비자산으로서 금과 미국 달러화의 비중이 대부분을 차지하고 있으며 SDR의 비중은 극히 작은 편이다. 현재에도 미국 달러화는 기축통화로 사용되고 있는 것이다.

1. 킹스턴체제의 내용

국제통화제도에 대한 개편논의는 1972년에 설치된 20개국 위원회를 중심으로 전개되었으나, 이 위원회는 1974년 7월에 「국제통화제도 개편개요」의 작성을 끝으로 해체되고 대신 IMF 잠정위원회에 의해 지속되었다. 따라서, 1976년 1월 자메이카의 킹스턴에서 개최된 제5차 IMF잠정위원회에서는 그동안 논의되어 오고 선진 10개국가들이 합의한 사항들을 공식화하는 한편 제2차 IMF협정문 개정에 합의하여 킹스턴체제라고 하는 새로운 국제통화제도를 출범시켰다. 그러나 이 체제는 어디까지나 1973년 3월부터 주요 선진공

업국가들을 중심으로 운용되어 오던 변동환율체제를 뒷받침하기 위한 사후적인 합의에 불과하였다.

2. 킹스턴체제의 특징

각국의 경제여건에 따라 그 나라에 적합한 환율제도의 채택을 공식적으로 허용함으로써 선진국들의 변동환율제도를 공식 인정하게 되었을 뿐만 아니라, 단일 또는 복수통화페그제도, 제한변동환율제도, 신축변동환율제도 등 다양한 형태의 환율제도가 사용되게 되었다.

금의 공정가격을 폐지하는 대신 페이퍼 골드인 SDR을 주요 국제준비자산으로 인정함으로써 종전의 금 및 미국 달러화에 의해 공급되던 국제유동성 부족문제를 해결하고 있다. 뿐만 아니라 SDR의 기능을 강화하여 IMF와의 거래시에 가치단위 및 각국 통화간의 교환비율을 산정하는 데 기준으로 사용토록 하고 있다.

국제수지조정 및 구조조정지원을 위하여 IMF신용제도를 크게 확대하였는데 후진국의 국제수지 적자보전을 위한 확대신용금융, 신탁기금, 보완금융 등을 신설하여 IMF의 신용공여능력을 크게 확대하고 종전의 특기성 차관에 대한 인출요건도 크게 축소됨으로써 이용조건을 완화시켰다.

3. 킹스턴체제의 문제점

변동환율제도를 주축으로 하는 킹스턴체제는 변동환율제도가 갖는 장점인 원활한 국제수지 조정기능의 수행, 국제인플레이션의 국내 파급효과 경감, 국내통화정책의 효율성 증대 등의 효과를 기할 수 있을 뿐만 아니라 브레튼우즈체제 하에서 미국 달러화가 독점적으로 누리던 통화발권수익도 여타 국제통화로 분산되고 있다.

그러나 킹스턴체제 또한 환율불안정, IMF의 감독기능 미약, IMF 및 가맹국가간의 경제정책협조의 미흡 등이 문제점으로 노출되고 있다.

[그림 6.1] 달러/유로환율

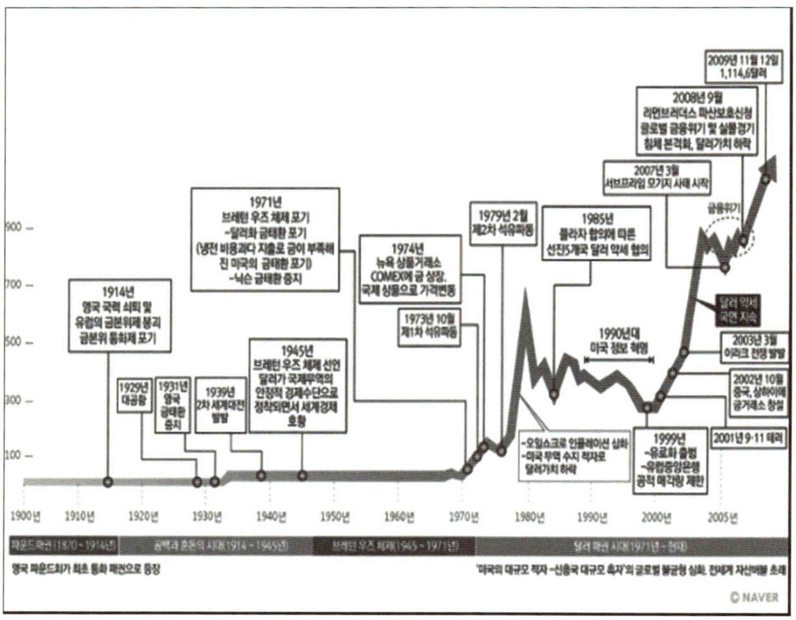

<참고> 국제통화제도의 역사

국제거래에 왜 달러가 많이 쓰이나

세계 대표 통화로 안정적이고 발행량도 충분하기 때문

◆ 쉽게 풀어쓰는 경제사

전 세계 여러 나라들은 저마다 고유한 화폐를 가지고 있습니다. 우리나라에는 원화가 있고 일본에는 엔화가 있으며 미국에는 달러화가 있습니다. 세계화가 진전되면서 한 나라 통화가 다른 나라에서 통용되기도 하는데 미국 달러화가 대표적입니다. 거의 모든 나라에서 달러는 안전한 화폐로서 가치를 인정받고 있으며 심지어 어떤 나라에서는 자국통화보다 오히려 달러가 더 선호되기도 합니다.

◆ 모든 국제 거래에서 기본은 달러

= 세계 여러 나라들은 경제 활동을 위해 지속적으로 물품이나 서비스를 수출하거나 반대로 수입하고 있는데 이때 그 대금을 받거나 지불하여야 합니다. 예를 들어 우리나라 반도체 생산업체가 반도체를 미국에 수출하고 그 대금을 받는다고 합시다. 이때 어느 통화로 수출 대금을 받을까요? 원화로 받는 것이 아니라 달러로 받습니다. 또 우리나라와 중국 간 거래를 생각해봅시다. 우리나라 수입업체가 중국에서 장난감을 수입할 때 우리나라 돈인 원화로 지급해야 할까요, 아니면 중국 돈인 위안화로 지급해야 할까요? 정답은 원화도 위안화도 아닌 달러화입니다.

이처럼 한 나라 안에서와 마찬가지로 나라와 나라 사이에서도 돈을 지급하는 것이 필요하기 때문에 지급수단을 어떤 것으로 하느냐가 중요한 문제로 떠오르게 됩니다. 요즈음에 국제적으로 가장 널리 통용되는 통화

는 일반적으로 알고 있듯이 미국 달러화입니다. 그러나 과거에는 소금과 같은 물품이나 금 은 같은 귀금속이 국제적으로 통용되는 화폐 기능을 담당하였습니다. 특히 금은 얼마 전까지만 해도 국제통화로서 광범위하게 활용되었습니다.

한편 이러한 국제통화와 자국통화 간 교환 비율(환율)도 매우 중요한 문제였습니다. 국제통화와 자국통화 간 교환 비율이 일정치 않을 때 무역을 통해 획득할 수 있는 이익이 크게 달라질 수 있고 심하면 손해를 볼 수도 있기 때문입니다.

국제적으로 통용될 수 있는 화폐는 무엇보다도 세계 경제를 구성하고 있는 각국에서 그 가치와 기능을 인정받아야만 합니다. 또한 그 가치를 인정받기 위해서는 시간이 흐르더라도 각국 통화에 대한 환율이 안정적이어야 합니다. 아울러 세계 경제 성장과 무역 규모 증가를 뒷받침할 수 있을 정도로 충분한 양이 공급되어야만 합니다. 이러한 조건을 충족시키는 국제통화는 다음과 같이 시대에 따라 다르게 변화하여 왔는데 크게 보아 다음과 같이 나눌 수 있습니다.

◆ 금본위제도(1870~1914)

= 금본위제도(gold standard system)란 쉽게 말해 금을 화폐로 사용하는 제도를 말하는데 금은 어느 나라에서건 그 가치가 인정되었으므로 국제통화로서도 통용될 수 있었습니다. 금으로 만든 금화를 직접 사용하기도 하였으나 대개는 중앙은행이 실제로 보관하고 있는 금의 양에 해당하는 금액만큼 화폐를 발행하고 이 화폐를 언제든지 금으로 교환(이를 전문용어로 '금태환'이라고 합니다)해 주었습니다. 즉 화폐가 금 보관증 같은 기능을 하였다고 보면 이해가 쉽겠습니다. 국가 간 거래에서는 중앙은행이 보유하고 있던 금을 찾아서 지급하였습니다. 당연한 이야기지만 이 제도에서 중앙은행들은 보유하고 있는 금 이상으로 화폐를 발행할 수 없었습니다.

금본위제는 1816년 영국이 금을 유일한 화폐로 인정하는 금본위제를 법으로 정함으로써 시작되었는데 나름대로 국제적으로 성숙한 모습을 나타낸 것은 1870년대 들어서면서부터입니다. 1871년에는 독일이 금본위제도를 채택하였으며 1873년에는 네덜란드 노르웨이 스웨덴 덴마크, 1876년에는 프랑스, 이듬해 일본이 금본위제를 채택한 이후 금본위제는 1914년 제1차 세계대전이 발발하기 전까지 지속(영국은 1931년에 최종적으로 폐지)되었습니다.

국제적으로 금본위제가 성립할 수 있었던 것은 당시 세계 경제 · 금융 중심지였던 영국이 금본위제도를 채택한 데다 미국과 서아프리카에서 대규모 금광이 발견되어 화폐용 금이 충분히 공급되었을 뿐만 아니라 금이 가치저장 수단으로서 가장 적절했기 때문이었습니다. 그러나 금본위제도는 경제가 성장함에 따라 화폐 수요가 증가하게 되는데 금 생산량이 충분하지 못하여 화폐 수요를 충족시킬 수 없다는 결정적인 문제점이 있었습니다. 즉 금은 국제통화로서 질적 요건은 충분히 갖추었지만 양적 요건이 미흡하였던 것입니다.

◆ 브레튼우즈체제(1945~1971)

= 제1차 세계대전 후유증과 1929년 대공황을 극복하기 위해 세계 각국은 경쟁적으로 자국통화 평가절하를 시도하였습니다. 그 결과 환율의 극심한 변동이 초래되면서 국제금융시장은 극도의 혼란을 보이게 되었습니다. 이를 수습하기 위해 제2차 세계대전이 끝나갈 무렵인 1944년 연합국 대표들이 미국 브레튼우즈에 모여 새로운 국제통화제도를 수립하게 됩니다.

이 브레튼우즈 체제는 한마디로 미국의 달러화를 기준(이는 전문용어로 '기축통화'라고 합니다)으로 하는 고정환율제도라고 할 수 있습니다. 즉 미 달러화만 금과 일정한 교환 비율을 유지하고 이 교환 비율로 미 달러화를 금과 자유롭게 교환할 수 있으며 다른 나라 통화는 미 달러화와의 교환 비율을 유지함으로써 환율을 안정시키고자 했던 것입니다. 쉽게 설명하면 금을 많이 보유하고 있어 믿을 수 있는 미국이 발행한 달러를 국제통화로 인정하자는 것입니다. 이러한 브레튼우즈 체제를 제대로 운영하고 감시하기 위해 설립된 것이 바로 국제통화기금이라고 불리는 IMF(International Monetary Fund)입니다.

브레튼우즈 체제는 국가 간 환율 안정을 통해 국제교역을 활성화시키는 장점이 있었습니다만 이 제도가 원활하게 유지되기 위해서는 달러화 가치가 안정적으로 유지되어야 한다는 전제가 필요했습니다. 하지만 1960년대 이후 미국이 지속적으로 국제수지 적자를 기록함에 따라 달러화에 대한 신뢰도가 하락하면서 많은 나라들이 달러를 금으로 바꿔달라고 요청하게 되었습니다. 그리고 이에 견디다 못한 미국의 닉슨 대통령은 1971년 달러화의 금태환 정지를 선언하게 되는데 이로써 브레튼우즈 체제는 무너지게 됩니다.

◆ 킹스턴체제(1976~현재)

= 1976년 미국 프랑스 독일 영국 일본은 자메이카 킹스턴에 모여 새로운 국제통화제도에 합의합니다. 킹스턴체제의 가장 큰 특징은 각국에 환율제도 선택 재량권을 부여함으로써 변동환율제도를 사실상 인정한 점입니다. 즉 이전까지는 각국 환율이 금이나 달러 등에 고정되어 있었지만 킹스턴체제 출범 이후에는 각국이 환율제도를 자유롭게 결정할 수 있게 된 것입니다.

그리고 금이나 달러 등 기축통화를 환율 기초로 하는 방법을 지양하기 위해 SDR(special drawing rights · 특별인출권)라는 새로운 통화가 만들어진 것도 이때입니다. 이 SDR는 일반적으로 쓰이는 통화가 아니며 각국 통화의 가치 평가 등에만 제한적으로 활용하는 통화입니다.

킹스턴체제로 이행하면서 환율 결정 방식은 바뀌었지만 금과 달러의 국제통화로서 위상은 크게 바뀌지 않았습니다. 한국은행을 비롯한 전 세계 대부분 중앙은행들은 여전히 외환보유액의 상당 부분을 달러로 보유하고 있습니다. 계란을 한 바구니에 담지 않는다는 분산투자 원칙을 지키기 위해 외환보유액을 유로화나 엔화로도 일부 보유하고 있지만 가장 큰 비중을 차지하고 있는 것은 역시 달러화입니다. 또 중앙은행들은 아주 적은 양이기는 하지만 외환보유액 일부를 금으로 보유하고 있습니다. 97년 우리나라에 외환위기가 발생했을 때 국민이 금 모으기 운동을 전개한 적이 있었죠? 왜 그랬을까요? 이는 달러 대신 금으로 외국에 지급할 수 있었기 때문입니다. 어찌 보면 금은 달러보다 더 확실한 국제통화라고 할 수 있습니다.

아직 우리나라 원화는 국제적으로 널리 통용되는 달러화 등과 거리가 있습니다. 앞으로 세계 어느 나라를 가더라도 원화를 사용할 수 있게 되도록 하기 위해서는 우리가 우리나라 위상과 경제력을 더욱 더 높여 나가야 하겠습니다.

〈한국은행 경제교육센터 신성우 과장 매일경제 2008.12.10 "국제거래에 왜 달러가 많이 쓰이나?"〉

요약

1. 국제통화제도는 1880년부터 1914년까지의 금본위제도에서 출발하여, 제1·2차 세계대전 사이에 급격한 환율변동이 일어났던 일종의 변동환율제도, 그리고 제2차 세계대전 후의 IMF체제하의 금환본위제도에 의한 고정환율제도를 거쳐 최근의 변동환율제도 등으로 변화되어 왔다고 할 수 있다.

2. 금본위제도하에서 각 나라는 그들의 통화를 순금의 일정한 량으로 정해 놓고 아무런 제한 없이 항상 금과 교환이 가능하도록 되어 있는 제도이다. 이 경우 두 통화간의 교환비율인 환율은 고정되어 고정환율제도가 된다.

3. 브레튼우즈체제란 제2차 세계대전이 끝날 무렵 새로운 국제통화제도의 필요성에 의해 1947년 설립된 미국의 달러화를 기축통화로 하여 고정환율제도로 운영되는 국제통화제도인 IMF를 말한다.

4. 고정환율제도를 바탕으로 하는 국제통화제도(IMF)는 1960년대까지 각국의 환율을 안정시키면서 경제발전과 세계무역증진에 기여하여 왔으나, 1971년 미국의 닉슨행정부 때 심각한 인플레이션과 경상수지 적자 및 재정적자에 의한 미국정부의 달러화에 대한 금 불태환 선언으로 붕괴되고 말았다.

5. 브레튼우즈협정의 양대 근간인 '미국 달러의 금태환과 고정환율제도'는 붕괴되고 새로운 통화제도에 대한 갈망으로 드디어 1976년 서방선진 5개국인 미국, 프랑스, 독일, 영국 및 일본은 자메이카 킹스턴에 모여 각국에 환율제도의 선택 재량권을 부여하는 새로운 국제통화제도를 킹스턴 변동환율제도라고 한다.

토의과제

1. 브레튼우즈체제에서의 미국 달러화의 역할은 무엇인가?

2. 브레튼우즈체제 붕괴의 원인을 2가지로 요약하라.

3. 킹스턴제도의 생성원인을 설명하고 이 제도가 브레튼우즈제도와 다른 점에 관하여 설명하라.

제 Ⅲ 편

이자율과 자본이동

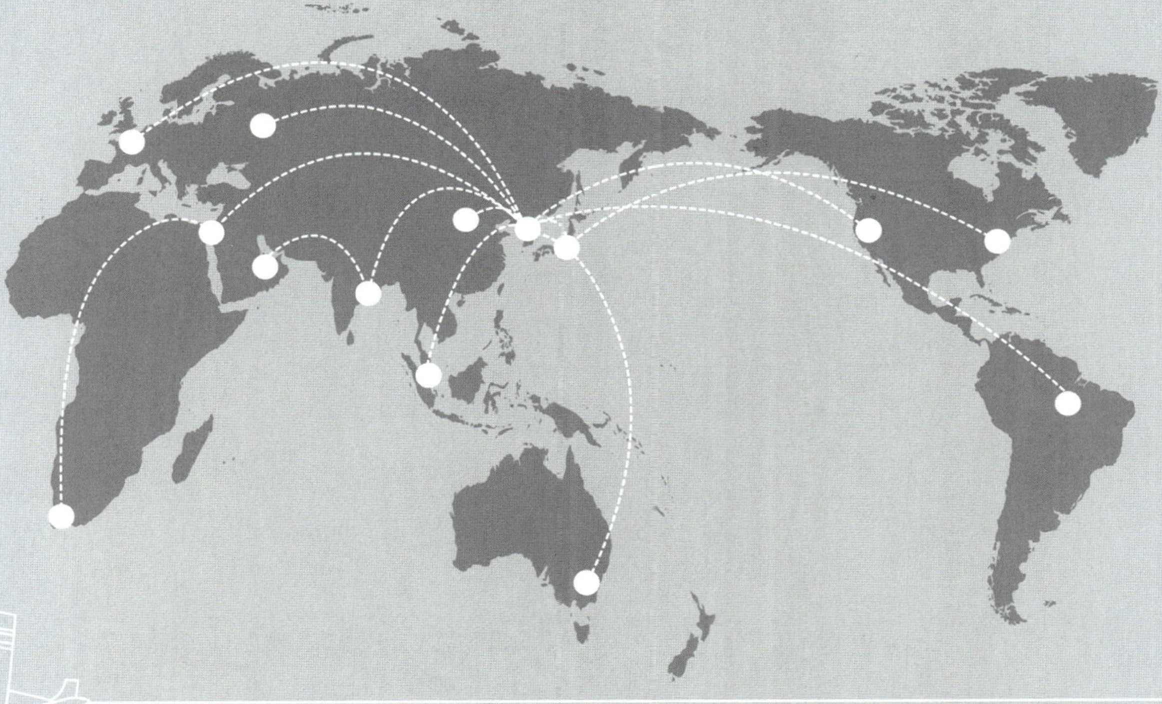

제 7 장
금융시장과 이자율

본 장에서는 우선 이자율이 무엇인가를 정의하고 이자율이 어떻게 결정되는가를 설명하고자 한다. 이자율은 한 나라 경제의 여러 부문에 영향을 미친다. 특히 본장에서는 이자율이 투자, 소비환율, 국제수지 및 물가수준에 어떻게 영향을 미치는가를 기회비용 등의 개념을 이용하여 분석한다.

제1절 이자율의 중요성

이자율은 화폐의 가격이다. 즉, 이자율은 돈을 활용할 수 있는 편리함에 대한 대가라고 할 수 있다. 우리는 돈이 필요할 때 그것이 없으면 불편할 것이다. 예를 들면 해외에서 유학중인 자녀를 둔 부모가 해외에 있는 자녀에게 송금을 해야 할 때 가지고 있는 현금이 부족하다면 돈을 빌려야 한다. 이럴 때 우리는 금융기관으로부터 돈을 빌린다고 하면 그 대가를 지불해야 할 것이다.

그것이 바로 이자율이라고 할 수 있다. 돈을 빌려준다는 것은 예기치 못한 경우 돈이 필요한 일이 생길 때를 대비한 유용성과 안정성을 제공한다는 의미를 가진다고 볼 수 있다. 따라서 돈을 가진 사람이 돈을 빌려준다는 것은 이러한 유용성과 안정성을 포기하는 행위이다. 이자율은 바로 이에 대한 대가라고 말할 수 있다.

그럼 이자율은 어떻게 결정되는 것일까? 이자율이 돈의 값이라 할 수 있기 때문에 이자율도 보통상품과 마찬가지로 돈에 대한 수요와 공급에 의해서 결정된다고 할 수 있다.

이자율이 투자에 미치는 영향은 기회비용을 이용해서 설명할 수 있다. 투자수익률에 대한 기회비용은 투자자금의 예금이자율이라 할 수 있다. 따라서 이자율이 낮으면 투자수익이 기회비용보다 높은 투자유형이 많아질 것이므로 투자가 증가할 것이며, 이자율이 높으면 투자수익이 기회비용보다 높은 투자유형이 적어질 것이므로 투자는 감소할 것이다.

소비부문의 이자율 효과도 같은 논리로 설명할 수 있다. 이자율이 낮으면 소비에 대한 기회비용이 낮으므로 저축 대신 소비를 하게 될 것이다. 돈을 싸게 빌릴 수 있고 저축을 하더라도 이자율이 낮으니까 소비를 늘리게 되는 것이다. 따라서 현금을 가지고 있지 않는 경우라도 돈을 싸게 빌려서 생필품도 사고 자동차나 집 등을 사기도 한다. 반대로 이자율이 높아지면 반대의 논리에 의해서 소비가 감소하게 된다.

이자율은 국제수지에도 영향을 미친다. 국가간 자본이동이 활발한 경제에서는 그 영향력이 더욱 크다. 한 나라의 이자율 수준이 국제수준보다 높으면 해외로부터 자본이 유입되고 반대로 낮으면 유출되기도 한다. 즉, 국제자본은 이자율이 낮은 나라에서 높은 나라로 이동하게 된다.[1)]

그러나 이자율은 장기적으로 자기조절적 기능을 가지고 있다. 이자율이 높아 자본이 유입되면 결국 돈의 공급량이 많아져 이자율이 하락하게 된다는 것이다. 반대로 이자율이 낮으면 자본이 유출되어 돈의 공급량이 감소되어 이자율이 상승하게 된다는 것이다.

이자율은 환율과도 밀접한 관계를 가진다. 이자율이 높아 해외로부터 자본이 많이 유입되면, 국내 외환시장에 외환의 공급이 많아져 외환의 가치가 하락하게 된다. 다른 말로 표현하면 자국통화의 가치는 상승하게 되는 것이다. 즉, 이자율이 높아지면 환율은 하락하게 되는 것이 일반적인 현상이다.

이자율은 투자와 경제성장에도 음의 관계로 영향을 준다. 그리고 이자율은 환율에 영향을 주어 수입가격 등 물가와도 음의 관계를 유지하게 된다. 그러나 이자율이 상품수지에 상대적으로 영향을 덜 미치는데 반해 자본수지에는 영향을 크게 미쳐 이자율 상승은 국제수지를 개선시키는 결과를 가져온다.

이자율과 관계있는 것으로서 유동성함정이란 현상이 있는데 이 현상하에서는 정부가 아무리 통화량을 늘려도 이자율이 지나치게 낮은 수준에서는 개인은 현금이나 단기 금융상품만을 보유하려 하고 기업은 투자를 미루는 경향이 나타난다. 이 현상은 케인스가 1930년대 미국경제에서 일어난 상황을 관찰하여 발견한 것이다. 노벨경제학 수상자인 폴 크루그먼은 1990년대 약 15년 가까이 지속된 일본경제의 침체를 유동성 함정으로 진단하기도 했다. 그

1) 이러한 종류의 자본을 흔히 hot money 라고 한다.

당시 일본은 상당기간 금리를 제로 수준으로 유지하면서 통화량을 증가시켰으나 내수진작이나 투자확대의 효과를 거두지 못했다. 오늘날 선진국들이 맞고 있는 낮은 금리수준에서 양적완화정책의 효과를 얻지 못하는 현상도 일종의 유동성함정이라고 볼 수 있다. 유동성함정의 핵심적 원인은 수요부족이다. 따라서 이를 해결하기 위한 방안은 수요 진작 정책이다. 내국 수요이든 외국 수요이든 수요창출이 해결책의 핵심이 되어야 할 것이다.[2)]

2) 한재준, "유동성함정이 뭔가요," 매일경제, 2010. 10. 22.

제2절 채권과 채권금리

채권이란 정부나 공공기관 및 주식회사 등이 투자자들로부터 비교적 장기적인 자금을 조달하기 위해 그 채무를 표시한 유가증권을 말한다. 그러나 채권은 어음이나 수표 등의 유가증권과 달리 발행할 수 있는 주체가 법률로 정해진다. 발행하는 주체에 따라 채권은 국·공채와 사채로 나눠진다. 정부나 공공기관이 국·공채를 발행하는 경우에는 국회 동의가 필요하며, 회사가 사채를 공모할 경우 금융위원회 등록한 후 금융감독원에 유가증권 신고서를 미리 제출해야 한다. 그 대신 채권은 시장에서 큰 제약없이 거래되는 특징이 있다.

채권시장은 채권발행시장과 채권유통시장으로 구분된다. 채권발행 시장은 채권의 발행주체가 중개기관을 통해 채권을 발행하고 투자자들에게 채권증서를 제공하고 자금을 공급받는 형태의 시장을 말한다. 채권유통시장은 이미 발행된 채권이 투자자들간에 거래되는 형태의 시장을 말한다. 채권금리는 바로 채권유통시장에서 정해지는 채권유통수익률을 말한다. 즉, 발행된 채권이 유통시장에서 매매되면서 시장여건에 따라 형성되는 수익률을 말한다.

채권수익률의 결정요인은 시장내 요인과 시장외 요인으로 나뉜다. 시장내 요인 중 가장 중요한 것은 채권에 대한 수요와 공급이다. 채권수요가 증가하면 채권가격은 상승하며, 채권가격 상승으로 채권의 표시금리 즉, 채권유통수익은 하락할 것이다. 따라서 채권가격과 채권금리는 반대로 움직이게 된다. 채권수급에는 수요가 더 중요한 역할을 한다고 볼 수 있다. 외국정부, 금융회사 및 개인 등의 채권매입이 많을 때 채권수요는 신속히 증가되며, 채권공급은 수요변화에 따라 다소 기간이 걸려 조정된다.

그 외에 대외적 요인으로 채권금리에 미치는 요소로는 통화정책과 경기

동향 등을 들 수 있다. 통화당국이 확장적인 통화정책을 펴게 되면 시중에 자금이 풍부해 지므로 채권발행기관으로서는 낮은 금리로 자금조달이 가능해지기 때문에 채권금리는 하락하게 될 것이다. 또한 경기가 상승세를 나타내면 기업의 자금수요가 증가하게 되며, 필요한 자금을 채권발행으로 조달하려 할 것이다. 그 결과 채권공급 증가, 채권가격 하락 및 채권금리의 상승으로 나타난다.[3]

3) 전효찬, 채권금리가 기준금리 안따라 간 이유, 매일경제, 2010.12.17.

제 3 절 화폐의 공급

화폐를 마구 찍어내면 국가경제에는 어떤 영향을 미칠 것인가? 2007년부터 미국 등 선진국들의 금융위기를 통하여 세계경제가 매우 어려웠다. 주요 선진국 금융기관들의 금융경색현상으로 기업의 부도와 도산사태에 이르렀던 것이다. 한 마디로 유동성 부족에 따른 고통을 겪었던 것이다.[4)]

그러면 우리는 이러한 문제를 어떻게 해결할 수 있겠는가? 단순히 생각하면 정부가 화폐발행을 통하여 시중에 유동성을 공급하면 유동성 부족현상이 해결될 것으로 생각된다. 그러나 어느 나라 정부도 무작정 하폐을 많이 찍어낼 수 없는 것이다. 돈을 마구 찍어 내면 그에 따른 부작용이 많이 발생한다. 즉, 돈의 공급량이 많아져서 그 가치가 떨어지게 되며 이 현상은 큰 폭의 물가 상승을 초래하게 되는 것이다.

예를 들어 제1차 세계대전 후 독일 바이마르공화국을 들 수 있다. 독일은 전쟁의 발발국이며 그 전쟁의 패전국이었다. 승전국은 미국, 영국, 프랑스 등이다. 승전국들은 독일에 전쟁책임을 지고 배상금을 내도록 요구했다. 전쟁배상금은 당시 독일 국가 재산에 비해 터무니 없이 많은 액수였다. 그리고 패전국인 독일은 조세수입으로 전쟁배상금 조달이 불가능했기 때문에 통화를 발행해서 해결할 수밖에 없었다. 이로 인하여 그 당시 독일에는 초인플레이션 현상이 불가피하게 일어났다. 이런 이유 때문에 여러 다른 나라에서는 경제가 어려워 금융경색이 일어날 때에도 돈을 찍어 문제를 해결하는 방법을 선불리 채택하지 못하는 것이다.

그러나 세계의 중심통화인 기축통화국의 경우는 다르다. 즉, 미국은 예외적으로 자국통화인 미국 달러화를 마구 찍어내고 있다. 미국의 중앙은행인

4) 이희성, "틴틴경제 : 미국은 달러를 마구 찍어내도 괜찮나요", 중앙일보, 2009. 1. 1, E8면.

연방준비제도이사회(FRB: Federal Reserve Board)는 2008년엥 금융위기에 따른 금융경색의 해결을 위하여 돈을 많이 찍어 풀었던 것이다. 2008년말 미국의 FRB가 기준금리를 사실상 제로금리 수준으로 낮춘 것은 경기를 살리기 위해 모든 수단을 동원하겠다는 금융당국의 의지를 나타낸 것으로 볼 수 있다. 그러나 금리수준을 낮추어도 실질적인 효과를 얻기에는 쉽지 않은 상황이었다. 따라서 장기금리 하락을 유도하기 위해 금리위주의 통화정책 방향을 국채나 회사채 매입 등을 통한 발권력을 동원한 유동성 공급정책으로 전환하고 있다.

화폐의 신규공급은 어떻게 일어나는가? 즉, 화폐는 어떻게 유통시키나? 우리는 화폐를 마구 찍어 내면 된다고 생각할 수 있다. 그러나 발권한 돈을 무작정 시중에 공급할 수는 없다. 그럼 여기서 각국 중앙은행의 화폐유통방식을 검토해 보기로 하자.

첫째, 중앙은행이 공개시장에서 국채나 회사채의 매매를 통하여 화폐의 수급량을 조절하는 공개시장조작이다. 만약 유통중인 국채나 회사채를 개인이나 기업이 산다면 단지 화폐의 소유자만 변할 뿐 시중에 유통되는 화폐의 공급량은 변화하지 않을 것이다. 그러나 시중에 유통중인 국채나 회사채를 중앙은행이 사들이면 통화의 공급은 증가하게 될 것이다. 양적완화정책(QE: Quantitative Easing Policy)이 바로 이 방법이다. 일반적으로 신용경색완화를 위하여 금리인하 정책을 쓰지만, 금리가 거의 제로 상태로 더 이상 인하여지가 없는 경우에 이 방법으로 경기를 부양시킨다. 양적완화정책은 경기활성화는 기대되지만, 유동성 과다로 자산버블 등 부작용도 함께 나타날 수 있다.[5)]

둘째, 이자율 정책이다. 중앙은행과 시중은행 간의 대부자금의 이자율 조정을 통한 통화의 수급조절 방식이다. 중앙은행은 시중은행에 대한 대출 수단으로 통화의 공급을 증가시킬 수 있다. 중앙은행과 시중은행 간의 거래는

5) 신영민, “양적완화 약될까 독될까?” 매일경제, 2010. 11. 21.

신용거래 및 시중은행 보유 회사채 및 기타자산의 매입을 통하여 유동성을 공급할 수 있다.

셋째, 시중은행에 대한 지불준비율규제이다. 시중은행은 고객의 예금 중 최소한 일부를 고객의 예금 인출에 대비하여 은행에 예치하고 있어야 하며, 이 예치율이 지불준비율이며 중앙은행이 정한다. 지불준비율이 낮으면 시중은행은 동일한 예금수준에서 더 많은 금액을 대출할 수 있으며, 지불준비율이 높으면 시중은행은 시중의 화폐 공급량은 감소한다.

요 약

1. 이자율이란 무엇인가? 이자율이란 돈의 값이다. 즉, 돈을 활용할 수 있는 편리함에 대한 대가라고 할 수 있다. 돈이 필요할 때 금융기관으로부터 돈을 빌린다고 하면 그 대가를 지불해야 할 것이다. 그 대가가 바로 이자율이라고 할 수 있다.

2. 이자율은 돈에 대한 수요와 공급에 의해서 결정된다고 할 수 있다. 그리고 이자율은 한 나라 경제의 주요한 변수로서 투자, 소비, 국제수지, 환율 및 물가 등에 영향을 미친다.

3. 정부가 아무리 통화량을 늘려도 이자율이 지나치게 낮은 수준에서는 개인은 현금이나 단기 금융상품만을 보유하려 하고 기업은 투자를 미루는 현상이 나타난다. 이러한 현상을 케인스는 유동성 함정이라고 했다.

4. 채권금리는 채권유통시장에서 정하여지는 채권 유통 수익률을 말한다. 바꾸어 말하면 발행된 채권이 유통시장에서 매매되면서 시장여건에 따라 형성되는 수익률을 말한다.

5. 중앙은행이 돈의 공급을 조절하는 방법에는 공개된 시장에서 중앙은행이 국채나 회사채를 사거나 파는 경우, 중앙은행과 시중은행 사이의 금융거래, 그리고 시중은행의 지불준비율을 조정하는 방법 등이 있다.

토의과제

1. 이자율이란 무엇인가? 그리고 이자율은 어떻게 결정되는가를 설명하라.

2. 이자율의 변화는 경제의 어떤 부문에 어떻게 영향을 미치는 지를 설명하라.

3. 유동성함정현상에 대하여 설명하라.

4. 국·공채와 사채는 어떻게 구분되는가를 설명하라.

5. 중앙은행은 돈을 어떻게 유통시키는지 그 방법에 대해서 설명하라.

제 8 장
개방경제하에서의 소득결정

한 나라의 국제수지는 국제사회 환경변화에 지속적으로 영향을 받아오고 있다. 사실 국내외적인 변화와 발전은 국제간 거래나 국제수지에 두드러진 영향을 미칠 것이다. 우리는 국제수지가 조성되는 과정을 검토하기에 앞서 한 나라의 국민소득과 국제수지와의 관계가 어떠한가를 검토하는 것이 중요하다 할 것이다. 그러나 사실 국민소득과 국제수지간에는 어느 것이 먼저라고 하기 힘들 정도로 상호간에 피드백(feedback) 작용을 한다. 소득증가가 수입을 증가시켜 국제수지에 영향을 미치는 반면 수출증대 등에 의해 국제수지에 먼저 일어난 변화는 국민소득 수준에 변화를 유발시킬 것이다. 우선 폐쇄경제하에서의 국민소득 결정과정을 검토한 후 개방경제에서의 국민소득 결정과정을 검토하기로 한다.

제 1 절 폐쇄경제하의 국민소득 결정

우선 가계와 기업만이 존재하는 폐쇄경제를 가정하고 이 장을 시작하고자 한다. 여기서는 정부와 해외부분은 없고, 가계와 기업만이 중심이 된 경제이며, 가격수준은 고정되어 있는 것으로 가정한다.

1. 국민소득 수준의 결정

한 나라 경제의 국민총생산(GNP)은 특정기간(대개 1년) 동안 그 경제가 만들어낸 최종생산재들의 화폐가치로 정의된다. 폐쇄경제하에서 생산을 수요측면에서 간주하면 소비수요와 투자수요, 두 개의 범주로 나눠진다. 이를 우리는 다음과 같은 등식으로 정의할 수 있다.

$$Y = C + I \quad \cdots\cdots (8\text{-}1)$$

여기서 Y는 국민총생산, C는 국민소비(소비수요), I는 기업투자(투자수요)를 나타낸다.

국민총생산은 이를 구성하는 재화와 용역의 생산에 참여하는 생산요소들의 소득인 임금, 지대, 이자 및 이윤 등의 형태로 창출된다. 그래서 국민총생산과 국민소득은 같아진다. 얻어진 모든 소득은 소비되거나 혹은 저축된다. 따라서 우리는 소득의 구성을 아래 등식으로 표현할 수 있다.

$$Y = C + S \quad \cdots\cdots (8\text{-}2)$$

여기서 S는 민간저축을 뜻한다. 그리고 우리는 (8-1)식과 (8-2)식을 통해서 또 다른 등식을 얻을 수 있다.

$$C + S = Y = C + I$$
$$C + S = C + I$$

여기서 양변에서 C를 제외하면 저축과 투자가 같아지는 다음의 등식을 얻게 된다.

$$S = I \quad \cdots\cdots (8\text{-}3)$$

등식 (8-1), (8-2) 및 (8-3)은 사후적이고 현실적인 관계를 나타낸다. 이는 지난 특정기간 동안에 이 관계가 성립한다는 것을 의미한다.

투자는 외생적으로 결정되는 것으로 가정한다. 즉, 투자는 소득수준과 독립적으로 결정된다는 의미이다. 한편 소비는 소득의 함수로 소득에 영향을 받아 결정된다. 그러나 소득이 증가하면 소비 또한 증가하나 그 증가폭은 소득의 증가폭에 미치지 못한다. 따라서 소비함수를 다음과 같이 표현할 수 있다.

$$C = C_a + cY \quad \cdots\cdots (8\text{-}4)$$

여기서 C_a는 소득과 독립적으로 결정되는 소비수준으로 자율적 소비수준을 나타내고, c는 한계소비성향을 나타내며 소득증가분에서 소비증가분의 비율로 다음과 같이 표현된다.

$$c = \frac{\Delta C}{\Delta Y} \quad \cdots\cdots (8\text{-}5)$$

즉, 소비 변화분을 소득 변화분으로 나눈 것을 의미한다. 여기서 분석의 편의를 위하여 한계소비성향은 고정된 것으로 가정하고자 한다. 그러면 (8-4)식을 (8-1)식에 대입함으로써 아래와 같이 또 다른 등식 (8-6)식을 얻을 수 있다.

$$Y = C + I \quad \cdots\cdots (8\text{-}1)$$

$$C = C_a + cY \quad \cdots\cdots (8\text{-}4)$$

$$Y = (C_a + cY) + I$$

$$Y - cY = C_a + I$$

$$Y(1-c) = C_a + I$$

$$Y = \left(\frac{1}{1-c}\right)(C_a + I) \quad \cdots\cdots (8\text{-}6)$$

(8-6)식에서 균형소득수준은 자율적인 소비와 투자의 합에 승수 $\left(\frac{1}{1-c}\right)$를 곱한 것과 같아진다는 것으로 알 수 있다. 더 나아가 균형소득수준의 결정을 설명하기 위하여 실제 숫자를 넣은 아래의 소비함수를 예로 들어보자.

$$C = 60 + 0.70Y \quad \cdots\cdots (8\text{-}7)$$

여기서 상수항 $C_a = 60$이고 기울기 계수 $c = 0.70$이다. 그런데 c가 0.70이라는 의미는 소득이 1단위 증가할 때 소비는 0.7단위만큼 늘어난다는 것을 뜻한다. 즉, 소득증가분의 70%가 소비증가로 이어진다는 것이다.

주어진 투자수준하에서 균형소득의 결정과정을 [그림 8.1]을 이용하여 설명해보자. 여기서 소비함수 $C = 60 + 0.70Y$는 횡축의 소득수준에 대응하는 종축의 소비수준을 나타낸다. 그리고 소비함수의 기울기는 한계소비성향 $(c = \frac{\Delta C}{\Delta Y} = 0.70)$을 나타낸다. [그림 8.1 (a)에서 소비곡선과 45° 선 사이의 종적인 거리가 바로 각 소득수준에 해당되는 저축수준을 나타낸다.

[그림 8.1] 균형소득과 소비, 저축 관계

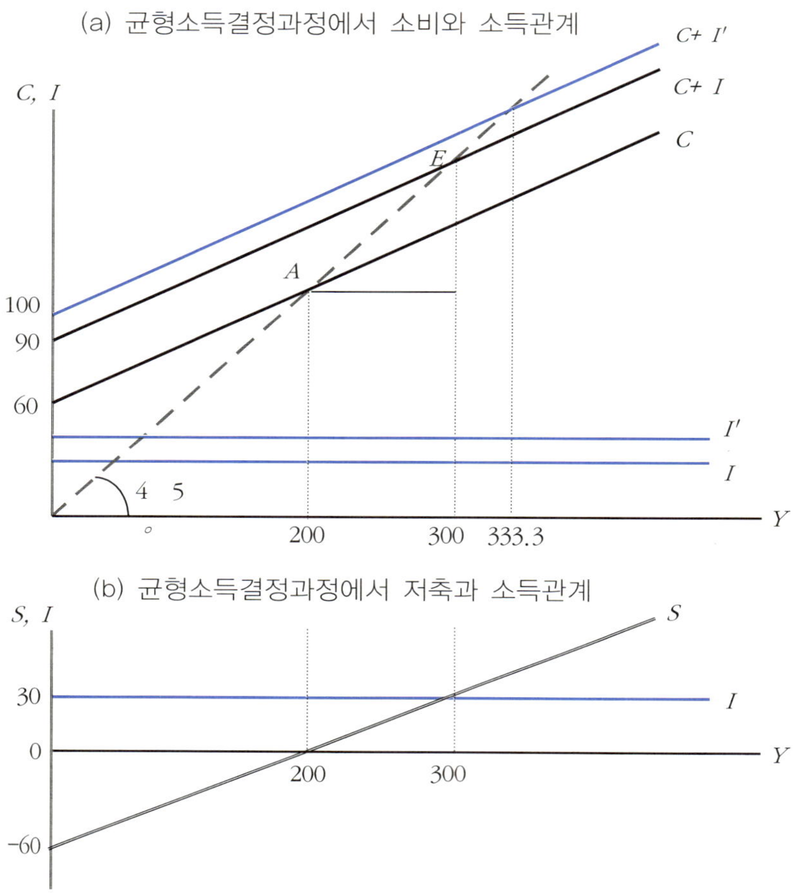

두 선이 만나는 점 *A*에서는 모든 소득이 소비되고 이때는 저축이 전혀 일어나지 않음을 의미한다. 소득수준이 이 점보다 낮은 경우에는 음의 저축을 나타낸다. 이는 현재의 소득보다 많이 소비하기 위해서는 빚을 내든지 아니면 과거 저축부분의 일부를 소비로 전환시킨다는 것을 의미한다. 여기서 투자는 소득수준에 비례하지 않고 독립적으로 일어나는 것으로 가정한다. 그래서 투자를 30이라고 하면 $C+I$선은 소비함수에 수직적으로 30을 더함으로써 도출되고 이것을 총수요함수라고 한다.

한 나라 경제의 균형소득수준은 45° 선과 총체적 수요가 같아지는 수준에서 결정된다. [그림 4.1](a)에서 $C+I$와 45° 선은 E점에서 만나며 이 점에서 균형소득 300이 결정된다는 것이다. 여기서 균형소득수준은 오직 한 점에서만 얻어진다. 균형소득수준보다 낮은 소득수준에서는 총체적 수요 ($C+I$)선이 45° 선보다 위에 있게 되고 균형보다 높은 소득수준에서는 총체적 수요선이 45° 선 아래에 놓이게 된다.

투자를 30으로 가정한 (8-1)식에 (8-7)식을 대입함으로써 아래와 같이 균형국민소득을 얻을 수 있다.

(8-1) $Y = C + I$

(8-7) $C = 60 + 0.70Y$

$$Y = 60 + 0.70Y + 30$$

$$Y = 90 + 0.70Y$$

$$Y - 0.70Y = 90$$

$$Y(1-0.70) = 90$$

$$Y = \left(\frac{1}{1-0.70}\right)90 = 300$$

특히 폐쇄경제하에서 균형소득수준은 사람들이 소득 중에서 기꺼이 하고자 하는 저축수준과 투자가 같아지는 점에서 결정된다.

[그림 8.1](b)의 저축함수 S는 [그림 8.1](a)에서 소비함수와 45° 선과의 수직적인 차이로 나타낸다. 따라서 저축함수는 (8-2)식에 (8-7)식을 대입함으로써 아래와 같이 얻어진다.

$$Y = C + S \quad \cdots\cdots (8\text{-}2)$$

$$C = 60 + 0.70Y \quad \cdots\cdots (8\text{-}7)$$

$$Y = (60 + 0.70Y) + S$$

$$S = -60 + 0.30Y \quad \cdots\cdots (8\text{-}8)$$

소득이 증가함에 따라 저축도 증가한다는 것을 보여준다. (8-8)식은 소득증가의 30%가 저축됨을 나타내주고 있다. 그 비율 0.30이 한계저축성향이며, 이는 소득증가분에 대한 저축증가분의 비율이며 다음과 같은 수식으로 나타낸다. 여기서 한계저축성향은 $s=\frac{\Delta S}{\Delta Y}=0.3$이며 이는 소득증가분에 대한 저축증가분의 비율을 뜻한다.

$$s = \frac{\Delta S}{\Delta Y} \quad \cdots\cdots (8\text{-}9)$$

앞에서 언급한 바와 같이 폐쇄경제하에서 일국의 모든 소득은 소비되든지 아니면 저축된다. 따라서 한계소비성향과 한계저축성향의 합은 1이 될 것이다.

$$c + s = 1 \quad \cdots\cdots (8\text{-}10)$$

즉, 식 (8-10)이 성립된다. 상기 예를 이용하면, 추가적으로 소득 1원이 증가하면 0.70원의 소비가 증가되고 0.30원의 저축이 증가된다. 또한 식 (8-10)에서 국민소득이 1인 경우에 한계소비성향은 국민소득의 70%를 의미하는 0.7이고 한계저축성향은 0.3이 된다.

더 나아가 계획된 투자수준은 투자가 30을 나타내는 수평선으로 나타난다. 균형소득수준은 저축과 투자가 같은 $(S=I)$점인 E, 즉 $Y=300$으로 결정된다. 투자를 30으로 간주하고 (8-3)식에 (8-8)식을 대입함으로써 아래와 같이 대수적으로 구할 수 있다.

$$S = I \quad \cdots\cdots\cdots\cdots\cdots\cdots\cdots\cdots\cdots\cdots \quad (8\text{-}3)$$

$$S = -60 + 0.30Y \quad \cdots\cdots\cdots\cdots\cdots\cdots\cdots\cdots \quad (8\text{-}8)$$

$$-60 + 0.30Y = 30$$

$$0.30Y = 90$$

$$Y = \left(\frac{1}{0.30}\right)90 = 300$$

이와 같이 [그림 8.1]은 두 그림으로 나누어져 있으나 같은 내용을 설명하고 있으며 같은 결과를 얻게 된다.

지금까지 그림과 수식을 통하여 균형국민소득을 구해 보았다. 다음에는 투자를 변화시켰을 때 국민소득의 변화에 얼마만큼의 영향을 미치는가를 나타내주는 투자승수에 대하여 설명해 보기로 하자.

2. 폐쇄경제하의 승수

투자(여기서는 소득과 관계없이 발생하는 독립투자를 말함)가 증가할 때, 그 증가가 소득, 소비 및 저축수준에 어떤 영향을 미치는가를 검토하고자 한다. 앞의 예에서 계획된 투자가 10만큼 증가되었다고 가정해 보자. 이 증가는 [그림 8.1](a)에서 총체적 수요함수를 $C+I'$으로 상향 이동시키며 [그림 8.1](a)에서 수평적인 투자선 I가 I'로 상향이동 하는 것처럼 나타난다. 그러면 두 그림에서 균형국민소득이 300에서 333.3으로 33.3만큼 증가하게 되는 것이다. 따라서 소득은 최초의 투자증가분에 승수인 3.3을 곱한 만큼 증가하게 된다. 투자승수의 크기는 한계소비성향이나 한계저축성향의 크기에 의해서 결정된다. 만약 한계소비성향(c)은 0.70이고 투자가 10만큼 증가한다고 가정해 보자. 그러면 최초의 소득증가는 10만큼 이루어질 것이고 그 소득 증가분의 70%가 소비를 위해 사용될 것이다. 그러므로 첫 라운드의 소비증가는 7이다. 이 소비지출의 증가는 소비재를 생산하고 판매하는 소득의 70%를 다시 소비하게 된다. 그래서 두 번째 라운드에서의 소비증가 $\Delta C=10\times(0.70)^2$는 4.9만큼이 된다. 이러한 과정을 아래와 같이 수식으로 정리할 수 있다.

$$\Delta Y = 10 + 10(0.70) + 10(0.70)^2 + \cdots$$
$$\Delta Y = 10(1 + 0.70 + 0.70^2 + \cdots)$$
$$\Delta Y = 10\left(\frac{1}{1-0.70}\right) = 10(3.3) = 33$$

일반적 형태로는 $\Delta Y=\Delta I\left(\frac{1}{1-c}\right)$로 표현된다. 여기서 c는 한계소비성향이고 괄호 안이 승수를 나타낸다. 즉, 투자승수는 $\frac{1}{1-c}$가 된다.

$$k = \frac{1}{1-c} \qquad \cdots\cdots (8\text{-}11)$$

$c+s=1$을 이용하면 분모의 $1-c$를 s로 대체할 수 있고 승수는 다음과 같이 바꿔 쓸 수 있다.

$$k = \frac{1}{s} \qquad \cdots\cdots (8\text{-}12)$$

이 투자승수는 소득의 순환적 흐름으로부터 생성된 소위 말하는 누설물에 초점을 맞추고 있다. 사람들이 그들의 소득을 재화와 용역을 구입하는데 사용할 경우 그들의 지출은 파는 사람의 소득이 되고 이러한 순환이 바로 소득의 흐름이 된다. 소득 중에서 소비되지 않는 부분, 즉 저축되는 부분이 이러한 순환에서 소득의 증가를 작게 하는 원인이 된다. 저축이 많으면 많을수록 승수의 크기도 작아진다. (8-12)식에서 s의 값이 크면 클수록 승수인 k의 크기가 작아진다는 것이다.

제 2 절 개방경제하에서의 국민소득

개방경제는 폐쇄경제와 달리 해외부문을 포함하는 현실적인 경제를 의미한다. 개방경제에서는 최종생산물에 재화와 용역의 수출과 수입항목까지지도 포함된다.

1. 개방경제의 소득결정

개방경제하에서도 국민총생산은 주어진 기간 동안 재화와 서비스 최종생산물의 화폐가치를 의미한다. 여기서 아직 정부부문은 없는 것으로 가정하여 국민총생산을 3가지로 나누면 아래와 같다.

$$Y = C_d + I + X \quad \cdots\cdots\cdots \quad (8\text{-}13)$$

그리고 소득의 처분을 다음과 같이 표현한다.

$$Y = C_d + S + M \quad \cdots\cdots\cdots \quad (8\text{-}14)$$

여기서 X와 M은 재화와 서비스의 수출과 수입을 각각 나타내며 C_d는 생성된 재화와 서비스의 국내소비를 의미한다. (8-13)식에서 Y는 국내에서 생산된 최종생산물의 가치로 정의된다. 소비에서 C_d의 하첨자 d는 총생산물 중 국내에서 소비되는 부분을 의미한다. 그러나 I와 X는 투자와 순수출을 나타낸다.[1] 그리고 S는 저축을 나타낸다.

1) 만약 C, I 및 X에 수입부분이 포함된다면 국내부문이 명확하지 않기 때문에 국내부분의 최종생산물로 명확하게 구분하기 위해서 수입부분을 제외시키면 다음과 같이 표현할 수 있다.

$$Y = C + I + X - M$$

여기서 (8-13)식과 (8-14)식을 같게 놓고 양변에서 C_d를 없애면 (8-15)식과 같게 된다.

$$C_d + S + M = C_d + I + X$$

$$S + M = I + X \quad \cdots\cdots (8\text{-}15)$$

(8-15) 식은 사후적 저축과 수입의 합이 투자와 수출의 합과 같아진다는 것을 나타내주고 있다. 이 관계식을 조금 더 변형시키면 아래와 같이 더 재미있는 관계를 얻을 수 있다.

$$S - I = X - M$$

이는 우변에 나타난 무역수지가 바로 국내저축과 투자와의 차이와 같다는 것을 나타내 준다. 여기서 만약 특정기간 중에 국내투자가 저축을 초과한다면 수입은 수출을 초과하게 될 것이다. 바꿔서 말하면 한 나라가 순수출을 하게 되면 그 나라의 국내저축은 투자를 초과하게 될 것이다. 또한 위의 식을 아래와 같이 바꿔 쓸 수 있다.

$$S = I + (X - M) \quad \cdots\cdots (8\text{-}16)$$

재화와 서비스의 무역수지는 순 해외투자와 같다고 할 수 있다. 결국 저축과 국내외 투자가 같아짐을 보이고 있다. 물론 여기서 투자에는 국내투자와

여기서 M은 소비, 투자 및 수출중 수입부문의 합으로 아래와 같이 표현한다.

$M = C_m + I_m + X_m$

여기서 Y를 항목별로 구분해서 다음과 같이 나타낼 수 있다.

$Y = (C - C_m) + (I - I_m) + (X - X_m)$

따라서 Y를 아래와 같이 순소비, 순투자, 및 순수출로 나타낼 수 있다.

$Y = C_d + I_d + X_d$ 여기서 $C_d = C - C_m$ 등이다.

해외투자 모두를 포함한다. 즉, 다음과 같이 표현된다. 참고로 국내투자는 $I = I_d$이고 해외투자는 I_f로 표현한다.

$$S = I_d + I_f, \text{ 단, } I_f = X - M$$

이제부터는 개방경제하에서 소득이 어떻게 결정되는가를 설명해보자. 대체로 수출은 투자와 같이 외생변수이다. 즉, 수출은 국내소득에 영향을 받지 않는다. 한편 수입은 소득의 함수이다. 소득의 증가는 수입증가를 유발하는 것이다. 따라서 수입함수를 아래와 같이 표현할 수 있다.

$$M = mY \quad \cdots\cdots \quad (8\text{-}17)$$

여기서 m은 한계수입성향이다. 이는 소득의 얼마만큼이 수입에 사용되는지를 나타낸다. 즉, 한계수입성향은 소득증가분에 대한 수입증가분의 비율로 다음과 같이 나타낸다.

$$m = \frac{\Delta M}{\Delta Y} \quad \cdots\cdots \quad (8\text{-}18)$$

만약 실제 숫자인 m이 0.2인 수입함수는 아래와 같이 표현된다.

$$M = 0.20Y \quad \cdots\cdots \quad (8\text{-}19)$$

[그림 8.2]는 각각 소득수준에서 수입을 얼마나 하게 되는가를 나타내주고 있다. 그리고 [그림 8.3]에서는 소득이 어떻게 결정되는지를 잘 나타내주고 있다. $I=30$이고 $X=40$이라고 가정한다면, 수평선으로 I와 $I+X$를 [그림 8.3]과 같이 나타낼 수 있다. $(I+X)$선은 외생적 변수인 투자와 수출의 합을 나타낸다. 따라서 수출은 I와 $(I+X)$선 사이의 수직적 거리로 나타낸다. 저축함수 S는 [그림 8.1](b)의 것과 같다

[그림 8.2] 개방경제하의 수입함수와 한계수입성향

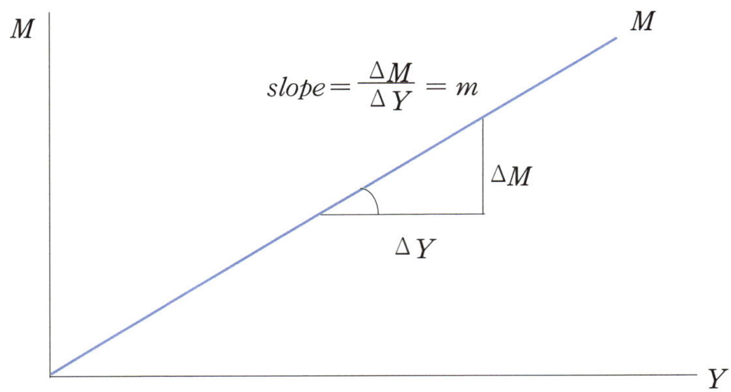

[그림 8.3] 개방경제하의 투자승수

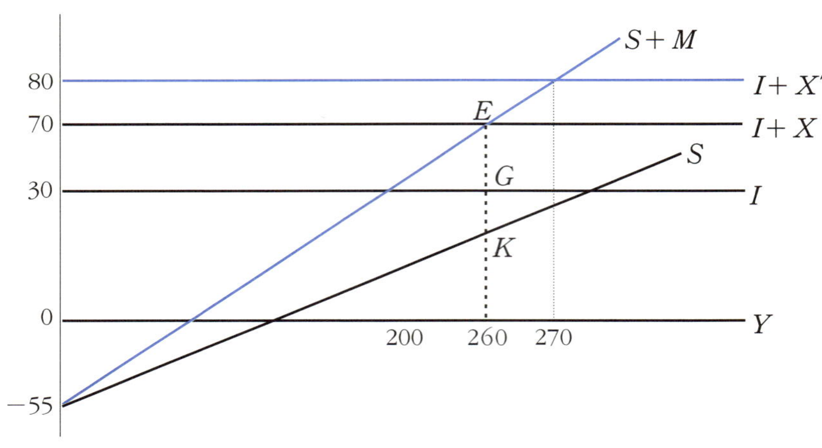

여기에 [그림 8.2]의 수입함수를 합하여 [그림 8.3]의 $S+M$선을 얻게 되며, 이는 저축과 수입의 합을 나타낸다. 이것은 둘 다 소득의 변화에 영향을

받는 소득의 함수가 된다. 그리고 수입은 저축선 (S)와 저축과 수입을 합한 $(S+M)$선과의 수직적 거리로 나타난다.

일국 경제의 유입과 유출 차원에서 살펴보는 균형소득은 외생적으로 결정되는 지출, 즉 투자와 수출의 합과 소득의 변화에 영향을 받는 저축과 수입의 합이 같아지는 시점에서 결정된다. 그 수준이 [그림 8.3]에서 E점이며 균형소득수준은 260이다.[2] 이 점에서 투자가 저축보다 GK만큼 많이 이루어지고 있고 이 차이만큼 수입이 수출을 초과하여 일어남을 알 수 있다. 이 예를 통해서 GK만큼의 무역수지가 실제 얼마나 되는지 쉽게 구할 수 있다. 수출이 40으로 주어져 있고 수입은 식 (8-19)의 수입함수로부터 결정된다고 가정하자. 그러면 $m=0.20Y=0.20(260)=52$가 된다. 따라서 무역적자는 12가 된다.

2. 개방경제하의 투자승수

지금부터는 외생변수인 투자와 수출의 변화가 소득, 저축 및 수입에 미치는 영향을 분석해 보기로 하자. 외부의 변화에 의하여 수출이 10만큼 증가했다고 가정하면 [그림 8.3]에서 나타내는 것과 같이 $(I+X)$선이$(I+X')$으로 위로 옮아감을 알 수 있다. 수출변화가 균형소득수준 증가를 얼마만큼 변화시키느냐는 $(S+M)$선의 기울기, 즉 한계저축성향과 한계수입성향의 합의 값에 의하여 영향을 받는다. 이 경우 균형소득수준의 증가분이 20이고 새로운 균형소득수준은 280이다. 따라서 수출승수는 $20\div 10=2$가 된다.

이 해외무역승수의 크기는 $s+m$ 값의 크기에 달려 있다. 보다 구체적인 설명을 위하여 앞의 (8-15)식을 다시 이용하기로 하자.

---

2) $I+X=30+40=70$
$S+M=(-60+0.3Y)+0.2Y=(-60+0.5)Y$
위 두식을 정리하면 $0.5Y=130$ $Y=260$이 된다.

$$I + X = S + M \quad \cdots\cdots\cdots (8\text{-}15)$$

위 식의 양변을 모두 변화분으로 바꾼다면 양변의 등식관계가 변함없이 성립함을 알 수 있다. 그러므로 우리는 (8-15)식을 아래와 같이 바꿀 수 있다.

$$\Delta I + \Delta X = \Delta S + \Delta M \quad \cdots\cdots\cdots (8\text{-}20)$$

(8-8)식과 (8-19)식을 통해서 우리는 아래의 관계를 이미 알고 있다.

$$\Delta S = s\Delta Y$$
$$\Delta M = m\Delta Y$$

이 관계들을 (8-20)식에 대입하여 다음의 관계를 얻을 수 있다.

$$\Delta I + \Delta X = (s + m)\Delta Y$$

여기서 수출은 변화하지 않고 투자만 변화한다면 다음과 같이 변화한다.

$$\Delta I = (s + m)\Delta Y$$
$$[\frac{\Delta Y}{\Delta I} = \frac{1}{s+m} = k]$$

이와 같이 개방경제하의 투자성향은 저축과 수입으로 유출되는 금액이 많으면 많을수록 승수의 크기는 작아진다. 이에 대한 설명은 폐쇄경제하에서와 같은 논리에서 할 수 있다. 국내의 재화와 용역을 위해 사용되지 않은 소득부분은 소득의 연속적인 증가를 작게 할 것이고 승수의 크기 또한 작게 만들 것이다. 수입을 위한 지출은 국내생산자가 아니고 해외생산자에게 지불된다. 그래서 그것은 단지 저축과 같이 국내소득의 증가 흐름에 누락된다. 예를 들어 $s = 0.30$이고, $m = 0.20$이라고 하면 승수인 k는 아래와 같다.

$$k = \frac{1}{0.30 + 0.20} = 2$$

여기서 비록 수출증가분 $\Delta X = 10$이라고 해도 최초의 무역수지 적자폭인 10을 완전히 제거하지 못할 것이다. 그 이유는 유발되는 수입의 증가 ($\Delta M = 0.20(20) = 4$)가 추가되기 때문에 순무역수지 변화분은 $\Delta X - \Delta M = 12 - 4 = 8$만큼 개선되므로 그래도 4만큼의 무역수지 적자가 남는다.

앞의 예에서는 수출의 자율적인 증가로부터 시작했다. 이와 달리 국내투자가 자율적으로 증가한다면 무역수지에는 역의 효과가 나타날 것이다. 그 이유는 승수효과를 통하여 소득이 증가함에 따라 수입이 증가하기 때문이다. 수출에는 아무런 변화가 일어나지 않지만 수입이 증가되는 만큼 무역수지가 악화될 것이다.

[그림 8.4]를 이용하여 이 경우의 예를 들어보자. 처음에 $I = S$, $X = M$을 만족하는 E점이 균형점이 되며 이때의 소득수준 Y_1이 균형소득수준이 된다.

[그림 8.4] 개방경제하의 승수와 투자증가의 효과

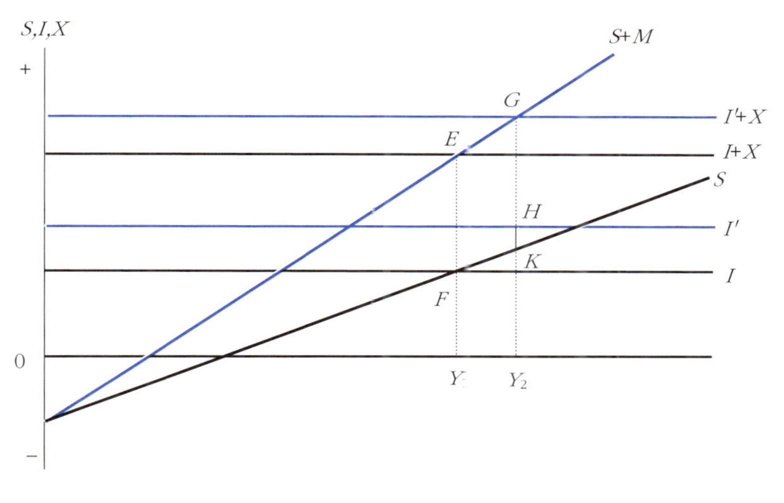

만약 수출은 변화하지 않는 상태에서 투자가 I에서 I'수준으로 증가한다면 새로운 균형점은 G가 될 것이고, 이때의 균형국민소득 수준은 Y_2이다. 수입은 EF에서 GK만큼 증가하게 될 것이고 이로 말미암아 무역수지 적자는 HK만큼 증가하게 될 것이다. 투자 역시 저축보다 HK만큼 높게 된다.

요약

1. 폐쇄경제하에서의 균형소득 수준은 사람들이 소득 중에서 기꺼이 하고자 하는 저축수준과 투자가 같아지는 점에서 결정된다. 즉, $I=S$가 성립하는 점에서 균형소득이 결정된다. 폐쇄경제하에서 일국 소득은 소비되든지 아니면 저축된다. 따라서 한계소비성향과 한계저축성향의 합은 1이 될 것이다.

2. 개방경제는 폐쇄경제와 달리 해외부분을 포함하는 현실적인 경제를 의미한다. 일국 경제의 유입과 유출 차원에서 살펴보는 균형소득은 외생적으로 결정되는 지출, 즉 투자와 수출의 합과 소득의 변화에 영향을 받는 저축과 수입의 합이 같아지는 점에서 결정된다.

3. 개방경제하의 투자성향은 저축과 수입으로 유출되는 금액이 많으면 많을수록 승수의 크기는 작아진다. 이에 대한 설명은 폐쇄경제하에서와 같은 논리에서 할 수 있다. 국내의 재화와 용역을 위해 사용되지 않은 소득부분은 소득의 연속적인 증가를 작게 할 것이고, 승수의 크기 또한 작게 만들 것이다.

토의과제

1. A국의 한계저축성향 (mps)은 0.20이고 한계수입성향 (mpi)이 0.10이라고 할 때 A국의 국내투자가 100억이 증가되었다면 국민소득은 얼마나 변화되겠는가?

2. 1번의 소득승수 크기가 무역부문이 없는 폐쇄경제인 경우와 어떻게 다른가? 그 이유는 무엇인가?

3. 만약 B국의 경상수지가 흑자라고 한다면 B국의 국내저축과 투자와는 어떤 관계가 있는지 설명하시오.

4. 초기의 균형 GNP를 4,000달러라고 하고 그것을 세분하여 아래와 같이 주어졌을 때 다음 물음에 답하라.

소비: 3,000달러

투자: 400달러

수출: 600달러

1) 만약 저축이 500달러라고 한다면 초기의 상품수지는 얼마인가?

2) 한계수입성향 (m)이 0.20이고 한계저축성향 (s)이 0.10으로 주어졌다고 하고 투자가 400달러 만큼 자율적으로 증가되었다면 새로운 균형 GNP는 얼마이겠는가? 그리고 새로운 상품수지는 얼마인가?

5. 국가간에 자본이동이 완전 유동적일 때 다음 요소들의 변화가 국민소득결정에 어떤 영향을 미치는가를 설명하라.

1) 수출의 감소

2) 정부지출의 증대

3) 국내 이자율의 상승

제 9 장
국가간의 자본이동

본 장에서는 국가간에 일어나는 자본이동의 원인과 경제적 효과를 분석한다. 이를 분석하기 위해서 두 가지 분석방법을 이용코자 한다. 하나는 각국 자본한계생산물곡선을 이용하고 다른 하나는 시차생산함수를 이용하여 국가간의 자본이동의 원인과 효과를 분석한다.

제 1 절 자본의 국제이동: 한계생산물곡선을 이용

생산요소 가운데 자본의 국제이동은 노동에 비해 활발하다. 왜냐하면 대부분의 나라들이 노동보다는 자본의 국지이동에 대해 규제를 덜하기 때문이다. 만약 세계경제하에서 경제적 요인에 의한 자본의 이동이 발생한다면 이동의 방향은 실질이자율이 낮은, 즉 자본의 한계생산물이 낮은 나라에서 실질이자율이 높은 나라로 이동이 이루어 질 것이다.

[그림 9.1]을 통하여 자본의 국제이동의 원인과 그 영향에 대해서 검토해보자. 세계경제에는 I 국과 II국 두 나라만이 존재하고 두 나라 모두 자본과 노동의 두 생산요소를 이용하여 한 재화 X재만을 생산하며 이때 X재의 생산함수는

[그림 9.1] 자본의 국제이동과 경제적 효과

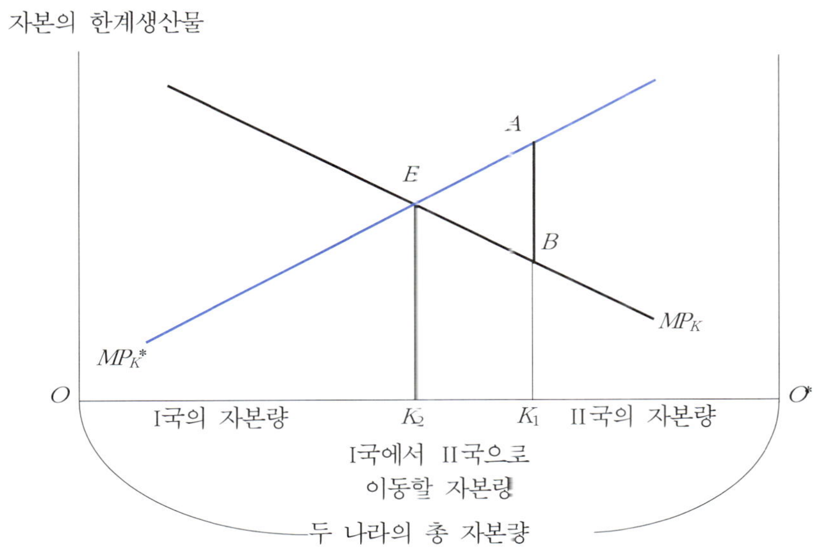

수확체감의 성질을 지닌다고 가정하자. 또한 I국과 II국 사이에 자본의 이동은 완전히 자유로운 상태이며 생산요소는 완전고용되며 모든 시장은 완전경쟁적이라 가정하고 국가간의 자본이동을 그림을 이용하여 검토해 보기로 하자.

[그림 9.1]에서 횡축의 O는 I국의 원점이고, O^*는 II국의 원점이며 OO^*는 I국과 II국이 가지고 있는 전 세계의 총자본량이고 MP_K과 $MP_K{}^*$는 각각 I국과 II국 자본의 한계생산물을 나타낸다. 그런데 경쟁상태에서 자본의 한계생산물은 실질이자율을 의미한다. 자본의 이동이 있기 전 I국은 OK_1만큼의 자본량을, II국은 O^*K_1만큼의 자본량을 보유하고 있다. 주어진 노동량의 배분상태에서 실질이자율(BK_1)은 II국의 실질이자율(AK_1)에 비해서 낮다. 따라서 자본이동에 대한 규제가 없다면 I국의 자본은 높은 이자율을 얻기 위해서 II국으로 이동할 것이며 이와 같은 현상은 두 나라의 이자율 수준이 EK_2로 같아질 때까지 계속될 것이다. 이에 따라 I국의 자본은 K_1K_2만큼 감소하여 OK_2 수준으로 줄어들고 II국의 자본은 K_1K_2만큼 증가하여 O^*K_2수준으로 늘어날 것이다.

자본의 국제이동은 다음과 같은 경제적 효과를 미친다.

첫째, 두 나라의 실질이자율이 같아진다. I국의 실질이자율은 증가하고 II국의 실질이자율은 감소하면서 두 나라의 실질이자율은 균등한 수준에 도달한다.

둘째, 세계 전체의 생산량은 증가한다. 자본의 이동이 발생하기 이전에 I국의 총생산량은 원점 O에서 K_1에 이르는 MP_K곡선 아래의 영역이 된다. 자본이 해외로 이주함에 따라 I국은 K_1K_2EB만큼의 생산량이 감소한다. 반면 II국의 총생산량은 자본의 이동이 있기 전 O^*에서 K_1에 이르는 $MP_K{}^*$곡선 아래의 영역이었으나 자본의 유입으로 K_1K_2EA만큼의 생산량이 증가했다. II국의 생산량 증가분은 I국의 감소분을 상쇄하고도 삼각형 ABE만큼 남는다.

셋째, 소득분배에 미치는 영향은 나라와 계층에 따라 다르다. 자본이 유출된 I국의 자본가들은 자본의 한계생산물 증가로 인해 이전보다 높은 이자수입을 받게 되며 I국 노동자는 생산량의 감소로 인해 낮은 임금수입을 얻을 것이다. 반면에 자본이 유입된 II국의 자본가들에게는 이자수입이 감소하였으며 II국 노동자의 임금은 상승할 것이다. I국에서 II국으로 자본이 이동한 결과 전 세계 자본의 실질이자율 수입은 상승하였다.

위의 모형에서는 I국과 II국이 하나의 재화를 생산하는 것을 가정하였다. 재화의 수를 둘로 확대하면 헥셔-올린(Heckscher-Ohlin)의 이론이 제시하는 바와 같이 재화의 국제이동은 생산요소의 국제이동과 대체관계에 있게 된다. 자본은 국제적으로 이동하지 않고 상품만 자유로이 거래된다고 가정한 상태에서 자본이 풍부한 나라가 자본집약재의 수출을 위하여 자본을 집중적으로 사용하면 결국 자본이 소진되어 국가간 생산요소부존의 차이가 줄어들고 생산요소가격의 차이도 작아지기 때문에 생산요소의 국제이동은 감소할 것이다.

생산요소가격의 차이에 따른 생산요소의 국제이동은 또한 상품교역의 기회를 축소시킨다. 예를 들어 임금이 낮은 곳에서 높은 곳으로 노동이 자유로이 이동하게 되면 노동이 풍부한 나라로부터 노동이 희소한 나라로 노동은 유입된다. 따라서 생산요소부존도의 차이는 줄어들고 결국 상품교역의 기회는 축소된다. 이처럼 헥셔-올린(Heckscher -Ohlin)의 이론상 상품무역과 생산요소의 국제이동은 서로 대체관계이 있다고 할 수 있다.

그러나 현실적으로 상품무역과 생산요소의 국제이동은 완전대체가 아니다. 각종 무역장벽이 엄연히 존재하고 국가간 기술 및 자원의 차이가 여전히 좁혀지지 않고 있다. 결국 재화의 수를 둘로 확대해도 위 모형의 결론에서 크게 벗어나지 않음을 알 수 있다. 따라서 생산요소의 국제이동은 상품의 무역과 같은 맥락에서 이해해도 무방할 것으로 보인다.

제 2 절 자본의 국제이동: 시차생산함수를 이용[1)]

노동의 국제이동에 대한 원인과 그 경제적 효과는 이미 사용된 동일한 방법으로 분석할 수 있다. 분석의 틀이 앞 절과 같은 상태에서 자본만 노동으로 대체된 경우를 상정해 보자. 이때 I국에서 II국으로의 노동이동은 다음과 같은 경제적 효과를 미친다.

첫째, 두 나라의 실질임금이 같아진다. I국의 실질임금은 증가하고 II국의 실질임금은 감소하면서 두 나라의 실질임금이 균등한 수준에 도달한다.

둘째, 노동의 국제이동은 세계전체의 생산량을 증가시킨다. II국의 생산량 증가분은 I국의 감소분을 상쇄하고도 남는다.

셋째, 노동의 국제이동이 소득분배에 미치는 영향은 나라와 계층에 따라 다르다. I국의 노동자들은 전보다 높은 실질임금을 받게 되었으며 노동의 유출로 I국 자본의 실질이자율은 감소하였다. II국의 노동자들은 실질임금이 감소하였으며 노동의 유입으로 II국 자본가의 실질이자율은 증가하였다. I국에서 II국으로 이동한 노동의 실질임금은 상승하였다.

그러나 자본은 이동형태의 측면에서 노동과 다르다. 노동이 국제적으로 이동한다는 것은 실제 노동자가 한 나라에서 다른 나라로 물리적으로 이동하는 것을 의미하지만 자본의 경우는 그렇지 않다. 자본의 이동은 대개 생산설비의 직접이동이 아닌 국제금융거래를 통하여 발생한다. 일본의 은행이 한국기업에 융자를 제공하거나 미국의 투자자들이 한국주식을 매입하는 경우가 그 예이다. 한 나라가 다른 나라로부터 돈을 빌리는 것은 현재의 소득을 초과하여 누릴 수 있는 소비권리를 미래에 반드시 지급한다는 약속하에서 부여받는 것이다. 즉, 국제간 자본대차는 현재재와 미래재의 교환으로 해석할 수 있다.

---

1) 김세영 · 허윤, 국제무역론, 2004, pp. 177-181 참조.

[그림 9.2] I 국 생산과 소비의 균형

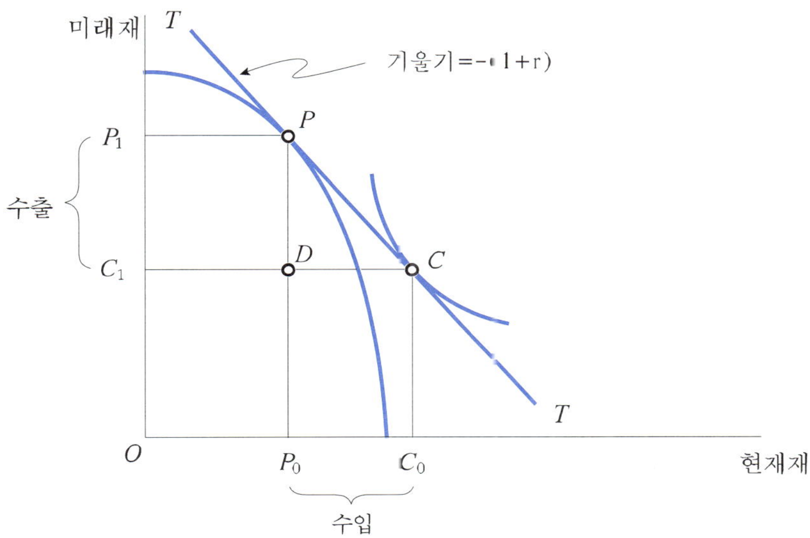

시점간 무역모형에서 자본이동은 현재소비와 미래소비의 교환을 의미한다. 이제 시점간 모형을 통하여 I 국의 후생극대화 과정을 살펴보자. I 국은 한 재화만을 생산하여 소비할 수 있으며 선택은 현재와 미래 두 시점에 걸쳐 이루어진다고 가정하자. [그림 9.2]에서 원점에 오목한 곡선은 시점간 수확체감의 생산가능곡선이다. 횡축에는 현재재의 소비와 생산이, 종축에는 미래재의 소비와 생산이 표시된다.

특히, [그림 9.2]의 시점간 생산가능곡선은 I 국이 II 국에 비해 상대적으로 미래재 생산에 유리하다는 가정하에 그려진 것이다. 생산가능곡선이 종축으로 치우친 것은 미래재의 상대가격이 낮다는 의미이다. I 국의 경우 국제대차가 존재하지 않는 상황에서 미래재에 비교우위를 가지고 있다. 이는 그래프상 더욱 가파른 접선의 기울기로 나타난다. 미래재의 비교우위는 높은 실질이자율을 의미하므로 국제대차는 자본을 빌리는 방향으로 결정된다. I국은 II국에게 유리한 투자기회를 제공하는 셈이다. 이는 I국이 II국에 비해 상대적으로 투자기회가 많아서 투자수익률이 높다는 사실을 의미하며 급속한 성장을 하는 국가가 이에 해당된다.

자본의 국제적 대부와 차입의 기회가 주어지지 않는다면 본국은 시점간 생산가능곡선의 한 점에서 생산과 소비를 동시에 행하게 될 것이다. 국제대차가 이루어지면 두 나라는 새로운 제약하에서 사회후생을 극대화하기 위한 생산점과 소비점을 선택할 수 있게 된다.

국제대차가 가능한 경우 본국의 예산제약식은 다음과 같다.

$$P_0 + \frac{P_1}{(1+r)} = C_0 + \frac{C_1}{(1+r)} \quad \cdots\cdots (9\text{-}1)$$

여기서 P_0, P_1, C_0, C_1는 각각 1기와 2기의 생산과 소비를 나타내며 r은 실질이자율, $(1+r)$은 현재소비 1단위를 포기함으로써 얻는 미래소비의 크기, $1/(1+r)$은 현재소비로 표시한 미래소비 1단위의 상대가격이다. 그런데 시점간 제약식 (9-1)은 생산의 현재가치와 소비의 현재가치가 같아져 국제대차가 장기적으로 균형을 이루게 됨을 의미한다. 이러한 시점간 예산제약식은 [그림 9.2]에서 시점간 생산가능곡선과 P점에서 접하면서 기울기가 $-(1+r)$인 TT선으로 나타난다.

이제 식 (9-1)의 예산제약하에서 I국은 $U=U(C_0, C_1)$로 주어진 시점간 사회후생함수를 극대화하고자 한다. 사회후생은 어떤 점에서 극대화될 것인가? I국의 사회후생은 무차별곡선과 예산제약선이 접하는 C점에서 극대화된다. 결국 생산과 소비는 각각 P점과 C점에서 이루어지고, 이에 따라 I국은 1기에는 $\langle C_0-P_0 \rangle$의 수입을, 2기에는 $\langle P_1-C_1 \rangle$만큼의 수출을 함으로써 시점간 사회후생을 극대화할 수 있다.

그러면 위의 모형에서 실질이자율 r은 어떻게 결정될까? 만일 I국이 소국이라면 r은 해외에서 주어지게 될 것이다. 그러나 I 국이 대국이라면 r은 세계전체 미래소비의 수요와 공급이 일치하는 점에서 결정된다. 이를 살펴보기 위해 상대적으로 미래생산에 유리한 I 국과 상대적으로 현재생산에 유리한 II국을 동시에 고려하여 보자.

식 (9-1)과 같은 방식에 의하여 II국의 시점간 예산제약식은 아래와 같이 주어진다.

$$P_0^* + \frac{P_1^*}{(1+r)} = C_0^* + \frac{C_1^*}{(1+r)} \quad \cdots\cdots (9\text{-}2)$$

[그림 9.3]에서 알 수 있듯이 II국의 예산제약식 (9-2)는 식 (9-1)과 같은 기울기를 지니는 T^*T^*직선으로 나타낼 수 있다. 이 경우 사회후생을 극대화하는 생산점과 소비점은 각각 P^*와 C^*가 된다. 즉, 1기에는 $\langle P_0^* - C_0^* \rangle$만큼 수출하고, 2기에는 $\langle C_1^* - P_1^* \rangle$만큼 수입함으로써 II국의 시점간 사회후생을 극대화할 수 있게 된다.

여기서 I 국의 수출입과 II국의 수출입을 비교하면,

$$C_0 - P_0 = P_0^* - C_0^*$$

$$P_1 - C_1 = C_1^* - P_1^*$$

의 관계가 성립한다.

I 국의 무역삼각형 PCD와 II국의 무역삼각형 $P^*C^*D^*$를 똑같게 만드는 이자율을 찾을 수가 있는데 그것이 바로 균형실질이자율 r이 된다. 결국 시점간 무역모형에서 국제자본의 대차는 양국 투자수익률의 차이에 따라 발생한다. 양국은 균형이자율로 현재소비와 미래소비를 교환, 양국간의 자본이동을 야기함으로써 높은 사회후생을 누릴 수 있게 된다.

[그림 9.3] II국 생산과 소비의 균형

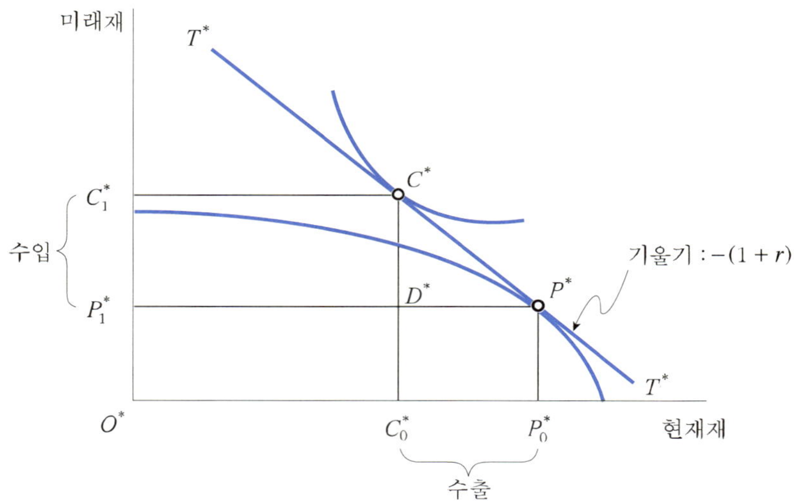

1970년대 자본의 국제이동을 살펴보면 위와 비슷한 양상을 발견할 수 있다. 1973년부터 1981년까지 석유수출국들이 국제자본시장에 제공한 자본은 약 3,840억 달러이다. 같은 기간 후진국들은 국제자본시장을 통해 약 4,090억 달러의 자본을 조달하였으며, 선진국들은 이보다 훨씬 적은 640억 달러를 조달하였다. 이미 설명한 시점간 모형을 생각해보면 이 같은 결과는 당연하다. 1970년대 국제유가의 급등으로 사우디아라비아와 같은 산유국들은 현재 소득이 급격히 증가했다. 소득은 증가했으나 국내 투자기회는 마땅치 않았다. 인구는 적고 원유를 제외한 기타 자원은 부족했으며 전문인력의 수도 충분하지 않은 상황에서 이들 국가들은 소득의 상당부분을 해외에 투자하게 되었다. 반면 한국, 브라질 등 신흥공업국에서는 예상수익률이 높은 공업부문이 팽창하면서 국내외에 투자기회를 제공하였다.

요약

1. 자본의 국제이동은 다음과 같은 경제적 효과를 미친다. 첫째, 두 나라의 실질이자율은 같아진다. 둘째, 세계전체의 생산량은 증가한다. 셋째, 소득분배에 미치는 영향은 나라와 계층에 따라 다르다.

2. 자본은 이동의 형태라는 측면에서 노동과 다르다. 노동이 국제적으로 이동한다는 것은 실제 노동자가 한 나라에서 다른 나라로 물리적으로 이동하는 것을 의미하지만, 자본의 경우는 그렇지 않다. 자본의 이동은 대부분의 경우 생산설비의 직접이동이 아닌 국제금융거래를 통하여 발생한다.

3. 시점간 무역모형에서 국제자본의 대차는 양국의 투자수익률의 차이에 따라 발생한다. 양국은 균형이자율에서 현재소비와 미래소비를 교환, 양국간의 자본이동을 야기함으로써 높은 사회후생을 누릴 수 있게 된다.

토의과제

1. 두 나라의 한계생산물 곡선을 이용하여 자본의 국제이동으로 증가되는 세계 전체의 생산량 증가를 그림으로 설명하고 나타내시오.

2. 자본이 이동의 형태에서 노동과 어떻게 다른가를 설명하시오.

3. 자본이 국제적으로 이동하는 동기는 무엇인가? 그리고 소득분배는 나라와 계층에 어떤 영향을 미치는지를 설명하시오.

제 10 장
개방경제모형과 자본이동

본 장에는 국제수지균형, 물가안정 및 고용증대를 위한 정책을 검토한다. 즉, 국민경제의 대내외 경제균형에 대해 살펴본다. 보통 대내균형은 한 나라 경제 차원에서 고용을 늘리면서 적정한 경제성장을 달성하는 것을 말하지만 대외균형은 바람직한 국제수지 상태를 유지하는 것을 뜻한다. 최근 세계화 열풍에 의해 국가간 장벽이 무너지고 활발한 자본이동을 통해 전 세계 금융시장이 통합되어 가고 있다. 국가간 거래에서도 경상거래의 반대급부에서 발생하던 자본거래는 오래 전의 얘기가 되었고 요즈음은 오히려 경상거래에 비해 자본거래가 훨씬 더 큰 비중을 차지하고 있는 실정이다.

제 1 절 개방경제와 시장의 균형

그럼 우선 개방경제에서 생산물시장, 화폐시장 및 국제수지가 균형을 이루는 국민소득과 이자율의 균형수준을 도출해 보기로 하자.

1. 생산물시장의 균형: IS곡선의 도출

생산물시장의 균형을 표방하는 IS곡선은 다음과 같이 생산물에 대한 수요와 공급이 일치하는 이자율과 국민소득의 조합을 의미한다. 단순모형에서는 투자가 소득과 관계없이 독립적으로 주어진 것으로 가정하였으나 여기서는 투자를 이자율의 함수로 간주한다. 이자율이 높을수록 투자가 감소하는 이자율을 투자의 비용개념으로 가정하였다.

즉, 소비와 수입은 소득의 함수로 정부지출과 수출은 소득과 독립적으로 그리고 이자율은 소득의 함수로 가정하여 생산물시장의 균형식을 아래와 같이 정리할 수 있다. 다시 말하면 소비와 수입은 소득과 정의 관계로 보지만 투자는 이자율과 부의 관계로 보며 그밖에 정부지출과 수출은 외생적으로 주어진다고 가정해 보자. 그러면 생산물시장의 균형식이 아래와 같이 정리된다.

$$Y = C(Y) + I(i) + \overline{G} + \overline{X} - M(Y) \quad \cdots\cdots (10\text{-}1)$$

$$\text{단,}\ \ Ii\left(=\frac{dI}{di}\right) < 0,\ 0 < Cy\left(=\frac{dC}{dY}\right) < 1,\ \ My\left(=\frac{dM}{dY}\right) > 0$$

*IS*곡선의 기울기를 알아보기 위해서 (10-1)식을 전미분 형태를 취하여 정리하면 아래와 같다.

$$dY = CydY + Iidi + d\overline{G} + d\overline{X} - MydY \quad \cdots\cdots (10\text{-}2)$$

여기서 정부지출과 수출은 국민소득과 이자율의 영향을 받지 않으므로 변화가 없으므로 $d\overline{G}=d\overline{X}=0$이라 놓고 IS곡선의 기울기인 $\frac{di}{dY}$를 구하면,

$$\frac{di}{dY}\Big|_{IS}=\frac{1-Cy+My}{Ii}=\frac{s+m}{Ii}<0 \quad \cdots\cdots\cdots (10\text{-}3)$$

그래서 IS곡선은 위 식을 만족시키는 Y와 i의 조합을 나타낸다. 따라서 가로축은 소득을 세로축은 이자율을 나타내며 IS곡선을 다음과 같이 그릴 수 있다.

*IS*곡선의 기울기는 음이 된다. 여기서 IS곡선의 기울기를 보다 쉽게 설명하기 위하여 (10-1)식을 이용해 보자. 우선 (10-1)식을 균형 시키는 a점이 있다고 하자. 그런데 여기서 소득이 증가된다고 가정하면 위 식의 좌변과 우변

[그림 10.1] 개방경제에서의 IS곡선의 도출

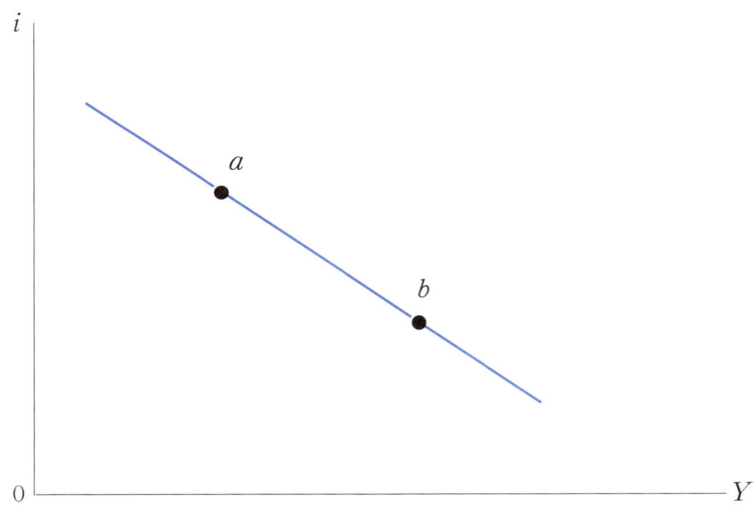

모두를 증가시킬 것이다. 그러나 우변의 증가폭은 한계소비성향이 1보다 작고, 소득증가는 수입을 증가시키므로 좌변의 증가폭 보다 작을 것이다. 위 식을 균형시키기 위해서는 이자율이 낮아져서 투자가 증가되어야 할 것이다. 따라서 IS곡선은 우하향하는 형태가 된다.

2. 화폐시장의 균형: LM곡선의 도출

화폐시장의 균형을 나타내는 *LM*곡선은 다음과 같이 화폐에 대한 수요와 공급이 일치하면서 도출된다. 화폐시장의 수요와 공급이 일치하는 균형은 다음과 같이 표시된다.

$$\frac{M^S}{P} = \frac{M^D}{P} = L(Y,\ i) \cdots\cdots (10\text{-}4)$$

여기서 M^S는 화폐공급량, M^D는 화폐수요량, 그리고 P는 물가수준을 나타낸다. 그러면 화폐의 공급과 수요에 대해 살펴본 후에 화폐시장의 균형에 대해 알아보자.

1) 화폐의 공급

경제원론 수준에서 화폐에 대해서는 이미 이해하고 있겠지만 국제금융론을 공부하면서 이에 대해 다시 복습하는 것은 의의가 있다고 생각된다. 화폐는 인류가 발명한 가장 유용한 재화중의 하나라고 말할 수 있을 정도로 인간생활에 편리함을 준다. 화폐가 얼마나 중요한가를 알기 위해서 만약 우리들의 경제생활에 화폐가 없다면 재화를 사고판다든지, 여행을 다닌다든지, 그리고 취업을 하고 고용을 할 때 얼마나 불편하겠는지를 생각해 보면 그 중요성을 쉽게 이해할 수 있을 것이다.

화폐는 대개 중요한 3가지 기능을 수행한다. 첫째, 결제수단의 기능으로 교환의 매개기능이다. 둘째, 가치를 측정하는 화폐의 기능이다. 예를 들면 어떤 재화의 가치를 그 재화와 교환되는 화폐의 양으로 측정하게 되기 때문에 화폐는 재화의 가치측도의 기능을 가지고 있다. 셋째, 가치의 저장수단으로서 화폐가 활용된다는 것이다. 화폐 이외의 재화의 가치 저장수단은 유동성이 화폐보다는 낮다고 할 수 있다. 화폐는 가치의 저장수단으로 명목가치가 그대로 유지되는 유동성이 높은 재화이기 때문에 가치의 저장수단으로서 아주 유용하다 하겠다.

2) 화폐의 범위

한 나라에 유통되는 통화량은 비은행 민간이 가지고 있는 화폐와 요구불예금을 말하며 아래와 같이 표현할 수 있다.

$$M^s = C^p + DD$$

M^s : 명목화폐공급량
C^p : 비은행 민간이 가지고 있는 화폐
DD : 은행의 요구불예금

여기서 C^p는 비은행 민간이 가지고 있는 화폐란 우리가 사용하고 있는 지폐와 동전을 말한다. DD는 요구불예금(demand deposit)으로 현금은 아니지만 현금으로 인출될 가능성이 높은 당좌예금이나 보통예금을 말한다. 그럼 화폐의 공급인 통화량은 어떻게 조정되는가에 관심을 가질 필요가 있다.

그럼 우선 본원적 통화(H: high powered money)에 대해서 알아보자. 본원통화는 아래와 같이 비은행 민간이 보유한 화폐(C^p)와 상업은행의 지불준비금(Re)으로 구성된다.

$$H = C^p + Re$$

중앙은행은 본원적 통화를 기초로 하여 화폐공급을 조정할 수 있다. 이와 관련하여 중앙은행의 대차대조표의 차변과 대변을 요약하면 〈표 10.1〉과 같다. 차변은 중앙은행의 국내여신(CBC: Domestic Credit)과 국제지불준비금(IR: International Reserves)으로 구성된다. 그리고 대변에는 비은행 민간보유 화폐(C^p)와 상업은행의 지불준비금(상업은행의 시제금과 중앙은행에 예치된 지불준비금)으로 구성된다. 이를 우리는 본원적 통화(H)라 한다. 화폐공급은 이 본원적 통화가 기초가 되어 승수효과를 통하여 아래 식과 같이 이루어진다.

$$M^s = \mu(H) = \mu(\Delta CBC + \Delta IR)$$

여기서 통화승수(μ)는 돈의 총량을 의미하는 통화량을 중앙은행이 공급하는 본원통화(고성능 화폐)로 나눈 수치다.[1] 즉, 본원통화를 증가시키면 시중은행에 의해 얼마나 많은 파생통화가 시중에 공급되는지를 알 수 있는 지표이다. 위의 관계식에서 알 수 있듯이 중앙은행의 국내여신 변화와 국제지불준비금(외환보유고)의 변화는 본원적 통화의 변화에 영향을 미치고 본원적 통화의 변화는 통화승수를 통해서 화폐공급에 영향을 미친다. 본원적 통화는 중앙은행 자산이 늘어날 때, 즉 외화, 금 등의 국제지불준비금과 대여, 할인, 정부공채 등의 증가에 의해 창출된다.

---

1) $\frac{M^s}{H} = \frac{C^p + DD}{C^p + R_e} = \frac{C^p/DD + DD/DD}{C^p/DD + R_e/DD} = \frac{C_u + 1}{C_u + r_e}$

$M^s = [\frac{C_u + 1}{C_u + r_e}]H = \mu H$

여기서 $\frac{C_u + 1}{C_u + r_e} = \mu$(통화승수)라 한다 그리고 $r_e = \frac{R_e}{DD}$ 이며 요구불예금에 대한 상업은행의 시재금 비율로 1보다 작다. $C_u = \frac{C^p}{DD}$ 이며 요구불예금에 대한 민간 소유의 통화량 비율을 나타낸다. 따라서 μ는 1보다 큰 값을 가진다.

〈표 10-1〉 중앙은행의 대차대조표

자 산	부 채
IR(International Reserve) CBC(Central Bank Credit)	Currency

3) 화폐의 수요

케인즈(J. M. Keynes)는 화폐수요의 동기를 거래적 동기, 예비적 동기 그리고 투기적 동기로 나누고 있다. 여기서 화폐수요에 대한 거래적 동기와 예비적 동기는 소득의 함수이고, 그 관계는 양이다. 화폐에 대한 수요가 소득과 양의 관계를 갖는 것은 소득이 증가할수록 예기치 못한 위험이나 지출을 대비하고 더 많은 거래의 편의를 도모하기 위해 많은 화폐가 필요하기 때문이다. 반면에 투기적 동기에 의한 화폐수요는 이자율의 함수이고 그 관계는 음이다. 이유는 이자율이 낮아질수록 금융자산을 화폐형태로 보유하는 것이 금융자산의 형태로 보유하는 것보다 기회비용이 낮기 때문에 화폐에 대한 수요는 증가한다. 따라서 화폐의 공급과 수요를 아래와 같이 나타낸다.

$$\frac{M^S}{P} = \frac{M^D}{P} = L(Y,\ i) = k(Y) + l(i) \quad \cdots\cdots\cdots\cdots \quad (10\text{-}5)$$

$L(Y,\ i)$는 실질화폐수요 함수이며, 국민소득의 증가함수인 거래적 및 예비적 동기를 나타내는 $k(Y)$와 이자율의 감소함수인 투기적 동기를 나타내는 $l(i)$로 나눈다. 그런데 LM곡선은 화폐부문의 균형을 나타내는 소득과 이자율의 조합을 그린 곡선이다.

[그림 10.2] 개방경제에서의 LM곡선의 도출

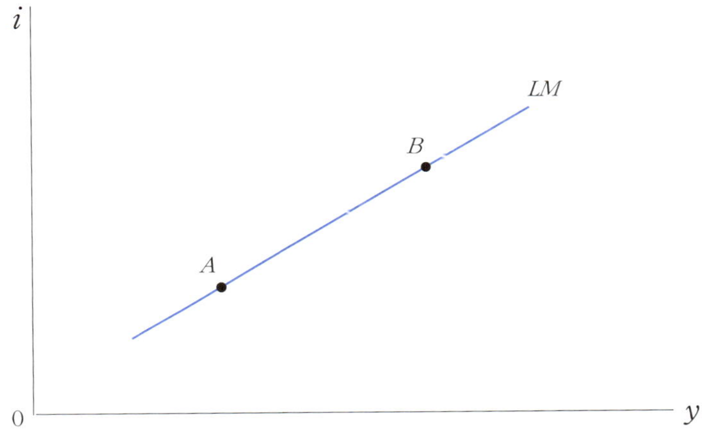

먼저 [그림 10.2] 상의 A점에서 화폐부문이 균형을 이루었다고 하자. 그럼 여기서 소득이 상승한다면 거래적 동기와 예비적 동기에 의한 화폐수요는 증가할 것이며, 화폐공급에 변화가 없는 한 화폐시장의 균형을 유지하기 위하여 투기적 동기에 의한 화폐수요의 감소로 상쇄되어져야 할 것이다. 투기적 동기에 의한 화폐수요를 감소시키기 위해서 이자율이 상승하여야 될 것이다. 즉, 화폐의 수요를 그대로 유지하기 위해서는 소득이 증가할 때 그에 상응하게 이자율의 상승이 이루어져야 할 것이다. 이러한 조건을 만족시키는 점이 바로 B점이다. 따라서 화폐부문의 균형을 나타내는 LM곡선은 [그림 10.2]에서와 같이 우상향 하게 될 것이다.

끝으로 일국경제는 생산물시장과 화폐시장이 동시에 균형을 이룰 때 대내균형을 달성한다. IS곡선과 LM 곡선이 교차되는 점 A에서 경제의 대내균형이 이루어진다.

[그림 10.3] 경제의 대내균형

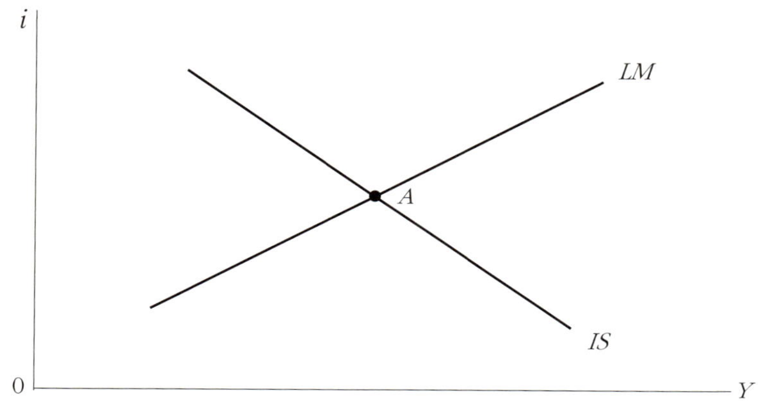

제 2 절 자본이동의 정도와 국제수지균형

본 절에서는 일국경제의 대외균형에 대해 살펴본다. 국제간의 자본이동이 있는 경우와 없는 경우로 나누어 국제수지 균형선이 어떻게 도출되는가를 검토해 보기로 한다.

1. 국제수지균형과 균형소득: 자본이동 없는 경우

국제간에 자본이동이 없는 경우에는 국제수지(BP)가 바로 경상수지(T)와 같다는 의미가 된다. 국제수지균형을 아래와 같이 나타낼 수 있다.

$$BP = T = X - M(Y) = \overline{T} - mY = 0 \quad \cdots\cdots (10\text{-}6)$$

$$Y_T = \frac{\overline{T}}{m} \quad \cdots\cdots (10\text{-}7)$$

여기서 X는 수출, M은 수입, $\overline{T}$는 수출 등 국민소득과 무관한 경상수지 부분을, m은 한계수입성향을 나타낸다. 위 식으로 국제간에 자본이동이 없을 때 국제수지를 균형시키는 소득수준은 일정하게 주어짐을 알 수 있다. 여기서 이자수준은 국제간 자본이동이 허용되지 않아서 국제수지에 아무런 영향을 주지 못하기 때문에 국제수지 균형선인 Y_T는 [그림 10.4]와 같이 수직선(BP곡선)으로 나타날 것이다.

[그림 10.4] 국제간 자본이동이 없는 경우의 국제수지 균형

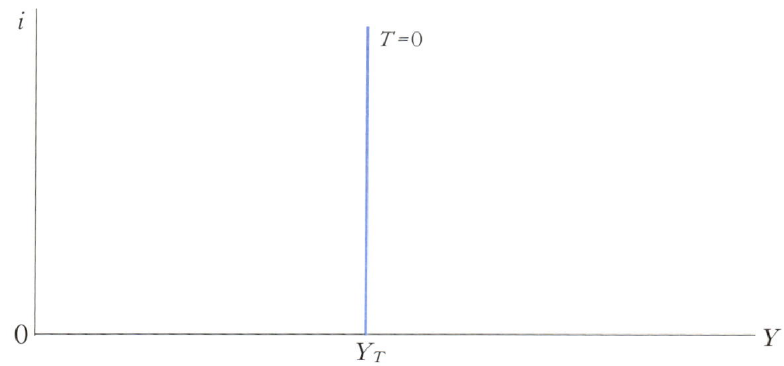

그런데 개방경제하에서 일국경제의 균형은 생산물시장부문, 화폐부문 및 국제수지부문이 동시균형을 달성한다는 것을 뜻한다. 즉, 국민경제의 대내외 동시균형은 [그림 10.5]에서와 같이 IS곡선, LM곡선, BP곡선이 만나는 점 A에서 이루어진다.

[그림 10.5] 개방경제하에서 국제간 자본이동이 없는 경우 국제수지균형

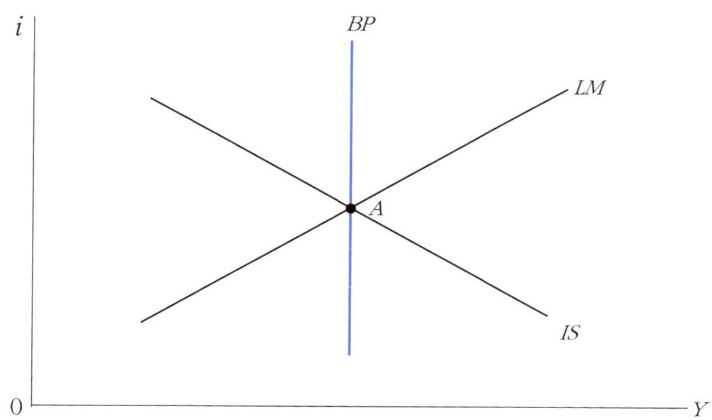

2. 자본이동의 정도와 국제수지균형

국제간 자본이동이 일어나는 경우 국제수지에는 경상수지뿐만 아니라 자본수지도 한 몫을 차지한다. 그리고 자본수지는 양국 이자율의 함수가 된다. 본국 이자율이 외국 이자율보다 낮을 경우 본국에 투자한 외국투자자들은 본국으로부터 자본을 유출시키려 할 것이고, 이 경우 본국의 거주자들도 외국의 금융자산을 구입하기 위해 자본을 유출시킬 것이다. 이러한 자본의 해외 유출은 본국의 자본수지 적자를 유발시킬 것이다. 반면 본국 이자율이 외국 이자율보다 높을 경우 본국에 투자한 외국투자자들은 본국의 금융자산을 더 많이 보유하기 위하여 본국에 자본유입을 발생시킬 것이며 국내 투자자들도 외국투자를 줄이고 본국으로 자본을 유입시킬 것이다. 이 경우 자본수지는 흑자가 될 것이다. 그럼 여기서 국제수지의 균형을 수식과 그림을 이용해서 설명해 보자

국제수지 BP는 경상수지 CA와 자본수지 KA로 구성되며 다음과 같다.

$$\begin{aligned} BP &= CA + KA \quad \cdots\cdots\cdots\cdots\cdots\cdots\cdots\cdots \quad (10\text{-}8) \\ &= CA(Y) + KA(i - i^*) \end{aligned}$$

여기서 i^*는 외국의 이자율이며 이를 주어진 것으로 가정하면, $BP = CA(Y) + KA(i)$로 얻을 수 있으며 여기서 국제수지 균형선인 BP곡선을 $(Y,\ i)$의 공간에 도출하면 [그림 10.6]과 같다.

국제수지가 균형을 이루고 있는 점 a에서 소득의 증가가 발생하게 되면 수입을 증가시켜 경상수지는 적자가 될 것이다. 이러한 경상수지 적자를 자본수지 흑자로 상쇄시켜야만 국제수지를 균형시킬 수 있을 것이다. 따라서 자본수지를 흑자로 만들기 위해서는 이자율을 상승시켜 자본유입을 도모해야 한다. 따라서 국제수지 균형선인 BP는 우상향한다.

[그림 10.6] 국제간 자본이동이 있는 경우 국제수지 균형

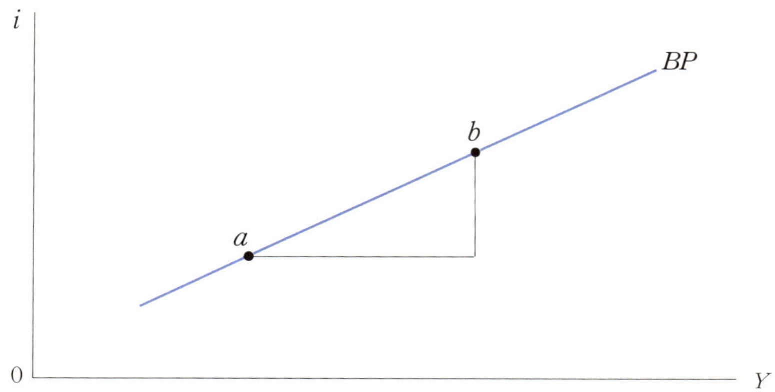

특히, BP곡선의 우측공간은 국제수지를 균형시키는 소득수준과 이자율수준보다 소득수준이 높거나 이자율 수준이 낮으므로 국제수지 적자를 나타내지만 BP곡선의 좌측공간은 균형수준의 소득과 이자율보다 소득수준은 낮고 이자율 수준은 높아서 국제수지는 흑자가 된다는 것을 알 수 있다.

특별히 BP의 기울기는 국가간 자본이 얼마나 유동적인가에 따라 다르다. 첫째 국제간에 자본이동이 완전유동적일 때 BP의 기울기는 거의 수평에 가까울 정도로 완만하다. 그 이유는 이자율이 조금만 변화하여도 자본이 대량으로 신속히 이동이 일어나기 때문이다([그림 10.7(a)]). 국가간 자본이동이 거의 일어나지 않을 때 BP곡선의 기울기는 가파르고([그림 10.7(b)]), 자본이동의 불완전한 정도가 극도로 심할 때는 그 기울기는 수직에 가깝다고 할 수 있다([그림 10.7(c)]).

따라서 한 나라의 경제균형이 생산물시장, 화폐시장 및 국제수지가 동시적 균형을 이룰 때 달성된다고 본다면 일국경제는 *E*점에서 대내외 균형이 이루어지게 된다.

[그림 10.7] 자본이동의 정도에 따른 BP곡선의 형태

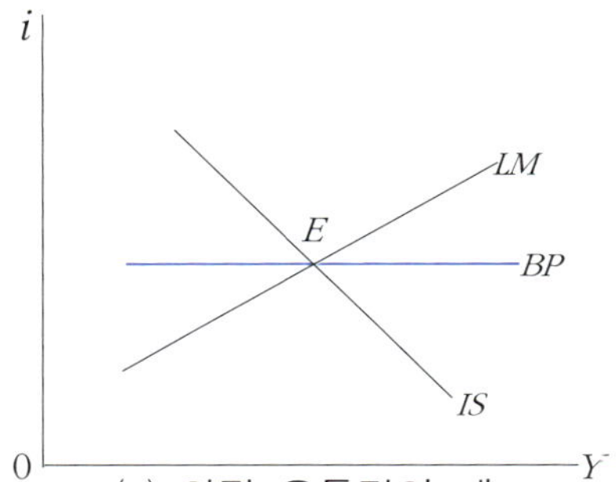

(a) 완전 유동적일 때

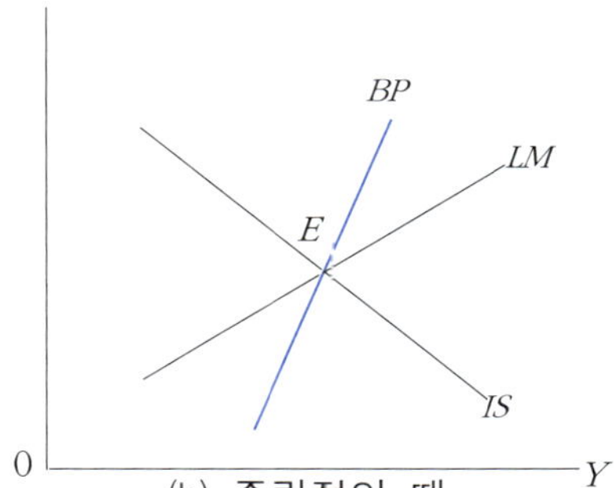

(b) 중립적일 때

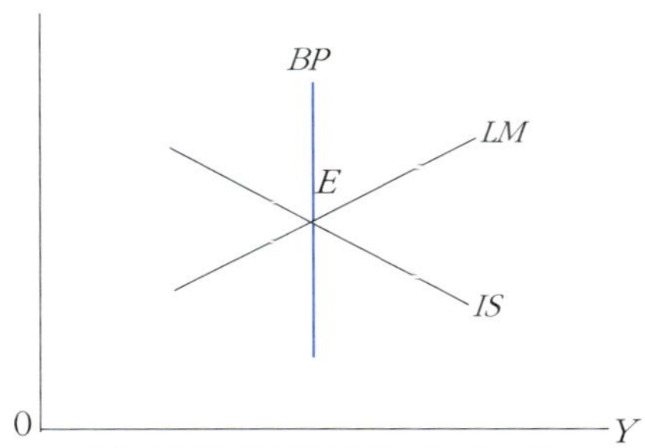

(c) 거의 일어나지 않을 때

요약

1. 생산물시장의 균형은 IS곡선으로 나타내며 생산물에 대한 수요와 공급이 일치하는 이자율과 국민소득의 조합을 의미한다. 화폐시장의 균형은 LM곡선으로 나타내며, 화폐에 대한 수요와 공급이 일치하는 이자율과 국민소득의 조합을 의미한다.

2. J.M. Keynes는 화폐수요의 동기를 거래적 동기, 예비적 동기, 그리고 투기적 동기로 나누고, 여기서 거래적 동기와 예비적 동기는 소득의 함수이고 그 관계는 양이다. 이에 반해 투기적 동기에 의한 화폐수요는 이자율의 함수이고 그 관계는 음이다.

3. 국가간에 자본이동이 없는 경우에는 국제수지를 균형시키는 소득수준은 일정하게 주어짐을 알 수 있다. 반면 이자율 수준은 국제수지에 아무런 영향을 주지 못하기 때문에 국제수지 균형선은 수직선으로 나타난다. 국제수지 균형을 나타내는 BP선의 기울기는 국가간에 자본이동의 유동성 정도가 높으면 높을수록 수평에 가까울 정도로 완만하다. 그 이유는 이자율이 조금만 변화하여도 자본의 이동이 대량으로 신속히 일어나기 때문이다.

토의과제

1. 개방경제에서 상품시장의 균형식을 도출하고 이를 이자율과 국민소득으로 표시된 이차원 그래프 평면에서 도해하라.

2. 화폐의 수요에 대한 Keynes의 3가지 동기를 설명하고 화폐시장의 균형을 나타내는 LM곡선을 이자율과 국내소득의 평면에서 도출하라.

3. 이자율에 대한 자본이동의 유동성 정도에 따라 달라지는 국제수지의 균형선을 이자율과 국민소득의 평면에서 도해하라.

4. 다음과 같이 국내지출(A), 상품수지, 그리고 세계 이자율(i)이 주어졌다 가정하고 아래에 답하라. 단, 국내자본시장은 국경이 없을 정도로 국제자본시장과 통합되어 있다.

$$A = \overline{A} + aY - bi = 500 + 0.75Y + 800i$$

$$T = \overline{T} - mY = 100 - 0.25Y$$

$$i^* = 0.08(8\%)$$

1) 만약 정부의 지출이 100만큼 감소했다면 이 나라의 균형 산출량은 얼마가 되겠는가?

2) 그리고 이 정부지출의 변화가 수입을 얼마나 변화시키겠는가?

5. 만약 앞 2번 문제에서 주어진 자료를 이용하고 추가적으로 실질 화폐수요함수와 그 경제의 생산물에 대한 물가수준이 아래와 같이 주어졌을 때 다음에 답하라.

$$L^D = 0.30Y - 2000i$$

$$P = 1.00$$

1) 경제균형에서 화폐공급량은?

2) 정부지출 100만큼의 감소가 국내 화폐공급에 미치는 영향은?

제 Ⅳ 편

환율제도와 정책의 효과

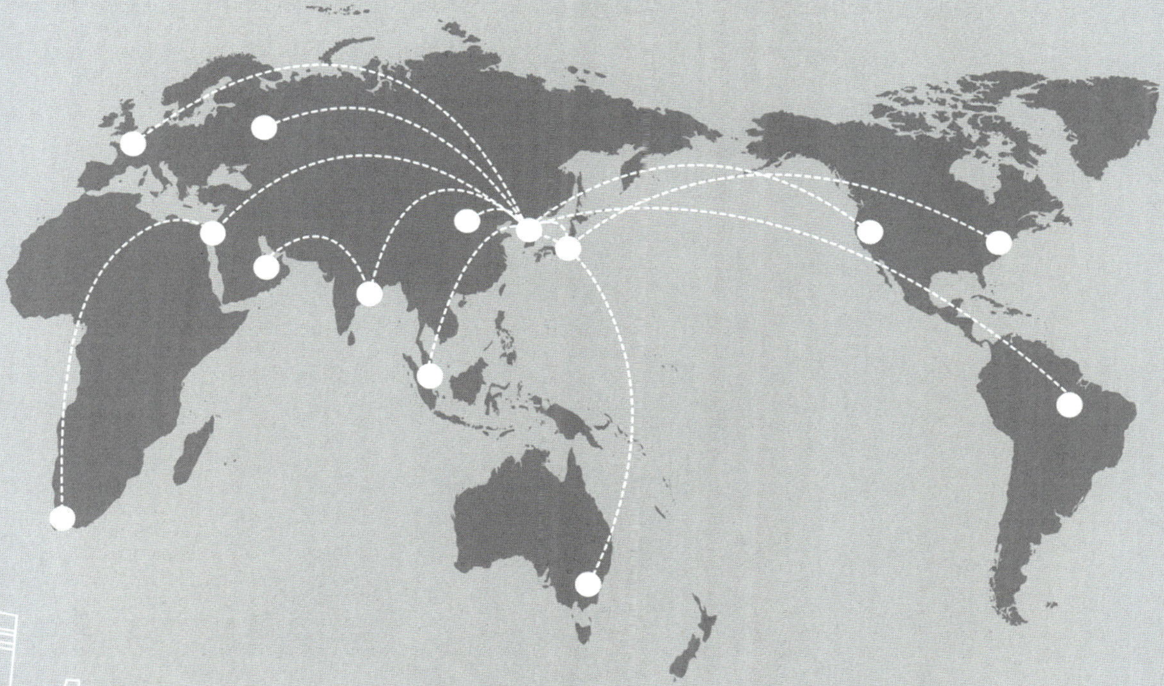

제 11 장
고정환율제도하의 재정·통화정책의 효과

변동환율제도하에서와 달리 고정환율제도하에서는 국제수지의 흑자 또는 적자가 발생할 수 있다. 따라서 고정환율제도하에서는 국제수지의 흑자와 적자에 따라 통화량이 부단히 변화함을 알 수 있다. 본 장에서는 이러한 상황에서 재정 및 통화정책의 효과를 검토하기로 하자.

제1절 자본이동의 유동성 정도와 재정정책의 효과

정부가 국민경제를 위해 정부지출을 인위적으로 조정하는 재정정책의 효과를 국가간 자본이동의 정도에 따라 분석하고자 한다. 그런데 여기서는 환율이 특정수준에 고정되어 있는 경우를 고려한다. [그림 11.1], [그림 11.2] 및 [그림 11.3]은 생산물시장, 화폐시장, 그리고 국제수지균형을 나타내는 곡선들을 이자율과 소득으로 나타낸 이차원 평면 위에 도해한 것이다.

첫 번째, [그림 11.1]은 국가간에 자본이동이 거의 일어나지 않는 경우이며 A점에서 생산물시장, 화폐시장, 그리고 국제수지가 균형을 이루고 있다. 만약 정부가 확장적인 재정정책을 펼 경우, 즉 정부지출을 증가시킬 때 생산물시장에 대한 수요를 늘리게 되어 IS 곡선을 우측으로 이동시키게 된다. 이 결과 경제균형은 새로운 균형점 B로 이동되며 여기서 새로운 IS' 곡선과 LM 곡선이 만나게 된다. 하지만 B점은 BP 곡선의 우측에 있으므로 경상수지 적자가 나타나게 된다. 이 경우 국가간 자본이동은 일어나지 않으므로 이러한 경상수지 적자는 소득증가에 의한 수입증가로 발생하는 경상수지적자라 할 수 있다.

그런데 균형점 B에서는 경상수지 적자, 즉 국제수지 적자는 외환보유고의 감소를 가져오고 결국 화폐의 공급을 감소시킴으로써 LM 곡선을 좌측으로 이동시킨다. 결과적으로 새로운 경제균형은 새로운 IS' 곡선과 LM' 곡선이 교차하는 C점에서 이루어진다. 결국 정부지출의 증대는 국민소득의 증대라는 경제목표는 달성하지 못하고 이자율만 상승시켜 오히려 민간투자만 감소시키게 되는 것이다. 이러한 현상을 우리는 구축효과(crowding-out effect)라고 부른다.

[그림 11.1] 국가간 자본이동이 없을 때

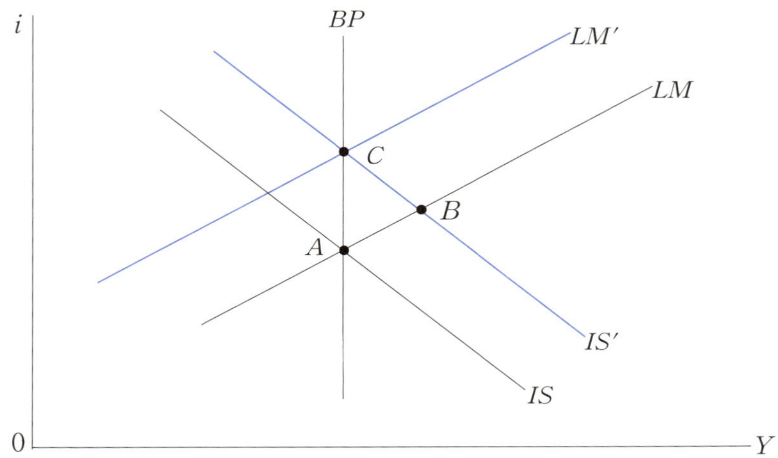

두 번째, [그림 11.2]의 경우에도 확장적인 재정정책으로 정부지출을 증대시키면 IS 곡선은 우측으로 이동한다. 그 결과 새로운 균형은 *B* 점에서 이루어진다. 그 이유는 생산물에 대한 수요가 증대될 경우 이자율과 소득을 상승시키기 때문이다. 여기에서 *B* 점은 *BP* 곡선의 우측에 있으므로 국제수지는 적자상태에 있다. 여기서 국제수지 적자의 규모는 그렇게 크지 않다. 그 이유는 *B* 점에서 소득수준이 기존 수준보다 높아 수입증대가 되어 상품수지 적자를 나타내게 되기 때문이다. 그러나 이자율이 기존 이자율보다 높기 때문에 해외에서 자본유입이 일어나 상품수지의 적자폭을 다소 상쇄시키게 된다. 여기서 발생한 국제수지 적자는 다시 통화량 감소로 나타나 *LM* 곡선을 좌측으로 이동시킨다. 결국 새로운 *IS′* 곡선과 *LM′* 곡선이 만나는 *C* 점에서 균형이 이루어지며, 이때의 소득수준은 최초의 균형 *A*점에서 보다는 다소 높아진다.

[그림 11.2] 국가간 자본이동의 우동성이 낮을 때

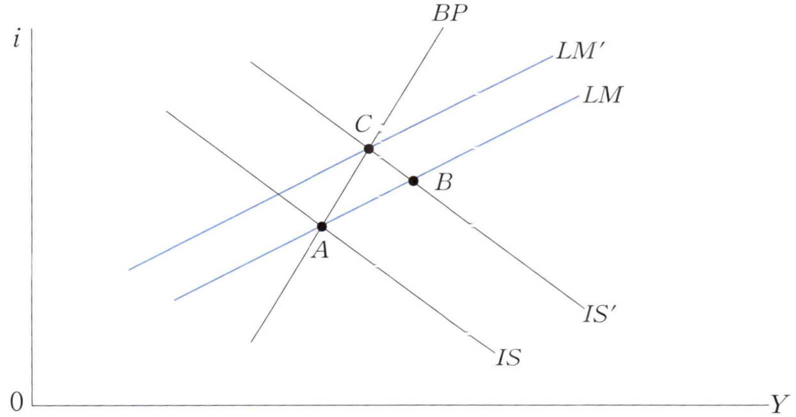

세 번째, [그림 11.3]의 경우에도 확장적인 재정정책으로 정부지출을 증대시키면 *IS* 곡선은 우측으로 이동한다. 그 결과 새로운 균형점은 *B* 가 된다.

[그림 11.3] 국가간 자본이동이 완전 유동적일 때

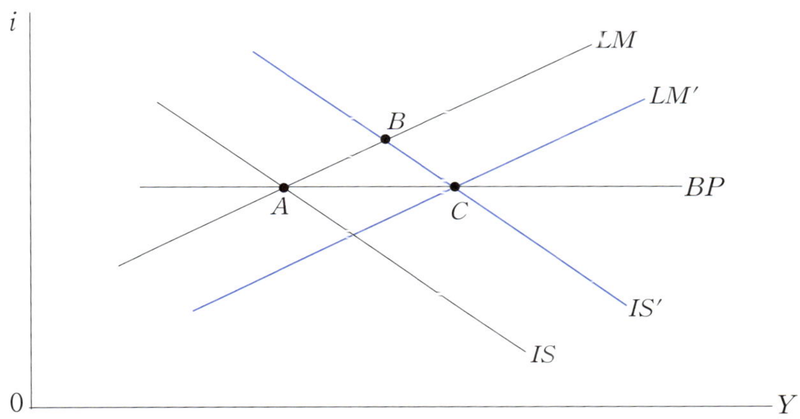

즉, 확장적인 재정정책으로 생산물에 대한 수요가 증대되어 이자율과 소득을 상승시키기 때문이다. 이때 국내이자율이 국제이자율보다 높은 수준에 있기 때문에 신속하게 자본의 유입이 발생하여 LM 곡선을 우측으로 이동시켜 C 점에 도달할 때까지 LM 곡선의 이동이 계속된다. 따라서 새로운 IS' 곡선과 LM' 곡선이 만나는 C 점에서 균형이 달성되며, 이때 이자율은 변동이 없지만 소득수준은 최초의 균형 A점에서 보다는 높아진다.

제2절 자본이동의 유동성 정도와 통화정책의 효과

여기서는 국가간 자본이동의 유동성정도에 따른 통화당국의 통화정책의 효과에 대해 살펴보고자 한다. 앞에서와 같이 국가간 자본이동의 유동성 정도는 크게 3가지로 나눌 수 있다. 첫째 국가간에 자본이동이 전혀 없을 때, 둘째 자본이동의 유동성이 낮을 때, 그리고 셋째, 자본이동의 유동성이 완전 유동적일 때로 나눈다.

확장적인 통화정책으로 화폐공급이 증가하게 된다면 *LM* 곡선은 우측으로 이동된다. 그 이유는 화폐공급이 증가할 경우 수요와 공급 원리에 의해서 이자율은 다소 낮아지고 소득수준은 높아지면서 화폐시장이 균형을 이루게 되기 때문이다. 따라서 *LM* 곡선은 우측으로 이동하게 될 것이다. 그럼 여기서 위의 세 가지 경우를 나눠서 분석해 보기로 하자.

첫째, [그림 11.4]와 같이 국가간에 자본이동이 일어나지 않을 때 국제수지

[그림 11.4] 국가간 자본이동이 없을 때

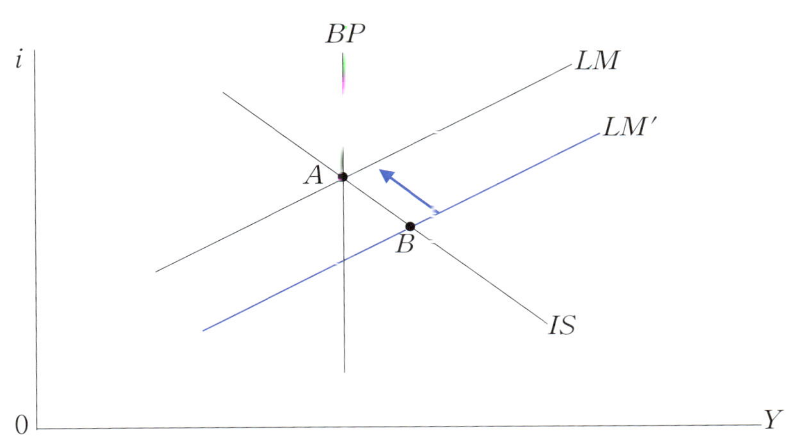

는 바로 경상수지가 되며 확장적인 통화정책이 실시될 경우 소득수준이 높아진 B 점에서 일시적인 균형을 이룬다. 하지만 이 점에서는 수입이 증대하게 되어 경상수지가 적자를 기록하게 된다. 이에 따라서 통화량의 감소를 초래하게 되면서 다시 LM 곡선은 좌측으로 이동하게 되어 생산물시장, 화폐시장, 그리고 국제수지가 균형을 이루는 원래의 A점으로 다시 돌아가게 된다. 결과적으로 화폐공급 증대정책은 국제수지의 조정과정을 통해서 소득수준이나 이자율에 아무런 영향을 미치지 못하게 된다는 것을 알 수 있다.

둘째, [그림 11.5]의 경우 확장적 통화정책이 실시되면 LM 곡선이 우측으로 이동하게 되며 이자율은 낮아지고 소득수준은 높아진다. 이자율이 낮아짐에 따라 자본유출이 발생하고 소득증가에 의해 수입이 증가하여 경상수지 적자규모는 커진다. 국제수지의 적자폭이 커짐에 따라 보다 빠른 속도로 LM 곡선이 좌측으로 이동하게 되며 원래의 출발점으로 돌아오게 된다. 따라서 이 경우도 확장적 통화정책의 효과는 나타나지 않는다.

[그림 11.5] 국가간 자본이동의 유동성이 낮을 때

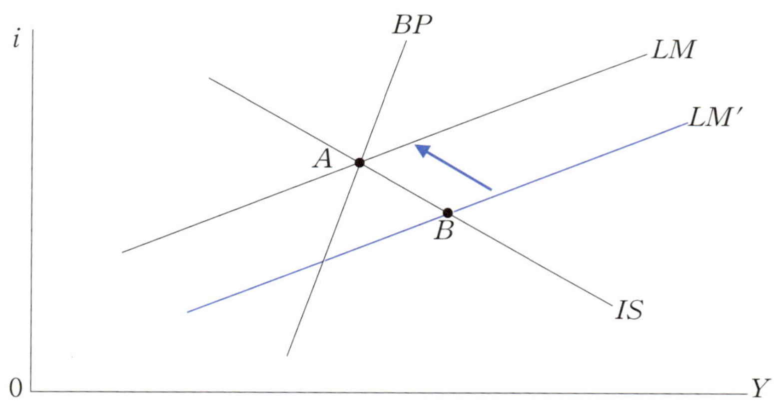

[그림 11.6] 국가간 자본이동이 완전 유동적일 때

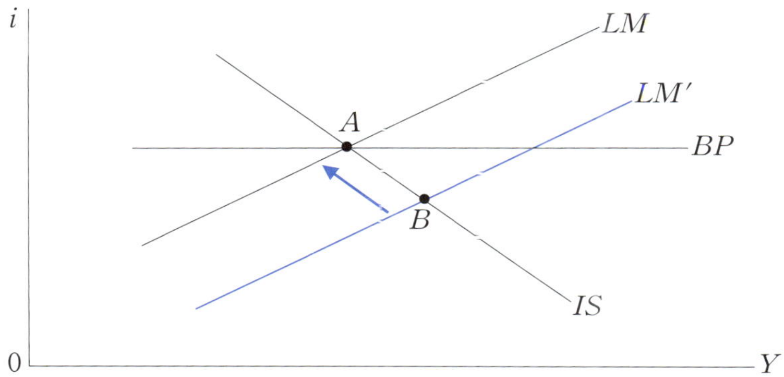

셋째, [그림 11.6]의 경우는 국가간 자본이동이 거의 완전에 가까울 정도로 유동적임을 보이고 있다. 이 경우 국가간 이자율 차이에 자본이동이 민감하게 반응하는 경우이다. 확장적 통화정책을 실시할 경우 *LM*곡선이 우측으로 이동되어 이자율은 하락하고, 소득은 증가하여 새로운 균형이 *B* 점에서 이루어진다. 그러나 *B* 점에서는 낮은 이자율로 인하여 대량의 자본이 신속하게 해외로 유출되며 소득증가로 수입이 증가하여 국제수지가 큰 폭의 적자가 되어 *LM* 곡선이 빠른 속도로 원래의 균형점 *A*로 되돌아가게 된다. 결국 이 경우도 확장적 통화정책의 효과는 없는 것으로 나타났다. 따라서 화폐공급 증대정책은 자본이동의 유동성과 무관하게 국제수지의 조정과정을 통해 소득수준이나 이자율에 아무런 영향을 미치지 못하므로 효력이 없는 것으로 나타났다.

요 약

1. 변동환율제도에서는 환율이 국제수지를 자동적으로 균형시키는 역할을 한다. 이에 반해 고정환율제도하에서는 국제수지 흑자 또는 적자가 발생할 수 있다. 따라서 고정환율제도하에서는 국제수지 흑자와 적자에 따라 통화량이 부단히 변화함을 알 수 있다.

2. 국가간에 자본이동이 거의 일어나지 않을 경우의 재정정책의 효과는 국민소득의 증대라는 목표는 달성하지 못하고 이자율만 상승시켜 오히려 민간투자만 감소시키게 된다. 이러한 현상을 우리는 구축효과(crowding-out effect)라고 부른다.

3. 국가간 자본이동의 유동성 정도에 관계없이 통화정책의 효과는 국제수지의 조정과정을 통하여 소득수준이나 이자율에 아무런 영향을 미치지 못하게 됨을 알 수 있다. 이는 재정정책의 효과는 국가간 자본이동의 유동성 정도에 따라 다소 소득이 증대하고 이자율이 상승하는 효과가 있는 것과 다르다.

토의과제

1. 고정환율제도하에서 국가간에 자본이동이 없는 경우를 가정했을 때 확장적 통화정책의 효과를 *IS-LM* 모형을 이용하여 설명하라.

2. 국내 수출에 대한 해외수요 감소가 국민소득, 이자율 및 상품수지에 미치는 영향을 *IS-LM* 곡선 모형을 이용하여 설명하라.

3. 고정환율제도하에서 국가간에 자본이동이 없는 경우 재정정책의 효과를 *IS-LM* 곡선을 이용하여 설명하라. 이 정책이 무역수지에 어떤 영향을 미치는가? 그리고 구축효과(crowding-out effect)를 설명하라.

제 12 장
변동환율제도하에서의 재정·통화정책의 효과

변동환율제도하에서의 경제정책은 고정환율제도하에서의 경제정책이 국제수지불균형하에서 이루어지는 것과는 달리 환율이 자유로이 변함에 따라 국제수지가 언제나 균형상태에 있다는 점에서 큰 차이가 있다. 여기에서도 장기적 차원에서 경제정책의 효과를 국가간 자본이동의 정도가 완전 제약적인 경우, 자본이동의 유동성이 낮은 경우, 그리고 자본이동이 완전유동적인 경우로 나눠 분석한다.

제1절 재정정책의 효과

1. 자본이동이 완전 제약적인 경우

먼저 국가간에 자본이동이 완전 제약적인 경우 재정정책의 효과를 검토해 보자. [그림 12.1]의 A점에서 생산물시장(IS), 화폐시장(LM) 및 국제수지(BP)부문에서 경제가 균형을 이루고 있다고 하자.

여기서 정부가 확장적 재정정책을 펴면, IS 곡선은 우측으로 이동하게 되어 새로운 $I'S'$ 곡선과 LM 곡선이 만나는 B 점에서 새로운 균형이 이루어진다.

[그림 12.1] 국가간 자본이동의 정도가 완전 제약적인 경우

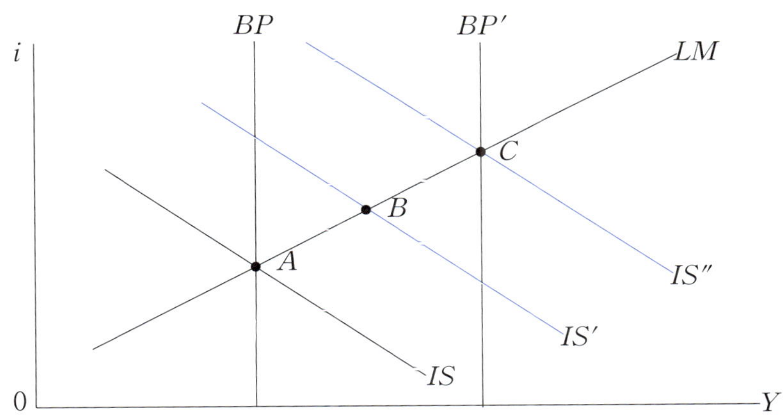

그러나 B 점에서는 원래의 균형점 A점보다 소득수준이 높아 수입이 수출보다 많아지므로 경상수지 적자가 일어나게 된다. 경상수지 적자는 달러에 대한 수요가 증가하고 원화의 가치를 하락시켜 환율의 상승을 초래한다.

이와 같은 환율의 상승은 수출을 증가시키고 *IS* 곡선을 더욱 더 우측으로 이동시켜 새로운 *IS* 곡선은 *I"S"*가 된다. 한편 수출이 증가함에 따라 더 높은 소득수준에서 국제수지 균형을 이루게 된다. 즉, *BP* 곡선이 우측으로 이동하게 된다는 것이다. 새로운 균형은 C 점에서 이루어지며 *IS"*, *LM* 및 *BP'*가 동시에 균형상태에 놓인다.

2. 자본이동 유동성이 비교적 낮은 경우

다음에는 국가간 자본이동의 정도가 국가간 이자율 차이에 의존하기는 하나 그렇게 민감하지 않는, 즉 *BP* 곡선의 기울기가 우상향으로 상당히 가파른 경우를 검토해 보기로 하자.

[그림 12.2] 자본이동 유동성이 비교적 낮은 경우

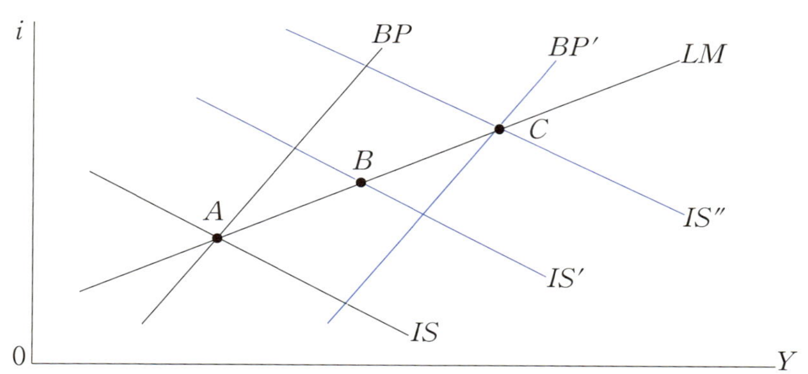

균형점 A에서 생산물시장, 화폐시장, 그리고 국제수지가 균형을 이룬다고 하자. 여기서 정부가 확장적 재정정책을 펴게 되면 그 결과로 새로운 균형점은 B가 된다.

B 점은 A점보다 이자율은 높은 상태에 있어 자본수지는 흑자를 이루는 가운데 국제수지는 BP 곡선의 우측에 있기 때문에 적자를 이룬다. 이에 따라 경제의 새로운 균형점은 C 점에 도달한다. 그런데 국가간에 자본이동이 없는 경우보다 국제수지 적자 정도가 낮아 이에 따른 환율 상승폭이 상대적으로 낮다고 볼 수 있다.

3. 자본이동 유동성이 비교적 높은 경우

다음으로는 국제간의 자본이동 유동성이 비교적 높은 경우의 재정정책을 [그림 12.3]을 통해서 검토해 보기로 하자. 이 경우는 국제수지 균형선인 BP 곡선이 LM 곡선보다 완만한 경우가 된다. 이 경우 정부가 확장적 재정정책을 사용하면 국민소득은 증대되고 이자율은 인상되어 균형점이 B 점으로 이동된다. 국민소득 증대에 따른 수입(impcrt) 증가로 경상수지 적자를 증가시키지만, 이자율 상승에 따라 해외로부터 자본이 유입됨으로써 자본수지 흑자로 인한 국제수지 흑자를 초래하게 되어 경상수지 적자로 인하여 인상되었던 환율이 조금 인하된다. 환율인하는 수출 감소로 총수요의 감소로 인한 국내 생산물시장의 위축을 초래하여 IS 곡선을 다시 좌측으로 이동시킨다.

또한 환율인하는 국제수지 적자를 초리함으로써 BP 곡선도 좌측으로 이동시키게 된다. 이에 따라 새로운 균형점은 C점이 된다.

[그림 12.3] 자본이동 유동성이 비교적 높은 경우

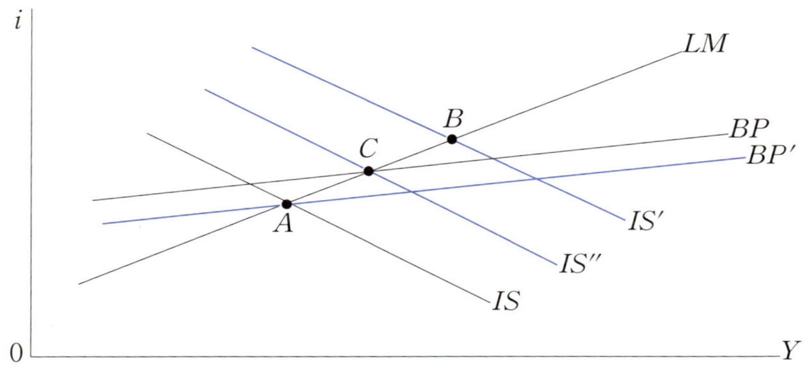

4. 자본이동이 완전 유동적인 경우

마지막으로 변동환율제도하의 재정정책 효과를 국가간 자본이동이 완전 유동적인 경우인 [그림 12.4]를 통해 분석해 보자. [그림 12.4]의 A점에서 경제가 균형을 이루고 있을 때 확장적 재정정책을 폈다고 하자. 그러면 정부지출의 증가로 *IS* 곡선이 우측으로 이동 *IS″* 곡선과 *LM* 곡선이 만나는 B 점에서 경제가 새로운 균형을 얻게 된다.

이 새로운 균형 B 점에서는 이자율이 상승하기 때문에 해외로부터 대규모 자본유입이 발생한다. 이러한 대규모 자본유입은 자국통화의 가치상승(appreciation)으로 인한 환율의 하락으로 이어지며, 결국에는 경상수지의 악화를 초래하게 되어 초기의 정부지출의 증가를 상쇄하게 되고 *IS* 곡선을 좌측으로 이동시켜 원래의 위치로 회귀하게 한다.

[그림 12.4] 자본이동이 완전 유동적일 경우의 재정정책 효과

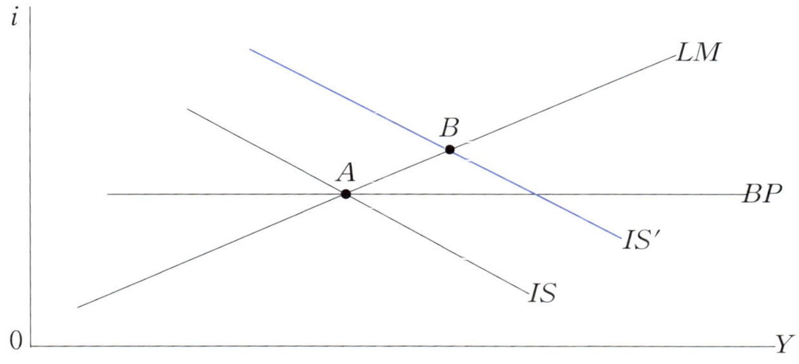

결국 국가간 자본이동이 완전 유동적이고 그 국가가 변동환율제도를 채택하고 있을 때에는 재정정책의 효과는 나타나지 않는다고 볼 수 있다.

결론적으로 변동환율제도하에서의 재정정책의 효과는 국가간의 자본이동 정도가 불완전적일수록 크고 자본이동의 정도가 완전 유동적에 가까울수록 재정정책의 효과는 거의 나타나지 않는다고 할 수 있다.

제 2 절 자본이동의 유동성 정도와 통화정책 효과

1. 자본이동이 완전 제약적인 경우

통화정책의 경우도 재정정책의 경우와 마찬가지로 자본이동의 유동성을 구분하여 분석하기로 한다. 그럼 우선 국가간 자본이동이 완전히 일어나지 않는 경우의 통화정책 효과를 [그림 12.5]를 통하여 분석해 보기로 하자. 이 경우 확장적 통화정책으로 화폐공급의 증가가 발생되면 *LM*곡선이 우측으로 이동된다.

여기에서는 국가간 자본이동이 일어나지 않기 때문에 이자율 하락에 따른 반응은 일어나지 않고 국민소득 증가에 따른 수입증가로 초기에는 국제수지 적자가 발생한다.

[그림 12.5] 자본이동이 일어나지 않는 경우의 통화정책 효과

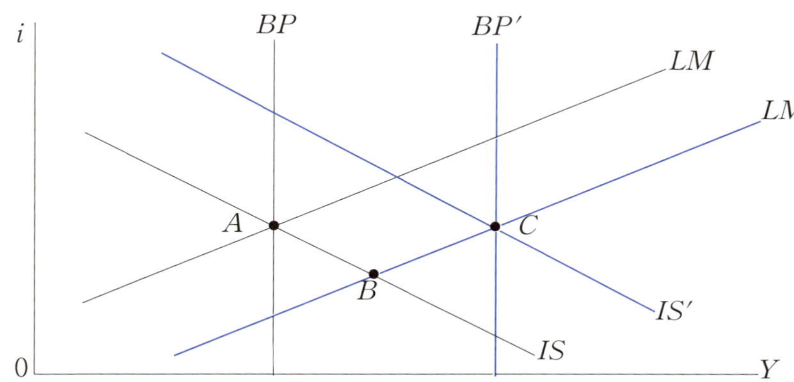

그리고 국제수지 적자는 자국통화의 가치하락으로 환율이 인상된다. 환율 인상은 순수출을 증대시키며 *IS* 곡선을 우측으로 이동시키고 *BP* 곡선까지도 우측으로 이동시켜 *C* 점에서 경제의 새로운 균형이 이루어진다.

2. 자본이동 유동성이 비교적 높은 경우

다음에는 국가간 자본이동이 불완전하게 일어날 경우 확장적 통화정책의 효과를 [그림 12.6]을 통해 검토해보자.

경제가 *A*점에서 균형을 이루고 있는 상황에서 확장적 통화정책으로 화폐 공급의 증대가 일어나면 *LM* 곡선이 우측으로 이동하게 된다. 이 결과로 국민소득이 증가하고 국내 이자율이 하락하여 *B* 점에서 일시적인 대내균형을 이룬다.

[그림 12.6] 국가간 자본이동이 비교적 유동적인 경우

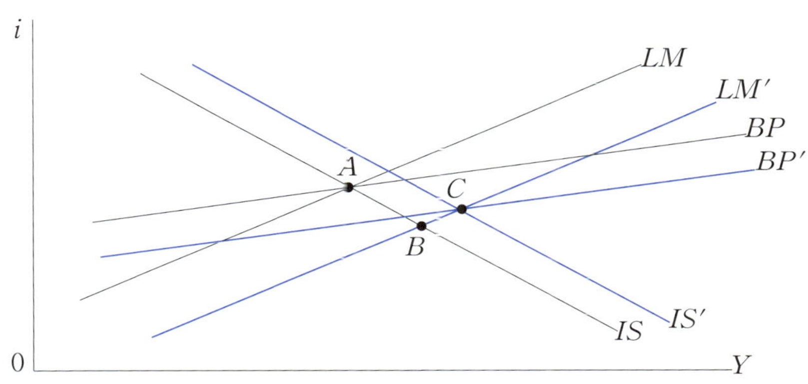

이자율 하락에 의한 자본유출과 국민소득 증가에 따른 수입증대는 국제수지를 악화시키고 자국통화의 가치하락으로 환율이 인상된다.

여기서 환율의 인상폭은 국내 이자율에 대한 국제수지변동에 따른 외화자본의 국내유출입의 정도를 나타내는 국제수지 탄력성이 클수록 커진다. 환율이 인상됨으로써 수출이 증대되고 국제수지가 개선되어 *IS* 곡선과 *BP* 곡선이 모두 우측으로 이동되어 *C* 점에서 새로운 균형이 일어난다.

3. 자본이동이 완전 유동적인 경우

다음으로는 국가간에 자본이동이 완전 유동적인 경우의 확장적인 통화정책의 효과를 검토해 보자. 경제는 [그림 12.7]의 *A*점에서 균형을 이루고 있다([그림 12.7] 참조). 확장적인 통화정책으로 화폐공급이 증대되면 *LM* 곡선이 우측으로 이동되고 *B* 점에서 일시적인 균형을 이룬다.

[그림 12.7] 국가간 자본이동이 완전 유동적일 때

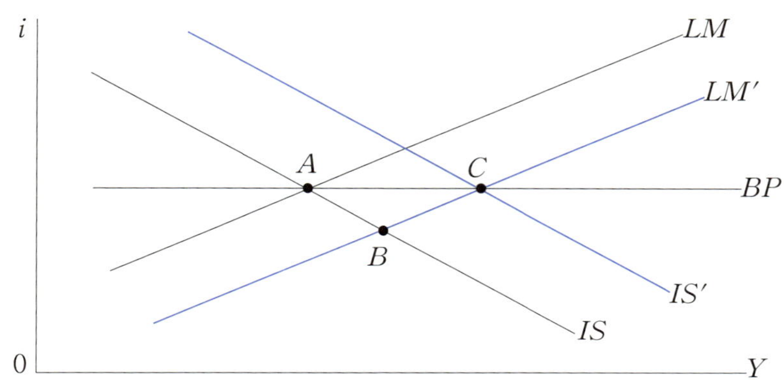

이 경우 자본이동이 이자율에 대단히 민감하므로 이자율 하락으로 대규모의 자본유출이 발생하고 국민소득의 증대로 인한 수입증대 등은 국제수지를 신속히 악화시키고 이는 자국통화의 가치하락(depreciation)을 초래하여 환율을 인상시키게 된다. 환율의 인상은 수출의 증대를 가져오고 *IS* 곡선을 우측으로 이동시켜 경제의 새로운 균형은 국민소득이 크게 증가한 *C* 점에서 이루어진다.

결론적으로 변동환율제도하에서의 통화정책의 효과는 국가간에 자본이동이 일어나지 않는 경우나 국가간의 자본이동이 불완전적으로 일어날 경우 혹은 자본이동이 완전유동적일 경우를 막론하고 국민소득을 증가시키는데 유효하게 나타난다.

요 약

1. 변동환율제도하에서의 경제정책은 고정환율제도하에서의 경제정책이 국제수지 불균형을 가져오는 것과는 달리 환율이 자유로이 변함에 따라 국제수지가 언제나 균형상태에 있다는 점에서 큰 차이가 있다.

2. 변동환율제도하에서의 재정정책의 효과는 국가간의 자본이동정도가 불완전적일수록 크고, 자본이동의 정도가 완전 유동적에 가까울수록 재정정책의 효과는 거의 나타나지 않는다고 할 수 있다.

3. 변동환율제도하에서의 통화정책의 효과는 국가간에 자본이동이 일어나지 않는 경우나 국가간의 자본이동이 불완전적으로 일어날 경우 혹은 자본이동이 완전 유동적일 경우를 막론하고 국민소득을 증가시키는데 유효하게 나타난다.

토의과제

1. A국은 소규모 개방경제인 나라이며 변동환율제도를 채택하고 있다. 그리고 국가간의 자본은 완전 유동적이라고 가정하고 A국에 대한 자료가 아래와 같이 주어졌을 때 다음 물음에 답하라.

2. A국의 화폐공급은 500이라고 하고 이 경제의 생산물에 대한 물가수준은 1이며 국제 이자율(i^*)은 0.10이라고 한다. 그리고 이 경제의 생산물을 기준으로 한 실질화폐 수요함수는 $LD = 0.3Y - 5000i$ 이다.

1) 이 경제의 균형 산출량을 구하라.

2) 50단위의 화폐공급을 증가시키면 산출량은 얼마만큼 변화되겠는가?

3. 국가간에 자본이동이 완전 유동적이고 변동환율제도하에 있을 때 국내의 확장적인 금융정책은 교역상대국에는 어떤 영향을 미치는지를 설명하라.

4. 국가간의 자본이동이 완전 유동적일 때 통화정책 효과를 고정환율제도와 변동환율제도의 경우로 나누어 *IS - LM - BP* 곡선을 이용하여 설명하라.

제 V 편

국제금융시장

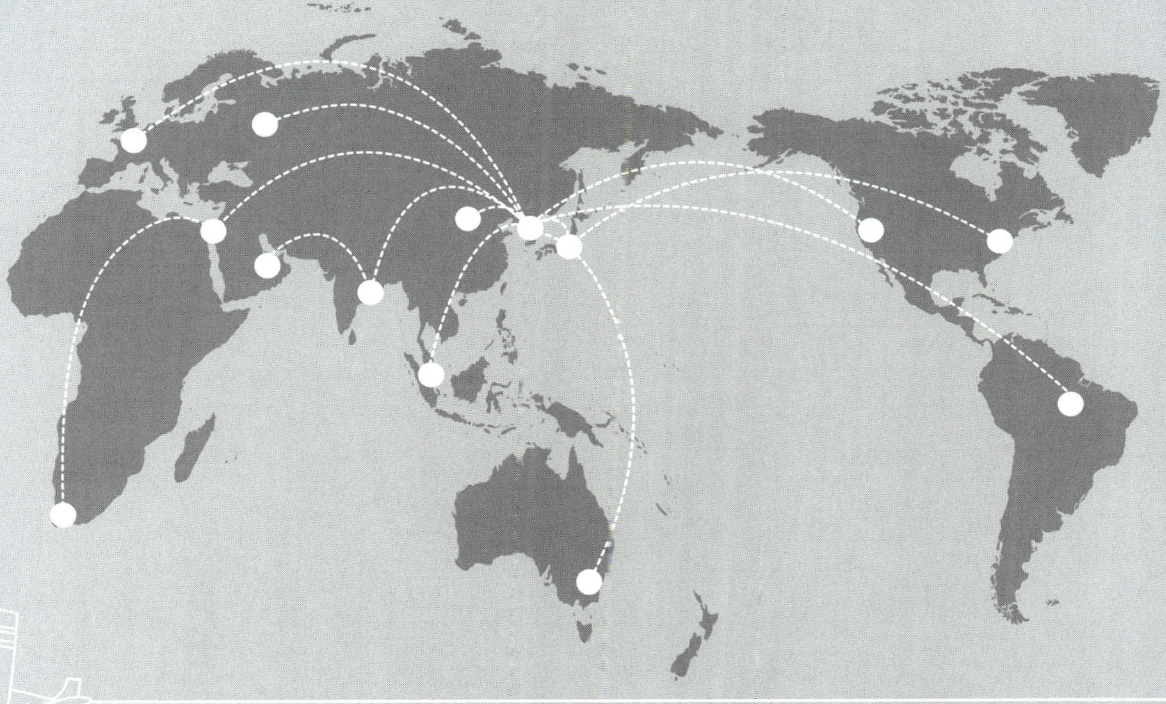

제 13 장
금리재정거래와 선물환율결정

본 장에서는 금리재정거래를 정의하고 이를 환위험 제거의 경우와 환위험이 제거되지 않은 경우로 나눠 분석한다. 그리고 금리재정거래자, 무역업자 및 환투기자들의 선물환시장에서의 Schedule을 이용하여 선물환율의 결정과정을 검토한다.

제1절 금리재정거래

변동환율제도하에서는 환율이 수시로 변동함에 따라 외환거래자에게는 환율변동위험이 존재하게 되고 이러한 환위험을 회피하기 위하여 선물환거래를 하게 된다. 선물환거래란 외환시장에서 외환을 사고 팔 때 약정일 대비 대금결제와 외환 인수도가 특정한 미래시점에서 이루어지는 계약을 말한다.

우선 선물환거래를 통한 환위험 제거 금리재정거래와 환위험 미제거 금리재정거래를 비교하여 검토한다. 그 다음에 선물환시장의 참가주체인 선물투자자, 환투기자 및 무역업자들이 참여하는 선물환시장에서 선물환의 수요와 공급과 선물환율의 결정에 대해 알아보기로 한다. 그런데 금리재정거래는 이자차익거래라고도 불리어진다. 국제간에 환위험이 같고 장래에도 변동이 없다고 가정할 경우, 국제간 이자율 차이에 의해서 이자율이 낮은 곳에서 이자율이 높은 곳으로 자본이 이동함으로써 발생되는 거래를 금리재정거래라 한다.

1. 선물환할증과 선물환할인

금리재정거래를 살펴보기에 앞서 특정통화에 대한 선물환할증(forward premium)과 선물환할인(forward discount) 개념에 대하여 공부할 필요가 있다. 먼저 선물환할증(forward premium)이란 어떤 통화의 선물가치가 상승할 때 현물가치에 대한 선물가치의 상승폭을 의미한다. 아래와 같이 현물환율에 대한 현물환율과 선물환율의 차이 비율을 말한다. 반면에 선물환할인(forward discount)은 부(-)의 선물환할증 개념이다.

$$\text{선물 프리미엄}(f_N) = \frac{F-e}{e} > 0 \quad \cdots\cdots (13\text{-}1)$$

여기서 F는 1년 후의 미국달러에 대한 원화의 선물환율을 나타내고 e는 달러에 대한 원화의 현물환율을 나타낸다고 가정하자. 그러면 $\frac{F-e}{e}$가 0보다 크면 달러가치가 상승하므로 달러는 선물환할증 통화가 되는 것이다. 이에 반해 $\frac{F-e}{e}$가 0보다 작을 경우에는 달러가치는 하락하므로 달러가 선물환할인 통화가 된다.

2. 환위험 제거 금리재정거래

환위험제거 금리재정거래는 금리재정거래를 함에 있어서 만기일에 발생될지 모르는 환위험을 제거하기 위하여 선물환계약을 미리 체결해 두는 재정거래를 말한다. 그러면 한국과 미국간의 환위험 제거 금리재정거래에 대한 실례를 들어 구체적으로 설명하기로 하자. 물론 관련 거래비용은 무시하기로 가정한다.

한국에 1원을 1년간 투자해서 얻을 수 있는 원리금은 아래와 같다.

$$R_k = 1(1+i) \quad \cdots\cdots (13\text{-}2)$$

이 식에서 R_k는 한국에 1원을 투자했을 때 얻을 수 있는 원리금을 나타내며 i는 한국의 연이자율을 나타낸다.

다음은 미국의 금융시장에 1달러를 1년간 투자하면 원리금은,

$$R_{U.S} = 1(1+i^*) \quad \cdots\cdots (13\text{-}3)$$

여기서 $R_{U.S}$는 미국에 투자했을 때의 1년 후의 원리금을 말하며 i^*는 미국의 연이자율을 나타낸다.

그럼 한국의 한 투자자가 1원의 투자금을 가지고 한국에 투자하는 경우와 미국에 투자하는 경우를 비교하여 어느 곳에 투자하는 것이 더 유리할 것인가를 검토해 보자.

(1) 국내에 투자할 경우 환전할 필요도 없이 원화 그대로 투자해서 그에 대한 이자수익만 계산하면 원리금을 원화로 얻을 수 있다. 즉, 원리금은 아래와 같다.

$$R_K = 1(1+i)$$

(2) 원화 1원을 가지고 미국에 투자할 경우 수익과 원리금의 계산절차를 검토해보자.

① 1원을 우선 미국 달러로 환전하여야 한다. 만약 1달러당 환율이 e 원이라고 한다면 역으로 1원은 $\frac{1}{e}$달러가 된다. 그래서 1원당 $\frac{1}{e}$달러를 얻어서 투자하게 될 것이다.

② 1년 후에 1원은 $\frac{1}{e}(1+i^*)$달러를 얻게 될 것이다.

③ 하지만 환위험 제거 금리재정거래에서는 투자하는 시점에서 1년 후 환율변화에 따른 위험을 제거하기 위하여 선물환계약을 미리 체결해두기 때문에 1년 후 1달러당 선물환율 F원으로 교환할 수 있을 것이다. 따라서 1년 후의 $\frac{1}{e}(1+i*)$달러는 선물환시장에서 $\frac{F}{e}(1+i*)$원이 된다.

이에 따라, $R_{U.S}$: $\frac{F}{e}(1+i^*)$원이고 R_{Korea}: $(1+i)$원이 된다. 위 둘을 비교해서 만약 $R_{U.S} > R_{Korea}$이면 미국에 투자하는 것이 유리할 것이고 $R_{U.S} < R_{Korea}$이면 한국에 투자하는 것이 유리할 것이다. 그러나 만약 $R_{U.S} = R_{Korea}$이라면 어느 쪽으로도 투자처를 옮길 매력이 없으며 단지 현재의 투자상태를 유지하려고 할 것이다.

환위험 제거 금리차이(CD: covered interest differential)를 간결한 형태로 다시 정리해 보기로 하자.

$$CD = \frac{F}{e}(1+i^*)-(1+i) \quad \cdots\cdots (13\text{-}4)$$
$$=(\frac{F}{e}-1)-i+\frac{e}{e}i^*-\frac{e}{e}i^*+\frac{F}{e}i^*$$
$$=(\frac{F}{e}-1)-i+i^*+(\frac{F-e}{e})i^*$$
$$=\frac{F-e}{e}-i+i^*$$

(여기서 $\frac{(F-e)}{e}i^*$는 0에 가까운 아주 작은 숫자이기 때문에 무시할 수 있음)

그래서 $CD = f+i^*-i$로 나타낼 수 있고 이 방정식을 환위험 제거된 금리차이라고 부른다. 이 방정식의 구성을 분석해 보면 $(f+i^*)$와 (i)로 나눌 수 있다. $f+i^*$는 미국에 투자함으로써 얻어진 환차이와 이자에 대한 백분율을 나타내고 i는 한국에 투자함으로써 얻어진 이자율을 나타낸다.

$f+i^*$와 i가 어떻게 구성되어 어떤 의미를 가지는지 설명하는 것도 중요한 의미를 지닌다. 우선 미국에 투자해서 얻어진 환차이와 이자, $f+i^*$에 대해 분석해 보기로 하자. f는 $(\frac{F}{e}-1)$을 나타내는데 $(\frac{F}{e}-1)$은 환차 수익 부분이 되고 i^*가 이자수익 부분이 된다. 1은 투자당시 1원의 원금 부분이고 $\frac{F}{e}$는 만기시 $\frac{1}{e}$달러화를 선물환율로 환산하여 얻게 되는 원화금액이다. 따라서 $f = \frac{F}{e}-1$은 1원을 미국에 투자해서 얻은 부분 중에서 원금 1원을 뺀 것으로 해외투자에서 얻어지는 순수한 환차수익을 나타낸다. 다음으로 i^*는 미국에 투자해서 얻어지는 환차수익을 나타낸다. 환차수익과 이자수익 모두를 합하면 $\frac{F}{e}-1+i^*= f+i^*$이 된다. 반면에 i는 한국에 투자함으로써 얻어지는 이자수익을 나타낸다. 따라서 양국간 투자수익의 차이가 바로 CD $(=f+i^*-i)$와 같다.

(13-5)식과 같이 CD가 0보다 크면 미국에 투자하는 것이 유리할 것이다.

그리고 (13-6)식과 같이 CD가 0보다 작은 경우 한국에 투자하면 이득이 될 것이다.

$$f + i^* > i \quad \cdots\cdots (13\text{-}5)$$

$$f + i^* < i \quad \cdots\cdots (13\text{-}6)$$

예를 들어 1달러당 원화의 현물환율 (e)는 $\frac{₩1,000}{USD1}$ 이라고 하고 1년 후 선물환율 (F)는 $\frac{₩950}{USD1}$ 이라 하며 미국 채권의 연이자율(i^*)은 7%이고 한국 채권의 연이자율(i)은 5%라고 하자. 투자자는 어느 나라에 투자하는 것이 유리하겠는지를 설명해 보자.

먼저 $f = \frac{F - e}{e} = \frac{950 - 1000}{1000} = -0.05$

이 경우 미국 달러는 가치가 하락하는 디스카운트 통화가 된다.

$i^* = 0.07$이고

$i = 0.05$이므로

$$CD = -0.05 + 0.07 - 0.05$$
$$= -0.03$$

따라서 환위험이 제거된 금리차가 -0.03이므로 한국에 투자하는 것이 유리함을 알 수 있다. 거래비용을 고려하지 않으면서 양국간에 투자에 대한 다른 위험이 균등하고 장래에도 별다름이 없다고 가정할 때 합리적인 투자자라면 한국에 투자하게 된다는 것이다.

3. 환위험 제거 금리평가론

환위험 제거 금리평가론이란 선물환율의 할증((premium)이나 할인(discount)이 양국 통화의 금리차와 같아지는 경향이 있다는 설을 말한다. 즉, 환위험 제거 금리차가 "0"이 되는 상태에서 양 투자시장 간에 균형이 이루어진다고 말할 수 있으며, 이 상태에서 금리차 재정거래의 기회가 없어진다고 할 수 있다. 또한 환위험 제거 선물환율의 할증(premium)과 양국 통화에 대한 금리차가 서로 다른 상태에서 동등한 상태로 변화하는 과정에서 환율도 결정된다는 이론이다. 특히, 금리평가론의 조건은 국가간 완전한 자본이동 및 자본의 완전한 대체성을 가정하고 있다.

$$f+i^{*} > i \Rightarrow f=i-i^{*}$$

$$f+i^{*} < i \Rightarrow f=i-i^{*}$$

4. 환위험 미제거 금리재정거래

환위험이 제거되지 않은 금리재정거래란 환위험 제거 금리재정거래와는 달리 환변동위험을 막기 위해 선물환계약을 미리하지 않고 단순한 미래의 환율예측과 금리차익을 이용한 투자행위를 말한다. 구체적으로 설명하면, 외국통화의 연이자율 i^{*}, 자국통화의 연이자율 i, 그리고 자국통화에 기대되는 통화가치 하락률이 x일 때, ($i^{*}+x$)와 i중 어느 쪽이 더 큰가에 따라 투자지역을 결정하는 투자행위를 환위험이 제거되지 않은 금리재정거래라고 한다.

예를 들면, 원화의 대 달러 환율이 $\frac{₩900}{USD1}$이고 미국 달러에 대한 연 이자율이 5%이며 한국 원화에 대한 연 이자율이 8%이다. 그리고 1년 후 원화가치 하락률이 5%라고 한다. 이 경우에 어느 나라에 투자하는 것이 유리하겠는가? 우선 정답부터 얘기하면 미국에 투자하는 것이 유리할 것이다. $x+i^*=0.05+0.05$이고 $i=0.08$이다. $x+i^*>i$이므로 미국에 투자하는 것이 이익이다.

5. 환위험 미제거 금리평가설

국가간 이자율 차이가 국내통화의 예상되는 가치변동률과 같아지는 경향이 있다는 이론이다. 이 의미는 $i^*+x>i$나 혹은 $i^*+x<i$의 불균형상태에서 $i^*+x=i$의 균형상태로 수렴하는 경향이 있다는 것을 의미하며 이 과정에서 환율도 결정된다는 것이다.

제2절 선물환율의 결정

우리는 현물환율 결정에 관하여 제4장에서 이미 다루었다. 선물환율의 결정은 현물환율이 외환에 대한 수요와 공급에 의해서 결정되듯이 선물외환의 수요와 공급에 의해서 선물환율이 결정된다. 이를 토대로 선물환율의 결정을 설명하기 위해서 선물시장과 관련된 경제주체들의 투자행위에 대해서도 검토해 보고자 한다.

1. 금리재정거래자의 투자 스케줄

금리차익을 추구하는 재정거래자는 $\frac{F-e}{e} > i - i^*$ 혹은 $\frac{F-e}{e} < i - i^*$ 혹은 $\frac{F-e}{e} = i - i^*$ 중 하나의 조건하에서 선물환계약을 통해 외환을 살 것인가? 또는 팔 것인가? 또는 사지도 팔지도 않을 것인가의 투자행위를 결정한다.

만약 $\frac{F-e}{e} > i - i^*$이면 금리재정거래자들은 미국에 투자하는 것이 유리하다고 판단할 것이고 그렇게 행동할 것이다. 그러면 금리재정거래자는 미국에 투자함과 동시에 만기일에 얻게 되는 달러표시 원리금을 선물시장에서 선물환계약을 통해 달러를 팔게 되고 이렇게 되면 선물환시장에 선물달러의 공급이 발생하게 될 것이다.

그러나 $\frac{F-e}{e} < i - i^*$이라면 국내 투자자들뿐만 아니라 미국 투자자들까지도 한국에 투자하는 것이 유리하다고 판단할 것이다. 이렇게 되면 한국에 투자한 미국 투자자들은 투자하는 시점에 만기일에 얻게 될 원화를 선물시장에서 미리 선물환율로 달러를 사는 계약을 하게 될 것이다.

[그림 13.1] 금리재정거래자의 투자 Schedule

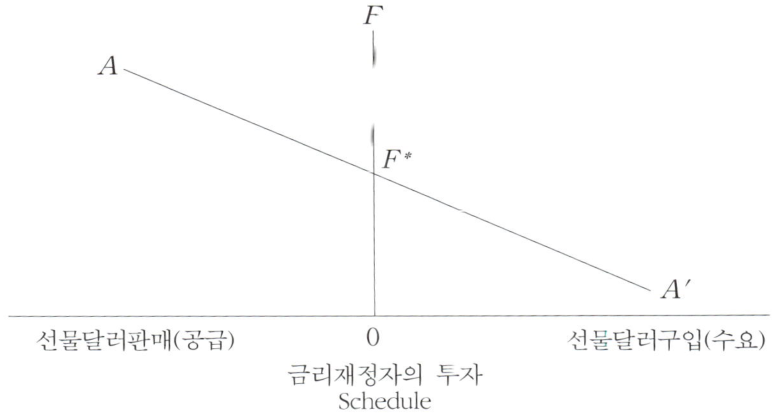

그렇게 되면 선물시장에 선물달러의 수요가 늘어나게 된다.

$\frac{F^*-e}{e}=i-i^*$의 등식이 성립한다면 금리재정거래자들은 어느 나라 쪽으로도 투자하고 싶은 매력을 느끼지 못할 것이다. 이러한 등식이 성립할 때의 선물환율 수준(F)을 선물평가환율이라고 하며 F^*로 표시한다. 더 나아가 F가 F^*보다 작은 경우, 즉 $F<F^*$이면 $\frac{F-e}{e}<i-i^*$가 되어 선물달러의 수요가 발생하게 된다. [그림 13.1]의 $A'F^*$구간이 이를 나타낸다. 반대로 F가 F^* 보다 크다면, 즉 $F>F^*$이면 $\frac{F-e}{e}>i-i^*$가 성립하게 될 것이다. 이 경우에는 그림에서 나타나는 것과 같이 선물달러를 판매하는 선물달러의 공급이 발생한다고 볼 수 있다. AF^*구간이 이에 해당된다.

2. 무역업자의 투자 스케줄

무역업자들이 그들의 상품이나 서비스 거래에 대한 반대급부로 지급하거나 수령하게 되는 대금과 관련된 선물환거래는 빈번하게 일어난다고 할 수 있다. 그 이유는 무역시 재화의 수출입 시점과 그 대금결재 시점과는 상당한 시간적 차이가 있는 경우가 많기 때문이다.

예를 들어 설명하여 보자. 한국의 수출업자가 상품수출 후 그 대금인 K달러를 1년 후 받기로 계약하고 수출을 하였다면 그 대금의 처리방법으로는 다음의 두 가지 중 하나를 선택할 수 있을 것이다. 하나는 국내 선물환시장에서 달러를 판매함으로써 선물환시장에서 환리스크(환위험)를 제거하고 1년 후에 원화(F · K)를 얻게 된다. 다른 방법으로는 한국의 수출업자가 1년 후에 받을 수출대금 K달러를 미국은행에서 이자를 부담하면서 할인한 후(물론 이때 이자는 수출업자가 부담) 원화로 환전하여 한국에 투자하면 1년 후에 원리금은$(\frac{k}{1+i^*}) \cdot e \cdot (1+i)$ 만큼을 얻게 된다. 전자와 후자 중 어느 것을 택하는 것이 유리할 것인가는 다음의 조건과 같이 양자 중 어느 것이 큰 값을 가지느냐에 따라 결정하게 된다.

$$K \cdot F \gtreqless (\frac{K}{1+i^*})\, e(1+i)$$

만약 $K \cdot F = (\frac{K}{1+i^*})\, e(1+i)$가 성립되면 수출업자는 1년 후에 받을 미국달러로 표시된 수출대금을 어떤 방법을 통하여 원화로 환전하느냐에 차이를 느끼지 못할 것이다. 그러나 이 항등식을 잘 정리하면 중요한 판단기준을 얻을 수 있다. 이 등식의 양변에 K로 나누고 조금 변형시키면 아래와 같다.

$$F = e \cdot \frac{1+i}{1+i^*}$$

[그림 13.2] 무역업자들의 투자 Schedule

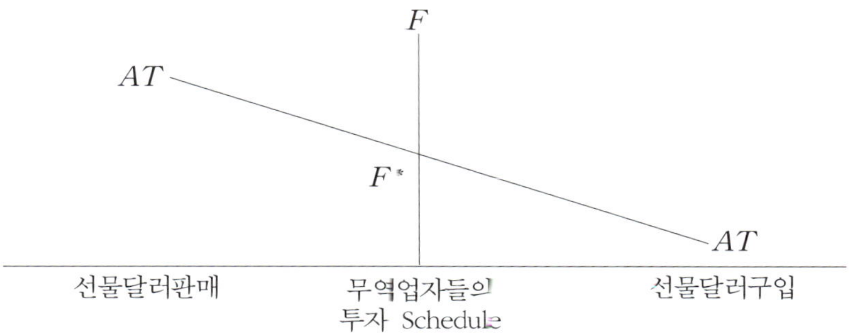

이 경우 F는 중립적인 조건을 만족시키는 선물평가환율(F^*)이 된다. 이것을 변형시키면 아래를 얻을 수 있다.

$$F^* = e\frac{1+i}{1+i^*} = e \cdot \frac{1+i+i^*-i^*}{1+i^*}$$

$$= e \cdot \frac{i-i^*}{1+i^*} + e \cdot \frac{1+i^*}{1+i^*}$$

$$= e\frac{i-i^*}{1+i^*} + e$$

$$\frac{F^*-e}{e} = \frac{i-i^*}{1+i^*}$$

만약 여기서 i^*가 소수점 이하 숫자이므로 $1+i^*$를 1로 간주한다면 이는 앞에서 분석한 환위험제거의 경우 금리재정거래의 투자 스케줄과 같아진다. 따라서 환위험제거 금리재정거래자와 무역업자의 투자 스케줄은 수평으로 합해질 수 있다. 따라서 환위험제거 금리재정거래자와 무역업자들의 선물달러에 대한 스케줄은 [그림 13.2]와 같다.

3. 투기자들의 투자 스케줄

외환 투기자들의 선물환계약을 통한 외환에 대한 구입 및 판매에 대한 결정조건은 어떠하겠는가? 일단 환 투기자들의 행동에는 위험이 내포된다고 할 수 있다. 따라서 환 투기자들은 그들이 예상하는 미래의 현물환율과 선물환율을 비교하여 투자행위를 결정한다. 환 투기자들이 선물환시장에서 선물달러를 구입 혹은 판매하는 행동의 결정은 아래의 기준에 의해서 결정한다.

$$E(e_{t+1}) \gtreqless F$$

[그림 13.3] 외환투기자들의 선물달러에 대한 schedule

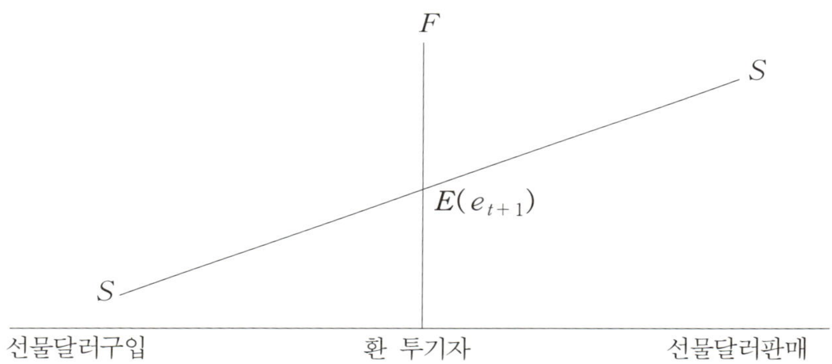

장래 $t+1$기의 기대현물환율 $[E(e_{t+1})]$과 $t+1$가 만기로 수도결제가 이루어지는 현재의 선물환율과 비교를 통해 결정하게 된다. 만약 $F > E(e_{t+1})$가 성립한다면 투기자들은 선물달러의 판매를 원할 것이다. 즉, 선물달러의 공급이 발생할 것이다. 반대로 만약 $F < E(e_{t+1})$이 성립한다면 투기자들은 선물달러를 구입하게 될 것이다. 바꿔서 말하면 선물외환의 수요가 발생하게 될 것이다. 따라서 환 투기자들의 선물시장에서의 선물달러에 대한 행동 스케줄은 [그림 13.3]과 같이 될 것이다.

[그림 13.4] 선물환율 결정(I)

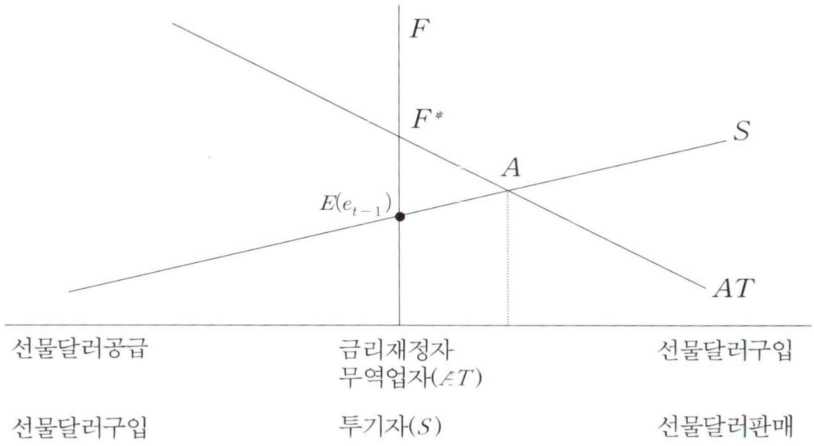

마지막으로 금리재정거래자와 무역업자의 선물달러에 대한 스케줄에 환 투기자들의 선물달러에 대한 스케줄을 결합시키면 [그림 13.4]를 얻게 된다.

우리는 [그림 13.4]의 1분면에서 선물환시장의 외환에 대한 수요와 공급이 교차함을 알 수 있다. 여기서 환 투기자의 스케줄은 선물달러를 판매하려는 의사를 나타내는 공급곡선을 나타내며, 금리재정자와 무역업자의 스케줄은 선물달러를 구입하려는 의사를 표시하는 수요곡선을 나타낸다. 이에 따라 점 A에서 선물달러의 수요와 공급이 균형을 이루고 종축은 선물환율 수준을 나타내고 횡축은 판매량을 가리킨다.

이와 달리 [그림 13.5]와 같이 $E(e_{t-1})$이 F^*보다 클 때는 2사분면에서 선물시장의 균형이 형성된다.

여기서는 금리재정거래자와 구역업자의 스케줄이 선물달러를 판매하려는 의사를 표명하는 공급곡선을 나타낸다. 그리고 환 투기자의 스케줄이 선물달러를 구입하려고 하는 수요곡선을 의미하게 된다. 점 A에서 선물달러의 수요와 공급이 균형을 이루며 종축은 선물환율수준을 나타내고 횡축은 판매량을 나타낸다.

[그림 13.5] 선물환율 결정(II)

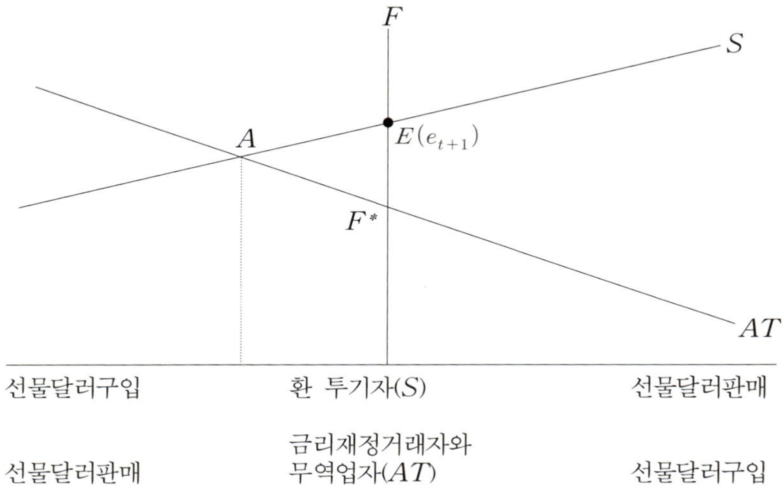

요 약

1. 금리재정거래는 이자차익 거래라고도 불리어지며, 국제간에 위험이 같고 장래에도 변동이 없다고 가정할 경우 국제간에 이자율 차이에 의해서 이자율이 낮은 곳에서 높은 곳으로 자본이 이동함으로 발생하는 거래를 금리재정거래라 한다. 금리재정거래는 환위험제거 금리재정거래와 환위험제거 안된 금리재정거래로 나뉜다.

2. 환위험제거 금리평가이론(Covered Interest Rate Parity)이란 선물환율의 프리미엄이나 디스카운트가 양국 통화에 더한 금리차와 같아지는 경향이 있다는 설이다. 즉, 환위험제거 금리차가 “0”이 되는 경우에 두 투자시장간에 균형이 이루어지는 상태라 말할 수 있다. 환위험제거 안된 금리평가설(Uncovered Interest Rate Parity)이란 국가간 이자율 차이가 국내통화의 예상되는 가치변동률과 같아지는 경향이 있다는 이론이다.

3. 선물환율의 결정은 현물환율이 외환에 대한 수요와 공급에 의해서 결정되듯이 선물외환의 수요와 공급에 의해서 이루어진다. 선물환에 대한 수요와 공급은 선물환시장과 관련된 경제주체들, 즉 금리재정거래자, 무역업자, 환 투기자 등의 투자행위에 의해 결정된다.

토의과제

1. 환위험제거를 위한 금리재정거래를 정의하라.

2. 원화의 대달러 현물환율 (e)= $\frac{₩1000}{USD1}$ 이고 1년 선물환율은 (F) = $\frac{₩1050}{USD1}$ 이라고 하자. 그리고 한국의 연 이자율은 7%이고 미국의 연 이자율은 5%이며 두 나라의 위험이 같다고 할 때 국내 투자자는 한국과 미국 중 어느 나라에 투자하겠는가?

3. 환위험제거 금리재정거래에 대해 정의하고 아래와 같이 자료가 주어졌을 때 어느 나라로 투자하는 것이 유리한지를 답하시오.

미국의 연이자율: 7%

한국의 연이자율: 4%

원달러 현물환율 (e): $\frac{₩1000}{USD1}$

원달러 1년 만기 선물환율 (F): $\frac{₩1050}{USD1}$

4. 아래와 같이 자료가 주어졌을 때 투자자가 환위험제거 안된 금리재정거래를 한다면 어느 나라에 투자하는 것이 유리하겠는지 답하시오.

일본의 연이자율: 1%

한국의 연이자율: 5%

원엔화 현물환율 (e): $\frac{₩10}{¥1}$

원엔화의 1년 후 기대되는 현물환율: $\frac{₩1.07}{¥1}$

5. 환위험제거 금리평가설이란 무엇인가?

6. 환투기자의 선물환율에 대한 수요와 공급 스케줄을 식과 그림을 이용하여 설명하시오.

제 14 장
국제금융시장의 이해

본 장에서는 국제금융시장의 구성과 발달을 통하여 국제금융시장을 이해하는데 그 목적을 둔다. 이를 위해 최근 크게 발달하고 있는 유로금융시장의 발달과 특징을 검토한다. 간접금융시장인 유로커런시시장의 구조와 특징을 검토하고, 다음으로는 직접금융시장인 국제채시장의 특징과 국제주식시장의 통합 등에 관하여 분석한다. 끝으로 최근 급속히 발달하고 있는 파생금융상품시장을 선물시장과 옵션시장으로 나누어 검토한다.

제1절 국제금융시장의 발달

국제금융시장은 생성초기에는 국가간 상품이나 생산요소 거래의 반대급부로서 지급되는 대금이 대부분을 차지할 정도로 작은 규모로 출발하였다. 그래서 초기에는 주로 국제무역대금의 결제, 투자자원의 자금조달 등 상품거래와 실물투자의 원활한 수행을 돕는데 대부분의 금융거래가 이루어졌다. 그러나 오늘날에는 실물거래의 뒷받침으로 일어나는 금융거래는 미미하고 실물거래와 무관하게 환율, 이자율, 물가 등의 가치변수에 의해 국가간에 금융거래가 이루어지고 국제금융시장도 발달하게 되었다.

1. 국제금융시장의 기능과 구성

1) 국제금융시장이란?

국제금융시장이란 자금 공급자와 자금 수요자간의 금융거래가 국경을 넘어 이루어지는 시장을 말한다. 여기서 시장이라 함은 두 가지 개념으로 나눠 사용될 수 있는데 하나는 뉴욕금융시장 등과 같이 구체적인 장소를 의미하는 것으로 주요 금융중심지나 그 지역에서 운용되는 금융상품 거래소를 일컫는 말이다. 다른 하나는 보다 추상적인 개념으로 국제자금의 수요와 공급이 유기적으로 연결되는 모든 거래형태를 말한다.

일반적으로 국제금융시장은 국내거주자간 자금의 수요와 공급이 이루어지는 국내금융시장과 대치되는 개념으로 사용되어 왔다. 그러나 근래에 와서 각국의 금융당국이 국가간 거래에 대한 규제를 크게 완화하게 되고 세계화 현상이 심화됨에 따라 국제금융시장과 국내금융시장에 대한 명확한 구분을 희석시키고 있다. 따라서 국제금융시장은 거주성이나 장소적 구분을 초월하여 국내금융시장 등을 총체적으로 포괄하는 시장으로 이해할 수 있다.

국제금융은 19세기 영국 런던을 중심으로 시장이 이루어 지기 시작하였다. 생성초기에 국제금융시장은 국가간 상품이나 생산요소거래의 반대급부로서 지급되는 대금이 많은 부분을 차지할 정도로 작은 규모로 출발하였다. 그래서 1950년까지만 해도 국제금융시장은 실물경제 성장과 기업 생산활동을 효율적으로 수행할 수 있도록 국가간 자금거래를 원활히 하는 기능을 담당해 왔기 때문에 금융의 형태도 국제무역의 결제, 무역금융의 제공, 생산 등을 위한 실물투자의 금융자원 조달을 위한 예금과 대출 등의 간접금융 형태가 주가 되었다.

각국의 금융자유화와 세계화 현상이 본격화되고 심화됨으로써 오늘날에는 실물상품거래와 무관하게 국제금융자산의 효율적 운용을 위한 금융거래가 빈번해지는 것이다. 즉, 이자율, 환율 및 물가 등의 가격변수에 의해 국가간의 금융거래가 보다 빈번히 일어나고 있는 것이다. 따라서 은행을 통한 간접금융 보다는 증권과 주식 등의 직접금융 방식의 국제금융시장이 더욱 발전해 가고 있다.

2) 국제금융시장의 구분

국제금융시장은 단순한 '지불수단'이 거래되는 외환시장과 신용이 거래되는 신용시장으로 나눠진다. 여기서 외환시장은 다시 현물환시장과 선물환시장으로 세분화될 수 있다. 신용시장도 국내금융시장과 국제금융시장으로 나뉘는데, 국제금융시장을 또다시 금융기관소재지에 따라 역내시장과 역외시장으로 나뉜다.

[그림 14.1] 국제금융시장의 구분

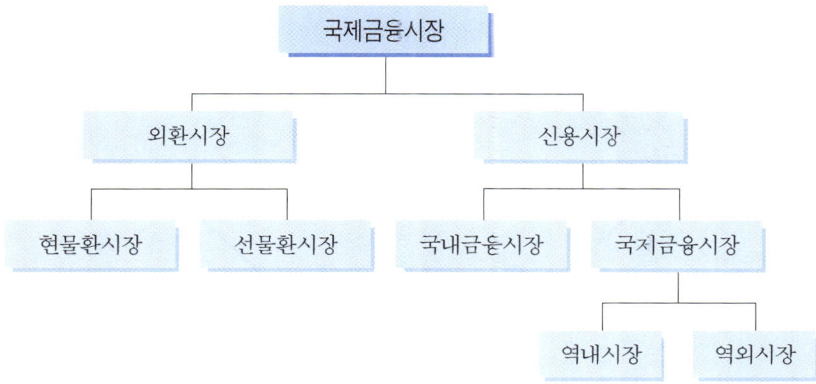

(1) 직접금융시장과 간접금융시장

금융시장을 자금의 공급자와 최종 수요자 사이에 어떤 금융매개기관이 있느냐 아니면 직접적인 거래가 이루어지느냐 따라 직접금융시장과 간접금융시장으로 나뉜다. 직접금융은 자금의 최종수요자가 자금의 공급자에게 자신의 명의로 된 증권을 발행·매각함으로써 중간에 매개기관 없이 이루어지는 금융거래를 말한다. 직접금융이 이루어지는 직접금융시장에 해당되는 것은 주식시장이나 채권시장처럼 자금의 수요자는 공급자가 어느 회사인지를 알고 자금의 공급자는 자금의 수요자가 누구인지를 알 수 있는 경우이다. 반면에 간접금융은 자금의 최종 수요자와 공급자 사이에 은행과 같은 매개기관이 존재하여 이 매개기관을 통하여 금융거래가 일어나는 형태의 금융시장을 말한다. 간접금융시장에 속하는 것은 은행에서 이루어지는 금융거래를 뜻한다. 은행을 통한 금융거래는 자금의 공급자가 단순히 은행에 예금을 하면 은행이 그 자금의 수요자에게 대출해 주기 때문에 자금의 공급자와 수요자가 직접 접촉하지 않는다.

[그림 14.2] 금융시장의 자금흐름

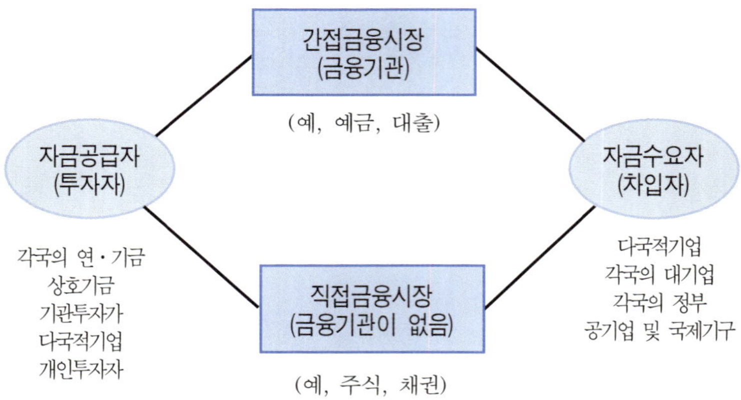

(2) 역내시장과 역외시장

또한 국제금융시장은 금융기관의 소재지가 어디에 있느냐에 따라 역내금융시장과 역외금융시장으로 구분한다. 역내금융시장은 금융기관이 속해 있는 나라의 통화로 그 나라의 내국인과 외국인 사이 혹은 외국인끼리 금융거래가 행하여지는 경우를 말한다. 이 경우 금융거래는 금융기관이 속해있는 나라의 법규와 관행에 의해 지배를 받게 된다. 반면 역외금융시장은 금융거래에 사용되는 표시통화의 발행국 이외의 나라에서 금융거래가 일어나는 경우를 말하며 이를 흔히 유로금융시장이라고도 한다. 여기서 유로(Euro)라는 말머리는 발행통화 해외의(offshore) 뜻을 가진다고 하겠다. 아마도 역외시장이 유럽에서 시작되어 발달하였기 때문에 유로라는 말머리가 생기긴 하였으나 유럽과는 관계가 없다. 따라서 유로시장은 통화발행국의 법적 규제나 거래관행이 적용되지 않는다. 다음 절에서 제2차 세계대전 이후 크게 발전한 역외 국제금융시장인 유로금융시장에 대해 검토하기로 한다.

3) 국제금융시장의 구성

국제금융시장은 자금의 수요자 그룹(자금 차입자 그룹), 자금의 공급자 그룹(자금 투자자 그룹) 및 자금중개자(금융기관)로 나눌 수 있다. 여기서 자금 수요자인 자금 차입자는 자신들의 경제활동에 필요한 자금을 조달하기 위하여 국제금융시장에 참여한다. 국제금융시장에서 대표적인 자금의 차입자는 각국의 다국적기업, 공기업 및 각국의 지방 및 중앙 정부 등이 여기에 속한다.

다음으로 자금의 공급자인 투자자는 자신들의 금융자산을 운용하기 위해서 해외투자 등을 통해 국제금융시장에 참여하게 된다. 대표적인 자금 공급자는 각국의 연기금 등의 자금을 관리하는 기관 자금공급자, 여유자금이 있는 기업이나 개인 등이 이에 속한다.

자금의 중개자는 자금의 수요자와 공급자를 연결시켜 주는 금융기관 등을 말한다. 국제상업은행과 국제투자은행 등이 여기에 속한다. 국제상업은행은 간접금융상품을 주로 취급하는 금융기관으로서 전통적인 금융기능인 예금 및 대출을 주로 취급한다. 이에 반해 국제투자은행은 직접금융상품을 다루게 되는 금융기관으로서 주식, 채권 및 파생금융상품 등을 취급한다.

금융시장을 구성하고 있는 참가자와 이들이 참여하고 있는 시장의 형태들을 [그림 14.3]으로 나타낼 수 있다.

[그림 14.3] 금융시장의 참가자와 시장형태

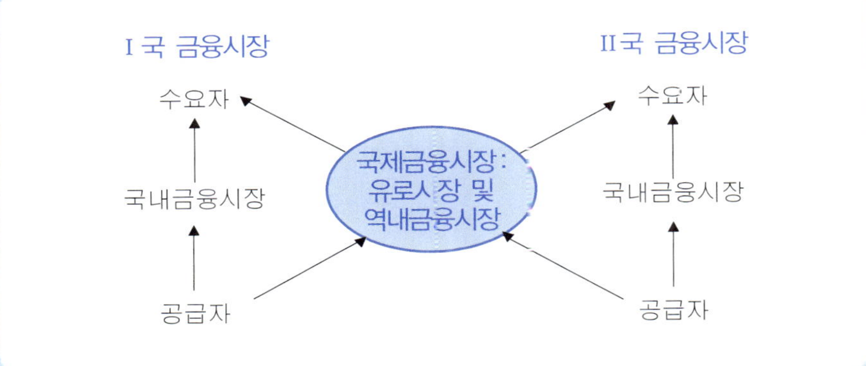

2. 유로금융시장의 발달과 특징

1950년대 이후 국제금융시장의 두드러진 특징 중의 하나는 역내 국제금융시장보다 상대적으로 역외 국제금융시장인 유로금융시장이 크게 발달한 것이라 할 수 있다. 유로금융시장이 발달한 원인과 그 특성을 알아보자.

1) 유로금융시장의 발달

제2차 세계대전 이후 런던 등 서유럽 금융시장을 중심으로 시작된 유로금융시장은 다음과 같은 획기적인 전기를 맞는다. 1970년대 들어 발생된 두 차례에 걸친 유류파동으로 유가가 크게 상승하자 OPEC 국가들은 축적한 오일 판매자금의 상당 부분을 유럽금융시장에 예치하므로 유로금융시장은 본격적인 발달의 계기를 맞게 되었다. 그러나 초기에는 유류파동으로 누적된 국제수지의 적자를 보충하기 위한 수단으로서 유로금융시장이 발달하였다. 하지만 1980년에 들어 상당한 비산유 개도국들이 부채위기를 겪으면서 자금 대출이 현격히 줄어들었고 이를 선진국들이 대신하게 됨으로써 선진국들의 대출이 증가하기에 이르렀다. 그러다가 1990년 들어 정보통신산업이 크게 발전함으로써 시간과 공간을 초월하며 발달하게 되었다.

오늘날에는 유로시장의 주요 거래통화 가운데 미국달러 비중이 낮아지고 유로화 등의 비중이 높아지면서 유로엔, 유로위안 등의 유로시장도 크게 발전해 가고 있다. 그리고 유로시장이 지역적으로 유럽뿐만 아니라 아시아 등 전 세계적으로 확산되어 가고 있다. 특히 오일머니 등 글로벌 지역자본이 아시아 등지에 몰리고 있는 것도 그 원인중의 하나이다.

2) 유로커런시시장의 구조와 특징

앞에서도 언급하였듯이 유로시장의 특징은 특정통화의 발행국가 이외의 지역에서 그 통화표시 금융상품의 거래가 일어난다는 점에 있다. 이러한 통화시장을 유로커런시시장이라고 부른다. 특정통화를 수취하는 금융기관은 통화의 발행국이 아닌 다른 나라에 위치하고 있다.

예를 들면, 유로엔이란 일본은행의 해외지점 혹은 일본 이외의 나라에 위치하는 금융기관에서 거래되는 금융상품을 말한다. 유로엔도 일본 국내에 있는 엔과 동등한 가치를 가지고 있는 화폐임에는 틀림이 없다. 그러나 이자율은 일본 국내은행에서와 유로은행에서 차이가 날 수 있다. 이자율은 시간과 장소에 따라 수요와 공급 등의 변수에 의해서 결정되기 때문이다. 일반적으로 유로엔의 예금금리는 일본 국내 엔의 예금금리보다 높다. 그리고 유로엔의 대출금리는 일본 내의 엔 대출금리보다 낮은 것이 특징이다.

유로커런시도 하나의 금융재화이므로 이러한 예금을 수취하는 기관은 은행 등과 같은 금융기관이다. 그러나 유로커런시를 예금하는 자금의 공급자는 개인이나 기업, 상업은행, 각국의 중앙은행 및 정부기관 등이 될 수 있다. 그리고 유로커런시시장은 그 통화 발행국의 국내법 적용을 받지 아니한다. 따라서 유로커런시시장은 그야말로 자유시장이라고 할 수 있다. 유로커런시시장은 정부의 규제와 통제조치에서 벗어날 수 있기 때문에 정부의 통제를 많이 받는 국내금융시장에 비해 보다 효율적이라 할 수 있다. 유로커런시시장이 1950년대 후반에 생성되어 오랜 시간이 아닌 기간 동안에 큰 발전을 보게 된 것도 자유시장이 갖는 효율성에 많은 힘을 얻은 것으로 볼 수 있다.

1950년대 말부터 서유럽 지역에 경제부흥이 급속히 일어남으로써 외환의 필요성을 느낀 서유럽 국가들은 외환거래에 대한 규제를 완화시켰다. 따라서 서유럽 금융기관들 대부분이 외화예금을 받아들이고 특히 미국달러 예금이 증대하는 계기가 되었다. 또한, 1950년 후반에 미국에 만연된 거액의 국제수지 적자로 인하여 역외지역의 달러표시 금융자산이 누적되었고 풍부한 달러자금이 유럽으로 흘러들어가는 현상이 일어났다. 이러한 현상이 유로커런시시장의 대표적인 시장으로 유로달러시장이 자리 잡게 되는 계기를 만들어주었다.

제2절 국제직접금융시장의 특성과 발달

1. 국제채시장의 특성

국제금융시장에서 국제채시장은 최근 세계화 추세와 정보통신(IT)산업의 발달로 크게 발전해왔다. 국제채는 크게 외국채와 유로채로 나눌 수 있다. 그 중 유로채의 비중이 오늘날 90%를 차지할 정도로 유로채의 발전이 두드러졌다.

그런데 외국채는 채권발행 금융기관이 속해 있는 나라가 아닌 다른 나라의 자본시장에서 그 자본시장이 속해 있는 국가의 현지통화로 표시된 채권을 발행하여 그 나라에서만 판매하는 채권을 말한다. 예를 들면 미국의 금융기관 또는 기업이 영국 런던의 자본시장에서 영국 파운드 표시의 채권(대개 1년 이상 만기)을 발행할 때 영국의 증권업자가 그 채권의 인수단을 구성하여 투자자들에게 그 채권을 판매하는 경우를 말하며 이 때의 채권에 붙여진 별명을 불독본드, 미국에서 미국달러로 발행되는 외국채는 양키본드, 일본에서 엔으로 발행되는 외국채는 사무라이본드, 중국에서 위안으로 발행되는 외국채는 판다 본드라고 한다. 외국채에는 발행지역에 따라 특이한 채권의 별명도 있다. 호주에서는 그들 나라의 상징동물의 이름을 따서 그들 지역에서 발행하는 외국채를 캥거루 본드라고도 한다. 더 재미있는 것은 네덜란드에서는 그들의 유명화가 이름을 따서 램 브란트 본드라고 한다. 그리고 한국에서는 한국민요의 이름을 따 한국에서 발행되는 외국채를 아리랑본드 라고 한다.[1)]

1) Chosun Biz. com, "아리랑 본드와 김치본드, 그리고 코리안 페이퍼," 2010. 09. 13. 김치본드는 외국인이 한국에서 원화가 아닌 다른나라 통화로 발행한 채권을 말한다. 코리안 페이퍼(Korean Paper)는 해외시장에서 거래되는 한국관련 증권을 통칭하는 말이다.

외국채는 앞에서 언급한 바와 같이 외국인이 다른나라에서 현지 통화로 발행하여 현지 투자자들에게 판매하는 채권이기 때문에 발행과 유통 절차 등에 현지 금융 당국의 규제를 받는다. 세계적으로 유명한 외국채 시장으로는 런던, 뉴욕, 도쿄 등이 있다.

반면 유로채는 특정국 통화표시의 채권이 그 통화 발행국 이외의 나라에서 발행되어 판매되는 채권을 말한다. 이 채권은 국제적 인수단에 의해서 인수되어 여러 나라에서 판매되기도 한다. 유로채는 표시통화에 따라 유로달러 채권, 유로엔 채권, 그리고 유로원 채권 등이 있다. 유로채시장도 일본과 독일 등 일부 국가를 제외하고는 통화표시 국가의 규제로부터 자유롭기 때문에 유로커런시시장과 마찬가지로 자유시장이라 할 수 있다. 따라서 그 효율성이 외국채시장 등에 비해 효율적이므로 발전 속도도 매우 빨랐다.

2. 국제채시장의 발달과정

국제채는 해외 개척시대인 19세기경 유럽 여러 나라들이 해외개발에 필요한 투자재원을 확보하기 위하여 외국채를 발행하기 시작하였다. 외국채 발행시장으로는 초기에는 런던, 파리 등이었고 뉴욕은 나중에 이에 합류했다. 1950년대부터 세계경제의 중심이 미국으로 옮아가면서 뉴욕이 런던에 이어 국제채 발행시장의 중심이 되어갔다.

그러나 1960년대 들어 미국 자본시장에서 외국인이 발행한 채권에 대하여 일정한 세금을 부과하게 됨으로써 외국의 차입자는 미국달러표시 채권이라 할지라도 미국에서의 채권발행 비용보다 미국 이외의 자본시장에서 미국달러표시 채권을 발행하는 것이 더욱 저렴하게 됨으로써 유로달러 채권시장이 유럽을 중심으로 크게 발전하게 되었다.

3. 국제주식시장의 협력과 경쟁

주식시장도 국가간에 상호상장을 하고 각 나라의 주식시장이 통합되고 선진국 기업들이 그들의 주식을 국제적으로 발행함으로써 주식시장이 세계화 차원에서 발전해가고 있다. 국제주식시장은 주식이 거래되는 거래소가 속해 있는 나라의 법적인 규율범위 안에서 통제받고 관리도 받으면서 발전해가고 있다. 한 나라의 금융관련법에 의해 설립된 증권거래소에 그 나라의 기업주식도 상장되어 거래되고 또한 외국기업의 주식도 상장되어 국제적으로 개방된 국제주식시장이 발달되어가고 있는 것이다.

개별기업이 주식을 발행하여 상장시키는데도 수요가 한정되어 있는 국내거래소, 즉 국내주식시장을 이용하는 것보다 큰 수요를 확보하고 있는 국제주식시장에 상장하는 것이 그 기업의 국제적 명성제고에 유리할 수 있을 것이다. 따라서 기업들은 해외를 순방하면서 기업설명회 등을 개최하고 기업에 대한 이미지 제고 등 자사 주식에 대한 수요창출에 노력하고 있다. 그리고 우리나라 증권거래소에서는 외국의 우량기업을 국내에 상장시키기 위하여 많은 노력을 기울이고 있다. 이는 바로 우리 주식시장에 우량기업의 주식공급량을 제고시키는 계기가 될 것이다. 기업 측면에서 보면 여러 나라의 투자자들을 유치함으로써 주식에 대한 수요를 창출하게 되는 것이다. 그리고 개인 투자자들 입장에서도 외국의 우량기업의 주식들이 국내 주식시장에 많이 상장되어 투자선택의 폭이 확대되는 것이 바람직할 것이다.

국제주식시장의 궁극적인 목표는 세계의 모든 상장주식과 주식 투자자들이 한 자리에 모일 수 있는 하나의 시장을 만드는 것이다. 전 세계 몇몇 주식시장이 합병되고 있지만 국제주식시장이 하나가 되기에는 시간이 필요할 것이다. 그러나 우리는 그 목표를 향해 가야 할 것이다. 그래야만 장소와 시간을 초월한 효율적인 국제주식시장을 가질 수 있을 것이다.

각국에서 주식시장의 통합은 전산시스템에 대한 의존도가 매우 크기 때문에 비용도 크게 줄여주어 국가 경쟁력이 높아질 것이다. 또한, 국가별 주식시장의 통합은 불필요한 이중기능을 해소하면서 규모의 경제를 실현하게 될 것이다. 그리고 몇 개 나라의 주식시장이 통합됨으로써 한 나라의 정부가 통합된 주식시장을 통제하고 규제할 수 없으므로 상장하는 기업들에 상장비용이나 부담이 줄어들 수 있을 것이다. 현재 예전에 상상하기 힘들었던 주식시장의 국제화가 이루어지고 있다.

2006년 뉴욕증권거래소(New York Stock Exchange)와 유럽의 Euro next가 합병해 NYSE 유로넥스트(NYSE Euro next)가 탄생되었다. 또한 2011년 들어 독일의 증권거래소인 도이체뵈르제(Deutsch boerse)와 뉴욕증권거래소(NYSE)유로넥스트가 합병협상을 재개하는 등 글로벌 증권거래소 M&A 열풍이 활발하게 진행되고 있다. 그리고 런던 증권거래소(London Stock Exchange)의 15% 지분을 소유한 나스닥(Nasdaq)은 런던 증권거래소 인수를 강력히 희망하고 있고 북유럽 등지의 거래소들은 물론 아시아 전역에 걸친 증권거래소들의 인수합병을 암암리에 추진하고 있다.[2)]

우리나라의 증권선물거래소도 세계 주식시장의 통합화 대열에 합류하지 않으면 세계 주식시장의 무한경쟁시대에 효율적으로 살아남기 힘들 것이다. 따라서 우리 증권선물거래소도 기업공개를 하루속히 실행해야 하고 이와 함께 다양한 국제화 전략, 즉 아시아 신흥국들의 주식시장 설립 지원사업 등을 수행하면서 주식시장의 세계화 대열에 동참해 나가야 할 것이다.

---

2) 문화일보, "세계증시는 '무한통합'시대 대응 못하면 지역마켓 전락," 2007. 01.17.

요 약

1. 국제금융시장은 금융기관 소재를 중심으로 역내 금융시장과 역외 금융시장으로 구분된다. 역내 금융시장은 금융기관이 속해 있는 나라의 통화로 그 나라의 내국인과 외국인 사이 혹은 외국인끼리 금융거래가 행하여지는 경우를 말한다. 이 경우 금융거래는 금융기관이 속해 있는 나라의 법규와 관행에 의해 지배를 받게 된다. 반면 역외 금융시장은 금융거래에 사용되는 표시통화의 발행국 이외의 나라에서 금융거래가 일어나는 경우를 말하며 이를 흔히 유로(Euro) 금융시장이라고도 한다.

2. 국제채는 크게 외국채와 유로채로 나눌 수 있다. 이 중 유로채의 비중이 오늘날 90%를 차지할 정도로 유로채의 발전이 두르러졌다. 외국채는 채권을 발행하는 금융기관이 속해 있는 나라의 자본시장에서 그 자본시장이 속해 있는 나라의 통화로 표시된 채권으로 발행되어 그 나라에서만 판매되는 채권을 말한다. 반면 유로채는 특정국 통화표시의 채권이 그 통화 발행국 이외의 나라에서 발행되어 판매되는 채권을 말한다.

3. 국제금융시장은 단순한 '지불수단'이 거래되는 외환시장과 신용이 거래되는 신용시장으로 나눠진다. 여기서 외환시장은 다시 현물환 시장과 선물환 시장으로 세분화될 수 있다. 그리고 신용시장도 국내 금융시장과 국제 금융시장으로 나뉜다.

토의과제

1. 간접금융과 직접금융의 차이점을 설명하고 국제금융시장에서 간접금융시장과 직접금융시장의 예를 들어 설명하라.

2. 세계주식시장의 통합을 투자자의 입장과 기업의 입장에서 어떤 의미를 가지는지를 구분하여 설명하라.

3. 외국채의 의미를 설명하고 그 종류를 5 가지만 들어라.

제 15 장

파생금융상품시장

지난 10여 년 동안 국제금융 시장에서 두드러진 변화라면 파생금융상품의 발전이라고 할 수 있다. 파생상품(derivatives)은 외환, 채권, 원목 등의 기초자산에서 파생되는 금융상의 계약형태를 말하며 이러한 상품이 거래되는 시장을 파생금융상품 시장이라고 한다. 대표적인 파생금융상품 시장에는 선물시장과 옵션시장이 있다. 파생금융상품 시장은 말 그대로 일반기초상품과 금융상품에 기반을 두고 파생되어 나온 새로운 교환방식의 상품이 거래되는 시장이라고 볼 수 있다. 본장에서는 주로 대표적인 파생금융상품 시장인 선물시장과 옵션시장을 다룬다.

제1절 파생금융상품시장의 구분

1. 파생금융상품의 종류

파생금융상품은 계약형태에 따라 크게 선물과 옵션으로 구분된다. 보다 구체적으로 선도, 선물, 옵션, 및 스왑 등으로 나뉜다.

여기서 선도와 선물은 기초자산을 미래의 특정 시점에 특정 가격으로 매수 또는 매도하겠다는 계약형태에서는 같다. 그러나 선물은 거래소를 통해 정예화된 거래가 이루어지기 때문에 불이행 등에 따른 리스크가 상대적으로 크지 않고 이에 반해 선도는 장외에서 브로커를 통해 거래 당사자간에 거래가 이루어지므로 불이행 등에 따른 리스크가 다소 높을 가능성이 있다는 점에서 차이가 있다.

옵션은 기초자산을 미래의 특정 시점에 특정 가격으로 매입 또는 매도할 수 있는 권리를 사고 파는 행위를 말한다. 스왑(swap)은 일반적으로 미래의 일정시점에 약정된 금융자산 또는 금융부채를 거래상대방의 금융자산이나 금융부채와 교환하는 계약형태를 말한다. 스왑금융은 선도거래와 함께 대표적인 장외 금융상품이다.

2. 파생금융상품 : 선물과 옵션거래 사례[1]

요즈음 일상생활의 금융거래로서 주식시장이나 외환시장에서 선물과 옵션 등의 파생상품의 거래비중이 점점 높아져 가고 있다(〈표 15.1〉). 파생이란 어

---

1) 중앙일보/경제연구소/틴틴경제, '선물거래가 뭐죠'(나현철 기자), 2001.10. 17. 참조.

떤 몸통으로부터 갈라져 나왔다는 의미를 지닌다. 따라서 파생상품이란 통상적인 상품거래에서 갈라져 나온 것으로서 그 내용을 달리하여 사고파는 형태의 상품거래를 말한다. 대표적인 파생상품 거래방식으로는 선물과 옵션이 있다. 우선 선물부터 살펴보기로 한다.

〈표 15-1〉 외환거래별 전 세계 외환거래 규모 (단위 : 10억달러)

	1992	1995	1998	2001	2004	2007
현물환거래	394	494	568	387	631	1,005
선물환거래	58	97	128	131	209	362
외환스왑거래	324	546	734	656	954	1,714
오차 및 누락	44	53	60	26	106	129
합계	820	1,150	1,650	1,420	1,970	3,210

주 : 거래량은 local과 cross-border 이중계산을 조정한 수치이며, 각년도 4월의 일일평균임
자료 : BIS, *Triennial Central Bank Survey 2007*, December 2007, p. 4.

1) 선 물[2)]

선물이란 미래에 이행할 거래를 현재에 미리 계약해 두는 것을 말한다. 즉, 지금 미리 정한 가격으로 미래에 상품을 사고팔기로 계약하는 거래형태를 뜻한다. 따라서 선물거래란 미래의 물건 값의 급격한 변화에 의해서 발생할지도 모르는 손해에 미리 대비하자는 목적에서 시작된 거래라고 볼 수 있다. 사실 우리나라에서도 오래 전부터 밭에 자라고 있는 농산물을 미리 일정한 가격과 수량만큼 살 것을 계약해 두는 밭떼기라는 선물형태의 거래가 있었다. 여기서도 이 밭떼기 거래를 이용하여 선물을 설명하고자 한다.

예를 들어, A 는 무 농사를 짓고 있다. 올해 수확이 어떠할지 A 의 마음은 무척 불안하다. 수확기에 무가 우리나라 전체가 지나치게 풍작이 되어 무값

2) 선물거래와 선도거래는 엄밀히 구분하면 차이가 있으나 넓은 의미의 선물거래에 선도거래도 포함된다. 여기서는 넓은 의미의 선물거래를 의미한다.

이 떨어질지도 모르기 때문이다. 생산비용과 본인의 노동 등을 고려한다면 무 한 포기당 2천원만 받았으면 한다. 그러나 서울 가락동 시장에서 무장사를 하는 B 는 다른 생각을 가지고 있다. 수확기에 흉작이 들어 무값이 폭등할까 염려스러워 하고 있다. B 는 올해 무값이 오를 것이 예상되어 포기당 2천원에 무를 미리 사두고 싶어한다.

A 와 B 는 서로 미래의 불확실성에 의한 손실에서 벗어나기 위해 선물계약을 체결했다고 하자. B 가 A 로부터 수확기에 포기당 2천원에 무를 사기로 계약한 것이다. B 는 무를 건네받을 때 잔금 1천 8백원을 지불하기로 하고 계약 시 우선 계약금으로 A 에게 무 포기당 2백원씩을 지불했다. 미래에 주고받을 상품을 지금 사고팔기를 계약하였으니 초보적인 선물계약이 체결된 것으로 볼 수 있다.

그럼 여기서 선물계약의 특징을 보다 쉽게 설명하기 위하여 김장철이 되어 무값이 정해지면 두 사람의 입장이 어떻게 달라지는가를 살펴보기로 하자. 무값이 3천원이 되었다고 하면 A 는 포기당 1천원을 손해보고 B 는 1천원만큼의 이익을 얻게 된다. 이와 반대로 김장철이 되어 무값이 1천원이라면 A 가 1천원만큼의 이익을 볼 것이고 B 는 1천원만큼의 손해를 볼 것이다. 이와 같이 선물계약은 사고팔기로 한 계약가격과 만기일의 실제가격과의 차이로 인하여 참여자는 손해를 보기도 하고 이익을 보기도 한다. 하지만 선물계약은 불확실한 미래가격의 변동으로 야기되는 손실을 최소화하는데 주안점을 둔다.

더 많은 사람들이 참여하는 선물거래를 검토하면 보다 재미있고 이해하기가 쉬울 것이다. 선물계약 만기일이 도래하기 전에 B가 사정이 생겨 A의 무를 사기로 한 A 와의 계약을 이행할 수 없게 되었다. 그리고 아직 김장철이 되지 않았지만 흉년이 예상되어 무의 선물가격이 2천 8백원까지 상승했다고 하자.

김장철에 A 한테서 무를 포기당 2천원에 사기로 계약한 B 는 C 에게 포기당 2천 8백원에 *A* 한테 무를 받을 수 있는 권리를 팔게 된 것이다. *C* 도 무값이 더 오를 것을 예상했기 때문에 무 포기당 상당히 높은 선물가격인 2천 8백원에 사게 된 것이다. 그럼 *B* 가 실제로 번 돈은 얼마일까? 1천 8백원은 *C* 가 *A* 에게 잔금으로 지불해야 하기 때문에 C 에게서 실제 받은 돈은 포기당 1천원이다. *B* 가 낸 돈은 계약금 2백원이므로 포기당 8백원을 번 것이다. *B* 의 선물투자 수익률이 400%인 셈이다.

반대로 무값이 떨어져 만기일 전에 포기당 1천 2백원에 계약의 권리를 *C* 에게 넘기게 되었다면 *B* 는 *A* 에게 지불해야 하는 잔금 1천 8백원 중 부족한 금액인 포기당 6백원을 더 내야한다. 그렇게 되면 선물투자에 의한 손실금은 8백원이 되고 손실률은 400%가 되는 셈이다. 이와 같이 거래금액의 일부만 계약금으로 주고받는 거래가 파생적으로 일어나기 때문에 선물거래의 손익의 범위가 커지면서 거래의 위험이 높아지는 것이다.

2) 옵 션

옵션도 미래의 거래를 미리 약속한다는 점에서는 선물과 크게 다를 바 없다. 옵션은 미래에 물건을 사고 팔 수 있는 권리를 사고파는 거래행위를 말하는 것으로 선물과는 다소 차이가 있다. 즉, 어떤 물건을 얼마에 사겠다고 계약하는 것보다 그 물건의 값이 일정한 금액보다 높으면 그 금액에 사고, 그 금액보다 아래면 사지 않는 조건으로 계약하는 방식이다.

옵션도 비슷한 예를 들어 설명하기로 하자. *B* 가 몇 년간 선물거래를 통해서 안전하게 돈을 벌어 오다가 작년에 무값이 폭락하는 바람에 큰 손해를 보게 되었다. 그래서 *B* 는 생각 끝에 계약조건을 바꾸기로 했다. 김장철이 되어 무값이 2천원을 넘으면 2천원에 사고, 2천원에 못 미치면 구매하지 않아도 되는 조건으로 계약했다. 이런 권리를 사고파는 거래형태를 옵션이라고 한다. 그러나 옵션거래에는 이런 권리를 갖는 대가로 약간의 돈을 지불한다.

B 도 이런 권리를 갖는 대신 A 에게 권리금으로서 무 포기당 2백원을 지불하기로 했다. B 로서는 김장철에 값이 오르면 권리금까지 포함하여 무 포기당 2천 2백원에 사고, 오히려 값이 내리면 권리금 2백원만 손해보고 안 사면 되는 것이다. A 의 입장에서도 무값이 2천원 아래가 될 경우 권리금 2백원을 얻게 된다. 이와 같이 옵션계약의 특징은 선물거래 때 보다 A 와 B 가 손해볼 위험을 조금씩 더 줄일 수 있는데 있다.

제2절 선물시장

상품, 금리, 주가 등에 대하여 현재시점에서 미래의 특정시점에 특정가격으로 수도 결제할 것을 약정하는 형태의 계약을 선물계약이라고 한다. 이러한 계약이 체결되고 이행되는 조직을 선물시장이라고 한다. 물론 금융선물 가운데 주가선물 같은 상품은 만기에 실물 인수도가 이루어지지 않는다.

1. 선물시장

보통 선물시장은 선물상품이 상장된 선물거래소를 통해 거래가 이루어지는 시장을 말한다. 그런데 통화선물거래(futures transaction)와 유사한 것으로 선도거래(forward transaction)가 있는데 선도거래는 채무불이행 등의 위험에 대한 안정장치가 불완전하여 위험정도가 높다는 점에서 선물거래와 차이가 있다. 선물거래와 선도거래에는 제도적 측면과 거래적인 측면에서 다른 점이 있다. 선물거래에는 청산소제도 및 거래증거금제도 등이 있으며 특정한 거래소에서 가격변동 폭의 제한 등이 있는 점이 선도거래와 다르다. 선물거래와 선도거래가 유사한 점은 계약인이 만기시점에 특정상품을 정해진 가격으로 인수, 인도하기로 하는 계약이다.

선물거래에 따른 손익은 현물가격 수준에 의해서 변화된다고 할 수 있다. 원래 선물거래는 미래에 대한 전망을 기초로 원하는 수준에서 거래할 수 있는 기회를 제공해 준다는 유리한 이점이 있다. 물론 예측이 빗나간 경우에는 손실을 볼 수도 있고, 보다 낮은 이익을 얻을 수도 있다. 현물가격 변화에 따른 선물거래의 손익은 [그림 15.1]에서 잘 나타내 주고 있다.

[그림 15.1] 선물거래에 따른 손익

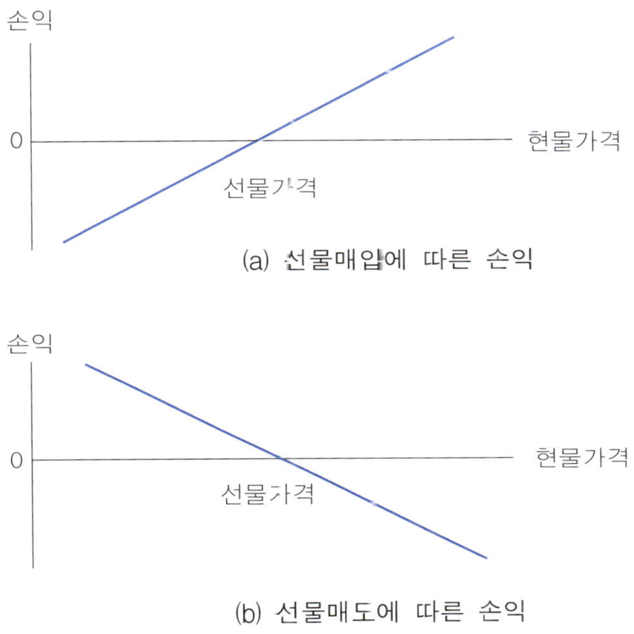

2. 주요 선물상품

비중이 높은 선물상품으로는 일반상품선물과 금융상품선물을 들 수 있다. 일반상품선물은 금, 은, 구리, 아연, 곡물 등의 장래에 수도·결제할 상품의 가격을 미리 결정한다는 점에서 다른 선물거래와 같다. 귀금속, 에너지, 농산물 등과 같은 상품선물은 대개 거래액과 결제일이 표준화되어 있고 거래소에서 거래가 행하여진다. 또한 청산기관이 보증 및 계약이행을 위하여 일정금액의 증거금을 요구하므로 신용위험을 우려할 필요가 없다.

반면에 금융상품선물에는 통화선물, 금리선물, 주가지수선물 등이 포함된다. 먼저, 통화선물은 미래에 수도·결제될 외국환의 수량과 가격을 미리 계약해 둔다는 점에 다른 선물환거래와 다를 바 없다. 외환시장을 통한 선물환거래와는 위험 면에서 다소 차이가 있다. 선물환계약은 은행을 중심으로 신축적으로 거래금액이나 만기를 결정하는 반면 통화선물계약은 거래금액, 거래기간 등이 표준화되어 있고 조직화된 거래소에서 이루어진다.

그 밖에 금리선물은 미래의 일정기간에서의 예상금리를 체결하는 거래이다. 화폐의 수급에 따라 민감하게 움직이는 금리를 선물거래의 대상으로 삼는 계약이다. 이에 비해 주가선물은 미래의 주가지수를 계약 체결하는 형태의 거래를 말한다. 주가지수라는 상품을 대상으로 삼기 때문에 현물은 없고 최종 결제일까지 반대매매가 이루어지지 않고 남아있는 경우에는 최종 청산지수라 불리는 특정지수에 의해 청산되며 현금으로 정산된다.

제 3 절 옵션시장

1. 옵션시장

어떤 상품을 미리 계약된 가격으로 만기일 이전이나 또는 만기일에 매도하거나 매입할 수 있는 선택권의 권리를 가지는 계약형태를 옵션이라 하고 이러한 형태의 거래가 이루어지는 시장을 옵션시장이라 한다. 옵션 중에서도 매입 청구권이 부여된 옵션을 콜옵션이라 하고 반대로 매도 청구권이 부여된 옵션을 풋옵션이라고 한다. 예를 들면 매도자 *A* 가 매수자 *B* 에게 금년 12월 31일에 원/달러 환율이 1,000원 이상이면 매수자 *B* 가 1,000원에 달러를 매수할 권리를 갖는 옵션 계약을 체결하였다 하자. 그런데 금년 12월 31일에 원/달러 환율이 1,100원이라고 하면 *B* 는 1,000원에 달러를 매수할 권리를 가질 것이고 이 경우가 콜옵션 거래이다.

다른 예를 들어 보자. 매입자 *A* 와 매도자 *B* 사이에 올해 12월 31일에 원/달러 환율이 1,100원 이하이면 달러 매도자 *B* 가 달러를 1,100원에 매도할 수 있는 계약을 체결하였다면 매도 청구권이 부여된 옵션거래이다. 만약 올해 12월 31일에 원/달러 환율이 980원이라고 한다하여도 매도자 *B* 는 달러당 1,100원에 달러를 매도할 수 있는 권리를 가지는 옵션거래로 매도 청구권을 가진 거래로 풋옵션거래라 한다. 만약 올해 12월 31일에 원/달러 환율이 1,200원이라면 매도자 *B* 는 달러를 *A* 에게 매도하지 않고 그 대신 현물시장에 1달러당 1,200원에 매도할 수 있다.

옵션은 청구권의 행사가능 시점에 따라서 유러피언 옵션과 아메리칸 옵션으로 나뉜다. 청구권 행사를 만기일에 할 수 있도록 되어 있는 옵션을 유러피언 옵션이라고 한다. 그리고 만기일 이전이라도 언제든지 권리행사가 가능

[그림 15.2] 옵션거래의 손익

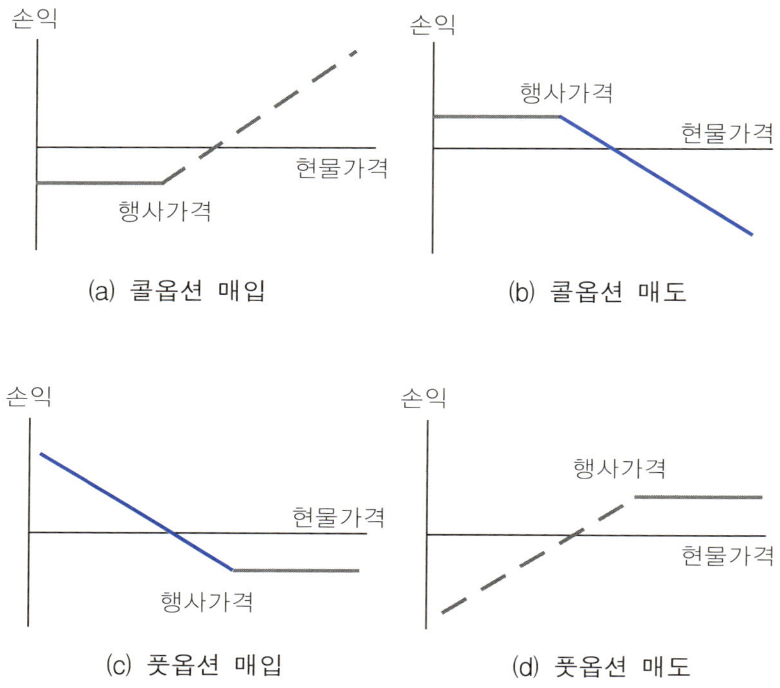

한 옵션을 아메리칸 옵션이라고 한다.

옵션거래에 따른 손익은 권리행사가격과 기초자산가격의 차이에 의해서 결정된다. 이는 [그림 15.2]에서 잘 나타내 주고 있다. 예를 들어 부연 설명하면 콜옵션 매수거래에서는 기초자산 가격이 유리하게 형성되면 권리를 행사하게 되어 이득을 얻게 되지만, 기초자산 가격이 불리하게 형성되면 권리를 포기하여 손실을 콜옵션 매수 프리미엄만큼으로 국한시킬 수 있다.

2. 주요 옵션상품

옵션시장에서 거래되는 방식은 선물시장에서와 마찬가지로 일반상품옵션, 통화옵션, 금리옵션, 그리고 주가지수옵션 등으로 나누어진다. 일반상품옵션은 특정상품에 대하여 이미 약정된 가격으로 미래에 매입 또는 매도할 수 있는 선택권부 권리가 부여된 계약을 말한다.

통화옵션은 일반상품옵션과 마찬가지로 특정외환에 대한 이미 약정된 환율로 미래에 매입 또는 매도할 수 있는 선택권부 권리가 부여된 계약을 말한다. 금리옵션은 통화옵션의 경우와 마찬가지로 이미 약정된 금리로 미래에 금융자산을 매입 또는 매수할 수 있는 선택권부 권리가 부여된 형태의 계약을 말한다. 예상하지 못한 금리변동에 의해서 발생될지도 모르는 금융자산의 가치변동에 따른 추가손실 방지나 추가이익 실현을 위해 이용되는 옵션을 말한다. 반면에 주가지수옵션은 주가지수를 대상으로 한 옵션을 말하는 것으로서 현물지수옵션과 지수선물옵션 등이 있다. 현물지수옵션은 특정주가지수를 매입하거나 매도할 수 있는 권리를 말한다. 지수선물옵션은 주가지수에 대한 선물계약을 사거나 팔 수 있는 권리를 말한다.

요 약

1. 옵션중에서도 매입 청구권이 부여된 옵션을 콜 옵션이라 하고 반대로 매도 청구권이 부여된 옵션을 풋 옵션이라 한다. 옵션은 청구권의 행사 가능 시점에 따라서 유러피언 옵션과 아메리칸 옵션으로 나뉜다. 청구권 행사를 만기일에 할 수 옵션을 유러피언 옵션이라 하고 만기일 이전이라도 언제든지 권리행사가 가능한 옵션을 아메리칸 옵션이라고 한다.

2. 옵션거래에 따른 손익은 권리행사 가격과 기초자산 가격의 차이에 의해서 결정된다. 예를 들어 콜 옵션 매수거래에서는 기초자산 가격이 유리하게 형성되면 권리를 포기하여 손실을 콜 옵션 프리미엄만큼 국한시킬 수 있다.

3. 선물계약이란 상품, 금리, 주가 등에 대하여 현재시점에서 미래의 특정시점에 특정가격으로 수도 결제할 것을 약정하는 형태의 계약을 말하며 이러한 계약이 체결되고 이행되는 조직을 선물시장이라고 한다. 이와 다소 차이가 있는 옵션계약이라는 것이 있다. 어떤 상품을 미리 계약된 가격으로 만기일 이전이나 또는 만기일에 매도하거나 매입할 수 있는 선택권의 권리를 가지는 계약형태를 옵션이라고 하고 이러한 형태의 거래가 이루어지는 시장을 옵션시장이라고 한다.

토의과제

1. 파생상품시장을 정의하고 선물과 옵션의 차이점을 예를 들어 설명하라.

2. 선물 매입 매도시 손익이 현물가격 수준에 다라 어떻게 변화하는지를 그림을 이용하여 설명하라.

3. 옵션거래시 콜 옵션 매입 매도시 손익이 현물가격 수준에 따라 어떻게 변화하는지를 그림을 이용하여 설명하라.

참고문헌

■ 국제경제학 기초

김세영 · 허 윤, 「국제무역론」, 제3판, 삼영사, 2008.

김인준 · 이영섭, 「국제경제론」, 제6판, 다산출판사, 2008.

김인철, 「국제금융경제학」, 제3판, 박영사, 2007.

김철교 · 백용호, 「자본시장론」, 법문사, 1997.

이 근, 「한국인을 위한 경제학」, 박영사, 2001.

이요섭 · 황의각, 「금융시장과 금융상품」, 연암사, 2003.

이창복 · 윤창현, 「금융선물 · 옵션거래」, 한국금융연수원, 1999.

장홍범, 「국제금융기초」, 한국금융연수원, 1999.

최생림, 「외환론」, 박영사, 2004.

Fischer, S.(2003), "Globalization and Its Challenges," *The American Economic Review*, Vol. 93, pp. 1-30.

Freeman, J. R., Hays, J. C. & Stix, H.(2000), "Democracy and Markets: The Case of Exchange Rates," *American Journal of Political Science*, Vol. 44, pp. 449-468.

Griever, W., G. Lee, & F. Warnock(2001), "The U.S. System for Measuring Cross-Border Investment in Securities: A Primer with a Discussion of Recent Developments," *Federal Reserve Bulletin 87*, pp. 633-650.

Krugman, P. R. & Maurice Obstfeld(2006), *International Economics- Theory & Policy*, Seventh Edition.

Lane, P. R. & G. M. Milesi-Ferretti(2001), "The External Wealth of Nations: Measures of Foreign Assets and Liabilities for Industrial and Developing Nations," *Journal of International Economics 55*, pp. 263-294.

Mishkin, Frederic S.(1992), *Money, Banking, and Financial Markets*, Third Edition, HarperCollins Publishers.

Richardson, J. David(1980), *Understanding International Economics- Theory and Practice*, Little, Brown & Company.

Salvatore, Dominick (2005), *Intoroduction to International Economics*, John Wiley & Sons, Inc.

■ 국제수지

Aizenman, J.(2003), "Capital Account Opening, International Reserves, and Development: Evidence and Some Policy Controversies," NBER Reporter.

Bergin, P.(2000), "Should We Worry about the Large U.S. Current Account Deficit?" Federal Reserve Bank of San Francisco Economic Letter.

Devereaux, M. B.(2000), "How Does a Devaluation Affect the Current Account?" Journal of International Money and Finance.

Hasan, I. & Y. Simaan(2000), "A Rational Explanation for Home Country Bias," Journal of International Money and Finance.

Kim, Y.(2000), "Causes of Capital Flows in Developing Countries," Journal of International Money and Finance.

Levi, Maurice D.(1990), *International Finance*, Second Edition, McGraw-Hill.

Mann, C. L.(2002), "Perspective on the U.S. Current Account Deficit and Sustainability," Journal of Economic Perspectives 16, pp. 131-152.

Marquez, J. & L. Workman(2000), *Modeling the IMF's Statistical Discrepancy in the Global Current Account*, International Finance Division, Federal Reserve Board.

Melvin, M.(2004), *International Money & Finance*, Seventh Edition, Pearson Education Inc.

Rodrik, D.(2006), "The Social Cost of Foreign Exchange Reserves," *International Economic Journal,* Vol. 20, pp. 253-266.

Tille, C.(2003), "The Impact of Exchange Rate Movements on U.S. Foreign Debt," *Current Issues in Economics and Finance* 9, 2003, pp. 1-7.

■ 개방거시경제와 환율결정

김인준 · 이영섭, 「국제금융론」, 율곡출판사, 2010.

박진근, 「환율경제학-이론과 검증」, 박영사, 1998.

어윤대 · 임윤수, 「국제금융-외환 · 신용 · 파생상품시장을 중심으로」, 학현사, 1998.

정현식 · 김기홍 · 차명준, 「국제금융론」-개방거시경제와 국제금융시장-, 도서출판 해남, 1999.

퍼거슨, 니얼(김선영 옮김), 금융의 지배 -세계금융사이야기-, 민음사, 2008.

Anderson, J. E. and E. Wincoop(2004), "Trade Costs," *Journal of Economic Literature* 42, 2004, pp. 691-751.

Bank for International Settlements, *Central Bank Survey of Foreign Exchange and Derivatives Market Activity*, Basle: BIS, 2001.

Bjonnes, G. & D. Rime(2004), "Dealer Behavior and Trading Systems in Foreign Exchange Markets," *Journal of Financial Economics*.

Cavallo, M., F. Perri, N. Roubini & K. Kisselev(2002), "Exchange Rate Overshooting and the Costs of Floating," *Unpublished manuscript*, New York University.

Chaboud, A. & B. LeBaron(2001), "Foreign Exchange Market Trading Volume and Federal Reserve Intervention," *Journal of Banking and Finance* 21, pp. 851-60.

Cheung, Y. & M. Chinn(2001), "Currency Traders and Exchange Rate Dynamics: A Survey of the U.S. Market," *Journal of International Money and Finance*.

Copeland, L. S.(1994), *Exchange Rates and International Finance*, Second Edition, Addison-Wesley.

Covrig, V. & M. Melvin(2002), "Asymmetric Information and Price Discovery in the FX Market: Does Tokyo Know More about the Yen?" *Journal of Empirical Finance*.

Edwards, S.(2001), "Dollarization: Myths and Realities," *Journal of Policy Modeling*.

Evans, M.(2002), "FX Trading and Exchange Rate Dynamics," *Journal of Finance 57*, pp. 2405-48.

Evans, M. & R. Lyons(2002), "Order Flow and Exchange Rate Dynamics," *Journal of Political Economy 110*, pp. 170-80.

________________(2002), "Time-varying Liquidity in Foreign Exchange," *Journal of Monetary Economics 49*, pp. 1025-51.

Gagnon, J. E.(2003), "Productive Capacity, Product Varieties, and the Elasticities Approach to Trade," *International Finance Discussion Papers* 781, Board of Governors of the Federal Reserve System.

Galati, G.(2001), "Why Has Global FX Turnover Declined? Explaining the 2001 Triennial Survey," *BIS Quarterly Review*, pp. 39-47.

Higgins, M. and T. Klitgaard(2004), "Reserve Accumulation: Implications for Global Capital Flows and Financial Markets," *Current Issues in Economics and Finance 10*.

Hooper, P., K. Johnson, and J. Marquez(2000), "Trade Elasticities for G-7 Countries," *Princeton Studies in International Economics 87*, International Economics Section, Department of Economics, Princeton University, August.

Jeanne, O.(2000), "Currency Crises: A Perspective on Recent Theoretical Developments," *Princeton Special Papers in International Economics 20.* International Finance Section, Department of Economics, Princeton University.

Kilian, L. & M. P. Taylor(2003), "Why Is It So Difficult to Beat the Random Walk Forecast of Exchange Rates?" *Journal of International Economics 60*, pp. 85-107.

Lyons, R. K.(2001), *The Microstructure Approach to Exchange Rates*, Cambridge: MIT Press.

Mishkin, F. S.(2004), *The Economics of Money, Banking and Financial Markets*, 7th edition, Boston: Addison Wesley, Ch. 5.

Payne, R.(2003), "Informed Trade in Spot Foreign Exchange Markets: An Empirical Investigation," *Journal of International Economics 61*, pp. 307-29.

Rivera-Batiz, Francisco L. & Luis Rivera-Batiz, *International Finance and Open Economy Macroeconomics*, Macmillan Publishing Company: New York, 29.

Sarno, L. & M. P. Taylor(2002), *New Developments in Exchange Rate Economics*, Vol. 2 Cheltenham: Elgar, Part 3.

Sawyer, D.(2004), "Continuous Linked Settlement and Foreign Exchange Settlement Risk," *Financial Stability Review 17*, pp. 86-92.

Taylor, A. M. and M. P. Taylor(2004), "The Purchasing Power Parity Debate," *Journal of Economic Perspectives 18*, pp. 135-158.

Truman, E. M.(2003), *Inflation Targeting in the World Economy*, Washington, D.C.: Institute for International Economics.

Walmsley, J.(2000), *The Foreign Exchange and Money Markets Guide*, 2nd edition, New York: John Wiley and Sons.

Wang, P. & T. Jones.(2002), "Testing for Efficiency and Rationality in Foreign Exchange Markets," *Journal of International Money and Finance.*

Weithers, T.(2006), *Foreign Exchange*, John Wiley & Sons, Inc.

■ 국제통화제도와 최적통화지역

하마다 카즈유키(2003),「세계의 통화전쟁」, 곽해선 역, 작가정신(경영정신).

Alesina, A. & R. J. Barro(2001), Currency Unions, Stanford, Hoover Institution Press.

Bernanke, B. S.(2000), *Essays on the Great Depression*, Princeton, NJ: Princeton University Press.

Hartmann, P., M. Manna & A. Manzanares(2001), "The Microstructure of the Euro Money Market," Journal of International Money and Finance.

Hau, H., W. P. Kileen & M. Moore(2002), "The Euro as an International Currency: Explaining Puzzling First Evidence from the Foreign Exchange Markets," Journal of International Money and Finance.

James, H.(2001), *The End of Globalization: Lessons from the Great Depression,* Cambridge, MA: Harvard University Press, 2001.

Lane, P. R. and P. Honohan(2003), "Divergent Inflation Rates in EMU," *Economic Policy 37*, pp. 357-394.

Levin, J. H.(2000), A Guide to the Euro, Boston: Houghton Mifflin.

Obstfeld, M. and A. M. Taylor(2004), *Global Capital Markets: Integration, Crisis, and Growth*, Cambridge, U.K.: Cambridge University Press.

■ 개방거시경제정책 및 기타

Bird, G., M. Hussain & J. P. Joyce(2004), "Many Happy Returns? Recidivism and the IMF," *Journal of International Money and Finance.*

Brealey, R. A. & E. Kaplanis(2004), "The Impact of IMF Programs on Asset Values," Journal of International Money and Finance.

Bryant, R. C.(2003), *Turbulent Waters: Cross-Border Finance and International Governance,* Washington, D.C.: Brookings Institute.

Calvo, G. A. and F. S. Mishkin(2003), "The Mirage of Exchange Rate Regimes for Emerging Market Countries," *Journal of Economic Perspectives 17*, pp. 99-118.

Clarida, R. H.(2000), "G-3 Exchange Rate Relationships: A Review of the Record and Proposals for Change," *Princeton Essays in International Economics 219,* International Economics Section, Department of Economics, Princeton University, 2000.

Eichengreen, B. and R. Hausmann. eds.(2005), *Other People's Money: Debt Denomination and Financial Instability in Emerging Market Economics,* Chicago: University of Chicago Press.

Fischer, S.(2001), "Exchange Rate Regimes Is the Bipolar View Correct?" *Journal of Economic Perspectives 15*, pp. 3-24.

International Standard Banking Practice, New York: International Chamber of

Commerce, 2003.

Kenen, P. B.(2001), *The International Financial Architecture: What's New? What's Missing?,* Washington, D.C.: Institute for International Economics.

Lane, P.(2001), "The New Open Economy Macroeconomics: A Survey," *Journal of International Economics.*

Mark, N. C.(2001), *International Macroeconomics and Finance*, Oxford: Blackwell Publisher, Ch. 6.

McCallum, Bennett T.(1989), *Monetary Economics-Theory & Policy*, Macmillan Publishing Company.

Neely, C. J. & P. A. Weller(2007), "Central Bank Intervention with Limited Arbitrage," *International Journal of Finance and Economics*, pp. 249-260.

Niehans, Jurg(1984), *International Monetary Economics*, The Johns Hopkins University Press.

Obstfeld, M. & K. Rogoff(2001), "The Six Major Puzzles in International Macroeconomics: Is There a Common Cause?" NBER Macroeconomics Annual 15, Cambridge: MIT Press.

Roubini, N. and B. Setser(2004), *Bailouts or Bail-ins? Responding to Financial Crises in Emerging Economies*, Washington, D.C.: Institute for International Economics, 2004.

Sarno, L. and M. P. Taylor(2002), *New Developments in Exchange Rate Economics*, Volume 1. Cheltenham, U.K.: Edward Elgar.

Summers, L. H.(2004), "The United States and the Global Adjustment Process," Lecture at the Institute for International Economics, Washington, D.C.

The Frank Russell Company, Capturing Alpha through Active Currency Overlay, 2000.

Vitale, P.(2007), "An Assessment of Some Open Issues in the Analysis of Foreign Exchange Intervention," *International Journal of Finance and Economics 12*, pp. 155-170.

찾 아 보 기

ㄱ

ㅈ

ㅊ

ㅋ

저/자/약/력/

김세영

성균관대학교 경제학사
오레곤대학교 경제학 석사
유타대학교 경제학 박사
스탠퍼드대학교 교환교수 역임
한국산업은행 비상근이사 역임
한국동북아경제학회 회장 역임
한국관세학회 회장 역임
단국대학교 상경학부 학장 역임
단국대학교 경영대학원장 역임
한국무역학회 회장 역임
한국경제학회 부회장 역임
한국연구재단 법정상경단장 역임
행정안전부 중앙투·융자 심사위원회 위원장 역임
외교통상부 FTA 추진 전문위원 역임
한국석유공사 비상임이사 역임
현) 한국연구재단 인문사회연구본부 본부장
단국대학교 상경대학 무역학과 교수
e-mail: sykim@dankook.ac.kr

[저서]
Transnational Industrial Marriage: Lessons from the Steel Industry Experience, Westport, CT.: Quorum Books
국제무역론, 삼영사(2008) 외 다수

신국제금융론 - 이론과 사례 - [제4판]

2010년 8월 28일 1판 1쇄 발행
2011년 8월 10일 2판 1쇄 발행
2013년 8월 25일 3판 1쇄 발행
2015년 2월 25일 4판 1쇄 발행
2016년 9월 1일 4판 2쇄 발행

저 자 김 세
발행인 김 광 식
조 판 아 람 기 획

07285
발행처 서울특별시 영등포구 선유로3길 10, 617호
도서출판 **탑 북 스**
등 록 2009.12.21 제 2016-000101 호
전 화 02)365-2223 팩스 02)365-2224

정가 21,000 원

ISBN 979-11-85647-52-4-93320